Das Preußische Gesinderecht

im Geltungsbereiche

der Gesindeordnung vom 8. November 1810

bearbeitet

von

C. Lindenberg,
Geh. Oberjustizrat,
Präsident des Landgerichts III in Berlin.

Achte Auflage
des
gleichnamigen Posseldtschen Buches.

Berlin 1912.
Verlag von H. W. Müller.
W. 35, Potsdamerstr. 121 k.

Aus dem Vorwort zur 5. Auflage.

Die Preußische Gesindeordnung vom 8. November 1810 hat der Einigung des neuen deutschen Privatrechts getrotzt. Sie ist bestehen geblieben und wird mit in das neue Jahrhundert übernommen, ein Ueberbleibsel aus einer alten Zeit, deren Rechtsanschauungen mit denen der jetzigen Generation vielfach wenig übereinstimmen. Aber unversehrt hat sich das alte Gesetzbuch doch nicht über die kritische Zeit hinweghelfen können. Es ist nach manchen Richtungen hin durchlöchert und hat es sich gefallen lassen müssen, daß an seinen Gewändern vieles gänzlich Unmoderne mit neuen Zutaten etwas aufgestutzt ist. Diese Aenderungen haben auch eine neue Ausgabe des Posseldtschen Kommentars nötig gemacht.

Die Bearbeitung des vom Amtsgerichtsrat Posseldt herausgegebenen Gesinderechts, das zum ersten Male im Jahre 1882 erschienen ist, habe ich nach dem Tode des Herausgebers von der zweiten im Jahre 1885 notwendig gewordenen Auflage ab in die Hand genommen. Ich bin bei den Neubearbeitungen nach Möglichkeit den Absichten des ursprünglichen Verfassers nachgekommen, der ein Werk schaffen wollte, das bei den vielen Streitigkeiten zwischen Herrschaft und Gesinde den Parteien ein leicht faßlicher Ratgeber sein, das zugleich den in umfangreicher Weise mit den Gesindeangelegenheiten befaßten Polizeibehörden ihre Tätigkeiten erleichtern und das endlich auch den Zwecken der praktischen Juristen dienen sollte.

Machte es sich schon beim Entstehen des Werkes bemerkbar, daß die ursprüngliche Gesindeordnung, wie sie vor jetzt bald 90 Jahren eingeführt war, durch neuere Gesetze vielfach abgeändert ist, so wird durch die am 1. Januar 1900 erfolgende Einführung des Bürgerlichen Gesetzbuchs mit seinen Nebengesetzen die Gesindeordnung wesentlich umgestaltet. Zwar stellt das Einführungsgesetz zum Bürgerlichen Gesetzbuch im Art. 95 den Grundsatz auf, daß die landesgesetzlichen Vorschriften, die dem Gesinderecht angehören, von der neuen Gesetzgebung unberührt bleiben sollen, aber es schränkt diesen Grundsatz sofort in den nächsten Sätzen ein, indem es einzelne Paragraphen des Bürgerlichen Gesetzbuchs für auf das Gesinderecht anwendbar erklärt; überdies sind viele Rechtsbegriffe und Grundsätze des Allgemeinen Landrechts, mit denen das Gesinderecht arbeitet, durch die Bestimmungen des Bürgerlichen Gesetzbuchs derartig abgeändert, daß sie einer genaueren Prüfung und Besprechung bedürfen.

Daraus ergibt sich, daß das Werk in den meisten Teilen gänzlich umgestaltet werden mußte. Wo die Bestimmungen des Bürgerlichen Gesetzbuchs oder anderer neuer Gesetze direkt an die Stelle einzelner Teile der Gesindeordnung getreten sind, ist dies durch Einklammerung des Textes der Gesindeordnung kenntlich gemacht; im übrigen sind die in Betracht kommenden neuen Gesetzesbestimmungen, die die Gesindeordnung abändern, direkt hinter die Paragraphen der Gesindeordnung in lateinischer Schrift gesetzt.

Berlin, im November 1899.

Vorwort zur 8. Auflage.

In der notwendig gewordenen neuen Auflage ist das vorliegende Werkchen wieder dem gegenwärtigen Standpunkt der Gesetzgebung, Rechtsprechung und Literatur angepaßt worden. Dabei hat besonders das neue Stellenvermittlergesetz und, soweit dies bereits möglich war, auch die Reichsversicherungsordnung Berücksichtigung gefunden.

Zu großem Danke bin ich wieder dem Herrn Polizeipräsidenten von Berlin verpflichtet, der mir die Einsichtnahme der die Gesindeangelegenheiten betreffenden Generalakten des Polizeipräsidiums gestattet hat, wodurch die Arbeit nach vielen Richtungen hin wertvoll bereichert worden ist. Der Polizeipräsident von Charlottenburg hat mich dankenswerterweise in gleicher Weise unterstützt.

Berlin, im März 1912.

C. Lindenberg.

Abkürzungen.

A.	bedeutet	Anm.
a. a. O.	"	am angeführten Orte.
AG.	"	Ausführungsgesetz.
ALR.	"	Preußisches Allgemeines Landrecht.
A. M.	"	anderer Meinung.
ArchfStr.	"	Archiv für Strafrecht.
BlfR.	"	Blätter für Rechtspflege im Bezirke des Kammergerichts.
BAfHW.	"	Bundesamt für das Heimatswesen und Entscheidungen dess.
BGB.	"	Bürgerliches Gesetzbuch v. 18. VIII. 1896.
BGBl.	"	Bundesgesetzblatt.
DJZ.	"	Deutsche Juristenzeitung.
E. oder Entsch.	"	Entscheidung oder Entscheidungen.
EG.	"	Einführungsgesetz.
Erk.	"	Erkenntnis.
G.	"	Gesetz.
GVG.	"	Gerichtsverfassungsgesetz in der Fassung der Bekanntmachung v. 20. V. 1898.
GesO.	"	Gesindeordnung v. 8. XI. 1810.
Ges. u. R.	"	Gesetz und Recht, Zeitschr. für Rechtskunde (herausgegeben von v. Kamptz).
GewO.	"	Reichsgewerbeordnung.
GS.	"	Gesetzsammlung.
HGB.	"	Handelsgesetzbuch v. 10. V. 1897.
HMinBl.	"	Ministerialblatt der Handels- und Gewerbeverwaltung.
Instr.	"	Instruktion.
Jahrb.	"	Jahrbuch für Entscheidungen des Kammergerichts (Johow).
JMBl.	"	Justiz-Ministerial-Blatt.
JM.	"	Justizministerium.
JW.	"	Juristische Wochenschrift.
KabO.	"	Kabinettsorder.
KG.	"	Kammergericht und Entsch. des KG.
LVG.	"	Landesverwaltungsgesetz v. 30. VII. 1883.
MBliV.	"	Ministerialblatt für die innere Verwaltung.

MdJ.	bedeutet	Ministerium des Innern.
OLG.	„	Oberlandesgericht und Entsch. dess.
OTr.	„	Obertribunal und Entsch. dess.
OVG.	„	Oberverwaltungsgericht u. Entsch. dess.
OrgGes.	„	Organisationsgesetz v. 26. VII. 1880.
Pol.	„	Die Polizei, Zeitschr. f. Polizeiwissensch.
PolPräs.	„	Polizeipräsident oder Polizeipräsidium.
PrVerwBl.	„	Preußisches Verwaltungsblatt.
Recht	„	Das Recht, Rundschau f. d. Juristenstand.
Rechtspr.	„	Rechtsprechung der Oberlandesgerichte, herausgegeben von Mugdan und Falkmann.
Reskr.	„	Reskript.
RG.	„	Reichsgericht u. Entscheidungen desselben.
RGBl.	„	Reichsgesetzblatt.
RGes.	„	Reichsgesetz.
RVO.	„	Reichsversicherungsordnung.
Selbstv.	„	Die Selbstverwaltung, Wochenschrift.
StGB.	„	Strafgesetzbuch für das Deutsche Reich.
StO.	„	Städte-Ordnung v. 30. V. 1853.
StPO.	„	Strafprozeßordnung v. 1. II. 1877.
StriethA.	„	Striethorst's Archiv für Rechtsfälle des Obertribunals.
Verf.	„	Verfügung.
ZG.	„	Zuständigkeitsgesetz v. 1. VIII. 1883.
ZirkVerf.	„	Zirkular-Verfügung.
ZK.	„	Zivilkammer.
ZPO.	„	Zivilprozeßordnung.

Lediglich mit dem Namen des Verfassers oder Herausgebers sind zitiert:

Die Praxis des Reichsgerichts in Zivilsachen von Dr. Bolze,
Die Entscheidungen des Preuß. Obertribunals, bearbeitet von Dr. Rehbein (E.),
Bürgerl. Gesetzbuch erläutert von Dr. H. Planck,
Bürgerl. Gesetzbuch mit Erläuterungen v. Dr. Rehbein,
J. v. Staudinger, Kommentar zum Bürgerlichen Gesetzbuch,
Die Preuß. Strafgesetze, erläutert von Groschuff, Eichhorn und Delius,
Die rechtliche Natur des Gesindemietsvertrags von Parey,
Handbuch des Preuß. Gesinderechts von Zürn,
Die Preuß. Gesindeordnung von Gerhard,
Die Preuß. Gesindeordnung von O. Jacobi, 3. Aufl.,
Gesindewesen und Gesinderecht von Dr. Kähler,
Die Preuß. Gesindeordnung von Nußbaum,
Die Preuß. Gesindeordnung von Seyffarth.

Die **fetten** Ziffern weisen auf die Bände und Jahrgänge, die nichtfetten auf die Seiten hin.

Inhaltsverzeichnis.

Einleitung.

Die preußische Gesindeordnung v. 8. XI. 1810 ist für den damaligen Umfang der Monarchie an die Stelle der §§ 1—176 II 5 ALR. getreten, weil die durch Edikt v. 9. X. 1807 erfolgte Aufhebung der Erbuntertänigkeit eine neue Redaktion der auf der Erbuntertänigkeit und dem Dienstzwange beruhenden gesinderechtlichen Bestimmungen des ALR. notwendig machte. Die GesO. stimmt in den meisten wesentlichen Grundsätzen mit dem Gesinderecht des ALR. überein. Das ALR. ging von der Anschauung aus, daß die bürgerliche Gesellschaft aus mehreren kleineren und größeren Gesellschaften bestehe. Die größte Gesellschaft ist der Staat, die kleinste die häusliche Gesellschaft, zu der auch das Gesinde gerechnet wird (§ 4 I 1). Die Anschauung, daß das Gesinde zur häuslichen Gesellschaft gehört, war für die Stellung des Gesinderechts im System des ALR. maßgebend, indem es beim Familienrecht, nämlich im Tit. 5 des II. Teils, behandelt wurde.

Aus diesem äußerlichen Zusammenhang ist das Gesinderecht bei der Schaffung eines einheitlichen bürgerlichen Rechts für ganz Deutschland dadurch gerissen worden, daß das Bürgerliche Gesetzbuch v. 18. VIII. 1896 das Gesinderecht unberücksichtigt ließ. Es sind in den §§ 611—630 lediglich allgemeine Vorschriften über den Dienstvertrag gegeben, wobei die Besonderheiten des Gesindedienstvertrages gänzlich übergangen sind und nur bei einzelnen Bestimmungen von Dienstverpflichteten, die in die „häusliche Gemeinschaft" aufgenommen worden sind, die Rede ist. Den vielfachen Anregungen, das Gesinderecht reichsrechtlich zu regeln, wurde nicht stattgegeben, vielmehr an die Spitze des Art. 95 des Einführungsgesetzes zum BGB. die ausdrückliche Bestimmung gestellt, daß die landesgesetzlichen Vorschriften des Gesinderechts von dem BGB. unberührt bleiben sollen. Dieser Grundsatz wird dann allerdings im zweiten Absatze des Artikels insofern abgeschwächt, als einzelne §§ des BGB., besonders solche, welche die Geschäftsfähigkeit, die Haftung des Dienstberechtigten für Schaden, den der Dienstverpflichtete angerichtet hat, und die Verpflichtung des Dienstberechtigten zur Sorge für die Gesundheit, Sittlichkeit usw. des Dienstverpflichteten betreffen, auf das Gesindedienstverhältnis Anwendung finden sollen. Die Aufrechterhaltung der bisherigen Vorschriften des Gesinderechts wurde damit begründet, daß seine Regelung durch Reichsgesetz unausführbar sei, da die maßgebenden wirtschaftlichen und sozialen Verhältnisse in den einzelnen Staaten Deutschlands, vielfach sogar in einzelnen Teilen desselben Staates, zu mannigfaltig seien.

Art. 95 des EGzBGB. hat folgenden Wortlaut:

Unberührt bleiben die landesgesetzlichen Vorschriften, welche dem Gesinderecht angehören. Dies gilt insbesondere auch von den Vorschriften über die Schadensersatzpflicht desjenigen, welcher Gesinde zum widerrechtlichen Verlassen des Dienstes verleitet, oder in Kenntnis eines noch bestehenden Gesindeverhältnisses in Dienst nimmt, oder ein unrichtiges Dienstzeugnis erteilt.

Die Vorschriften der §§ 104—115, 131, 278, 617—619, 624, 831, des § 840 Abs. 2 und des § 1358 BGB. finden Anwendung, die Vorschriften des § 617 jedoch nur insoweit, als die Landesgesetze dem Gesinde nicht weitergehende Ansprüche gewähren.

Ein Züchtigungsrecht steht dem Dienstberechtigten dem Gesinde gegenüber nicht zu.

War somit den Landesgesetzen die Regelung des Gesinderechts vorbehalten, so mußte es sich weiter darum handeln, ob man in Preußen die in Frage kommenden Verhältnisse durch ein neues Gesetz regeln oder es bei den bisher geltenden verschiedenen Gesindeordnungen (es sind deren 19 in den einzelnen Teilen der Monarchie in Kraft) belassen wolle. Man hat sich entschlossen, das Gesinderecht nicht neu zu gestalten, indem man nach der Begründung des preuß. AGzBGB. (S. 15) von dem Gesichtspunkte ausging, daß ein Bedürfnis nach Ausgleichung der obwaltenden Verschiedenheiten nicht so dringend sei, daß es geboten scheine, die kurz bemessene Zeit bis zum Inkrafttreten des BGB. mit einer Aufgabe zu befassen, die nur unter sorgfältiger Berücksichtigung der in den einzelnen Landesteilen bestehenden besonderen Verhältnisse und Anschauungen gelöst werden könne. Blieb nach dieser Begründung die einheitliche Regelung des Gesinderechts nur einer späteren Zeit vorbehalten, so daß man die Hoffnung auf eine baldige Inangriffnahme der gesetzgeberischen Arbeit nach dem 1. I. 1900 hegen konnte, so wird in dem Bericht der Kommission zur Vorberatung des Entwurfs des preuß. AG. dieser Zeitpunkt als noch recht weit entfernt bezeichnet und es wurde sogar die Bedürfnisfrage verneint. Die Ersetzung der in Preußen geltenden Gesindeordnungen durch ein einheitliches Landesgesetz sei wegen der Verschiedenheit der örtlichen Verhältnisse zurzeit weder erwünscht, noch notwendig, noch beabsichtigt (S. 12). Der Vertreter der Staatsregierung erklärte in der Kommission, daß in nächster Zeit eine anderweite Regelung des Gesinderechts nicht zu erwarten sei.

Das preuß. AGzBGB. v. 20. IX. 1899 enthält nur folgende, das altpreußische Gesinderecht berührende besondere Bestimmung:

Art. 14, § 1. Die Vorschrift des § 616 des BGB. findet auf das Gesindeverhältnis Anwendung.

Die Vorschriften der Gesindeordnungen, nach welchen der Dienstberechtigte für den von dem Gesinde einem Dritten widerrechtlich zugefügten Schaden in weiterem Umfang als nach den Vorschriften des BGB. verantwortlich ist, treten außer Kraft.

Der Dienstberechtigte kann seine Entschädigungsansprüche wegen Verletzung der dem Gesinde aus dem Dienstverhältnis obliegenden Verpflichtungen gegen dessen Lohnforderung aufrechnen.

Ein Wohnsitz wird durch das Gesindeverhältnis nicht begründet.

In der seit Inkrafttreten dieser Bestimmung verflossenen geraumen Zeit hat man nichts wieder davon gehört, daß die Aenderung des Gesinderechts an den maßgebenden Stellen ernstlich in Erwägung gezogen sei. Man wird sich also darauf gefaßt machen müssen, daß das nun schon über 100 Jahre alte Gesinderecht noch eine geraume Zeit weiter besteht, allerdings in wesentlichen Punkten zersetzt durch die neuere Gesetzgebung.

Der G e l t u n g s b e r e i c h der Gesindeordnung erstreckt sich auf die Provinzen Ostpreußen, Westpreußen, Posen, Schlesien, Pommern (mit Ausschluß von Neuvorpommern und Rügen), Brandenburg (einschl. Berlin), Sachsen und Westfalen. Sie gilt ferner auch bei der Ausübung der deutschen Konsulargerichtsbarkeit gemäß § 19 Nr. 1 des G. v. 7. IV. 1900, sowie in den deutschen Schutzgebieten gemäß § 3 des SchutzgebietsG. v. 25. VII. 1900 in der Fassung der Bek. des Reichskanzlers v. 10. IX. 1900.

Die r e c h t l i c h e N a t u r d e s G e s i n d e d i e n s t v e r t r a g e s ist ziemlich verwickelt. Der Gesindevertrag hat Dienstleistungen des Gesindes zum Gegenstande und bildet in dieser Beziehung eine Unterart der Dienstverträge, für die jetzt die §§ 611 ff. BGB. maßgebend sind. Außer den dort festgestellten Regeln über Dienstverträge im allgemeinen sind noch besondere Regeln über bestimmte Arten von Dienstverträgen aufgestellt, und zwar:

a) in der GewO. v. 21. VI. 1869 (Tit. VII, der durch spätere Reichsgesetze mehrfach verändert und ergänzt worden ist) für Verträge zwischen Gewerbetreibenden und ihren Gehilfen, Gesellen und Lehrlingen, sowie zwischen Fabrikbesitzern und ihren Arbeitern;
b) im HGB. (Buch I Abschn. 6) für Verträge zwischen Kaufleuten und ihren Handlungsgehilfen und Handlungslehrlingen, und wie erwähnt:
c) in der GesO. für Verträge zwischen Herrschaften und Gesinde

Die Verträge zu c haben außer der sachlichen Seite der bedungenen Dienstleistungen noch eine p e r s ö n l i c h e Seite, indem sie zwischen Herrschaft und Gesinde ein im Gesetze näher bestimmtes persönliches Verhältnis begründen, wie es bei sonstigen Arbeitgebern und Arbeitnehmern nicht stattfindet. Vermöge dieses persönlichen Verhältnisses ist z. B. einerseits das Gesinde der Zucht des Familienhauptes (Hausherrn) und der Hausordnung unterworfen, sowie zur Treue und Ehrerbietung gegen die Dienstherrschaft verpflichtet, andererseits hat die Herrschaft die Pflicht, für das sittliche und körperliche Wohl des Gesindes zu sorgen. Neben der privatrechtlichen und der familienrechtlichen Seite des Gesindevertrages ist auch das öffentlich-rechtliche Verhältnis zwischen Herrschaft und Gesinde zu beachten. Aus ihm erklären sich die polizeilichen Zuständigkeiten bei den Gesindestreitsachen. (Vgl. OVG. v. 6. XII. 1876, E. 1 387, sowie v. 2. IV. 1901, MBlfiV. 179.) Dernburg sagt in § 195 A. 2 richtig, daß die familienrechtliche Seite hinter der öffentlich-rechtlichen neuerdings zurücktritt (vgl. auch Förster-Eccius 4 § 237 S. 239, Groschuff S. 267 A. 2 und Niedner EGzBGB. A. I zu Art. 95).

Um beurteilen zu können, welche gesetzliche Normen im bestimmten Falle Anwendung finden, ist bei Streitigkeiten zwischen einer Herrschaft und ihrem Dienstboten also zunächst zu prüfen, ob der betreffende Angestellte zum Gesinde zu rechnen ist oder nicht. Ist dies nicht der Fall, so kommen entweder die Vorschriften über Dienstverträge im allgemeinen (§§ 611 ff. BGB.) oder die Vorschriften betreffend die Verträge über besondere Arten dieser Handlungen (s. oben a und b) zur Anwendung.

Für das Gesindeverhältnis ist, wie das OTr. v. 28. II. 1873 (StriethA. 88 27) und 7. IX. 1877 (StriethA. 97 334, Rehbein, E. 4 697) näher ausführen,

1. zunächst entscheidend, daß jemand zu häuslichen oder wirtschaftlichen Diensten gemietet ist (s. § 1 und A. 1 dazu). Handlungsgehilfen und Handlungslehrlinge, Handwerksgesellen und Handwerkslehrlinge gehören also nicht zum Gesinde, weil sie zu gewerblichen Diensten angenommen sind; wenn sie auch einige häusliche Dienste leisten, so ist dies nicht entscheidend, da es nur nebenbei geschieht (s. § 1 A. 2 A a).

2. Als zweites entscheidendes Merkmal verlangt das für die Feststellung des Begriffs des Gesindedienstverhältnisses auch noch jetzt heranzuziehende ALR., daß die gemietete Person zur häuslichen Gesellschaft gerechnet wird und daher namentlich der Hausordnung des Dienstherrn (Familienvaters) unterworfen ist (vgl. hierüber insbes. OTr. v. 21. VIII. 1835, E. 2 60 und vom 28. II. 1873, StriethA. 88 217, sowie KG. v. 23. I. 1905, Jahrb. 29 C 43 und das KG. I. Strafs. v. 6. II. 1908, Recht 217, sowie Dernburg, Bürg. R. 2 411 und Rehbein, E. 4 702). Diese Zugehörigkeit des Gesindes zur häuslichen Gesellschaft ist in einzelnen Fällen schwer zu beurteilen. Man darf den Begriff der häuslichen Gesellschaft oder, wie das BGB. in § 617 sagt, der häuslichen Gemeinschaft nicht einschränkend auslegen und insbesondere nicht für gleichbedeutend mit dem der Familie halten, wenn auch die Ges.O. mehrfach (§§ 2, 58 ff.) von dem Verhältnisse des Gesindes zur Familie spricht. Es ist vielmehr anzunehmen, daß eine ein Gesindeverhältnis ermöglichende häusliche Gesellschaft auch dann

vorhanden ist, wenn z. B. Geschwister einen Hausstand gegründet haben. Und man muß noch einen Schritt weiter gehen; indem man das Gewicht nicht auf Gesellschaft, sondern auf Häuslichkeit legt, muß man sagen: überall da, wo eine Häuslichkeit vorhanden ist, kann auch ein Gesindeverhältnis stattfinden; eine Gesellschaft, d. h. eine Vereinigung von mindestens zwei Personen, ist dazu nicht nötig. Also auch bei einem kinderlosen Witwer, einem Junggesellen und einer Unverheirateten ist ein Gesindeverhältnis möglich, wenn diese Personen nur eine eigene Häuslichkeit (einen eigenen Hausstand) haben. Das Vorhandensein und die Benutzung einer eigenen Küche kann jedenfalls nicht das Merkmal für eine Häuslichkeit bilden. Eine eigene Häuslichkeit besteht vielmehr stets dann, wenn jemand eine Wohnung inne hat, die seinen Lebensverhältnissen entsprechend ihm als ständiger Aufenthalt dient und in der er eine wenn auch nur unvollständige Wirtschaft (Haushaltung) führt. Man darf dabei auch den Begriff der Häuslichkeit nicht zu eng fassen und muß ihn der sich erweiternden Anschauung der Neuzeit möglichst anpassen. Eine Familie, die in einem Bade im Fremdenhaus lebt, kann dort ebenso Dienstboten halten, wie eine Familie, die in einer großen Stadt eine möblierte Wohnung mietet und im Gasthause speist. Man wird sogar annehmen müssen, daß auch Privatgesellschaften, Aktiengesellschaften usw. Gesinde halten können, indem man es mit Rehbein, E. 4 701, 702 für genügend ansieht, daß eine von der Herrschaft geschaffene Hausgenossenschaft besteht, der das Gesinde angehört. (A. M. Staudinger EGzBGB. Art. 95 A. 2, der annimmt, daß juristische Personen kein Gesinde halten können, da sie keinen Hausstand haben), (wegen der Bediensteten in Hotels, Restaurationen usw. s. aber A. 1b zu § 1 Ges.O). Eine derartige Hausgenossenschaft ist auch bei anderen Gemeinschaften, z. B. Erben möglich, zumal wenn ihnen ein ländliches Gut gehört, das für sie bewirtschaftet wird. Die Herrschaft wird alsdann durch diejenige Person vertreten, die auch in anderen Angelegenheiten zur Vertretung befugt ist (A. M. E. des BAfHW. 20 114, wo der Vorsitzende einer Krankenhausverwaltung direkt als Herrschaft angesehen wird). Auf seiten der Dienstverpflichteten ist auch das Wohnen und Schlafen in den Räumen der Dienstherrschaft für das Gesindeverhältnis nicht mehr als maßgebend zu erachten. Das OVG. sagt in einem E. v. 11. X. 1907, DJZ. 1908 431, daß der Dienstpflichtige, dessen Wirkungskreis in häuslichen und wirtschaftlichen Diensten im Hausstand oder in der Wirtschaft des Berechtigten besteht, auch dann, wenn er nicht bei diesem wohnt oder schläft, als Glied seiner häuslichen Gesellschaft gelten oder seiner Hausgewalt unterstellt sein kann. Man wird diesen Grundsätzen folgend also auch annehmen müssen, daß Kindermädchen, die nur den Tag über die Kinder warten, über Nacht aber zu ihren Eltern usw. gehen, zum Gesinde gehören. Auf dem Lande wird manchmal der Unterschied zwischen ländlichem Gesinde und ländlichem Arbeiter nicht leicht zu finden sein. Das Merkmal, das das Landgesinde von dem Arbeiter unterscheidet, ist in der allgemeinen Unterordnung unter die Dienstherrschaft in Ansehung der gemeinen häuslichen und wirtschaftlichen Dienste zu finden (s. DJZ. **1900** 120). Selbst der Umstand, daß der Dienstverpflichtete einen eignen Hausstand führt, kann nicht als entscheidend für die Verneinung der Gesindeeigenschaft angesehen werden. Das OLG. Posen steht in ständiger Judikatur auf dem Standpunkt, daß bei der Landwirtschaft nach der historischen Entwicklung und herrschenden Anschauung Hausstand und Wirtschaftsbetrieb zusammenfallen. Es genüge also schon eine ständige Tätigkeit gegen festen Lohn in der Wirtschaft des Berechtigten, um ein Gesindeverhältnis zu begründen (E. v. 29. X. 1907, Rechtspr. **17** 408). Das OVG. hat den Grundsatz aufgestellt, eine Vereinbarung, daß der Lohn nur für Arbeitstage gezahlt und die Beköstigung auf diese Tage beschränkt sein solle, spreche gegen die Annahme eines Gesindedienstverhältnisses. Vorbehaltlich des Nachweises des Gegenteils sei nicht anzunehmen, daß ein wenn auch nur kleinerer Grundbesitzer, der sein Eigentum selbst bewirtschaftet, ein dieser Selbständigkeit zuwiderlaufendes Gesindedienstverhältnis übernehme (E. v. 24. I. 1908, PrVerwBl. **30** 41); s. auch A. 2Bd zu § 1.

Der Titel 5 des II. Teils des ALR. führte die Ueberschrift: Von den Rechten und Pflichten der Herrschaft und des Gesindes. Er enthielt drei Hauptabschnitte:

I. Vom gemeinen Gesinde (§§ 1—176).
II. Von Hausoffizianten (§§ 177—197).
III. Von Sklaven (§§ 198—208).

Der Abschnitt I ist, wie eingangs bemerkt, aufgehoben durch die Gesindeordnung; Abschnitt III ist veraltet, da alle Sklaven von dem Augenblicke an, wo sie preußisches Gebiet betreten, frei sind (G. v. 9. III. 1857, GS. 160). Es bleibt zu erörtern, ob Abschnitt II noch in Kraft ist. Der Art. 95 des EGzBGB. sagt, wie oben bemerkt, daß die landesgesetzlichen Vorschriften, die dem Gesinderecht angehören, vom BGB. unberührt bleiben sollen. Der Vorbehalt des Art. 95 bezieht sich also nur auf das Gesinde. Der Begriff des H a u s o f f i z i a n t e n ist dem BGB. völlig unbekannt. Da für sie kein ausdrücklicher Vorbehalt im EG. gemacht ist, sind ihre Rechtsverhältnisse mit dem Inkrafttreten des BGB. ausschließlich nach den Grundsätzen des Dienstvertrags (§§ 611 bis 630) zu beurteilen. Damit stimmt auch im allgemeinen eine vom Regierungsvertreter bei Beratung des EG. in der Kommission (s. KomBer. 51) abgegebene Erklärung überein, wonach für die Hausoffizianten der §§ 177 ff. II 5 ALR. in Zukunft das Reichsrecht in allen Beziehungen zur Anwendung käme, soweit nach preußischem Rechte jene Personen in Zukunft nicht als eigentliches Gesinde aufzufassen seien. Um allen Zweifeln zu begegnen, hat überdies das preußische AGzBGB. in Art. 89 1 c den ganzen 5. Titel des II. Teils ALR., also auch die Bestimmungen über Hausoffizianten aufgehoben. Dies haben auch die Gerichte in ständiger Rechtsprechung anerkannt; vgl. insbes. OVG. v. 17. I. 1902 (PrVerwBl. **23** 661).

Vom gemeinen Gesinde.

Gesindeordnung vom 8. XI. 1810.

Vorbemerkung: Der Gesetzestext ist hier so wiedergegeben, wie er sich durch die spätere Gesetzgebung bis zum Inkrafttreten des BGB. gestaltet hat, auch sind die Marginalien (hier als Ueberschriften gedruckt) zwecks besserer Einteilung geändert. Aufgehobene Bestimmungen der Gesindeordnung sind in kleiner Schrift gedruckt und eingeklammert. Die an die Stelle der Gesindeordnung getretenen Gesetzesbestimmungen sind hinter den einzelnen Paragraphen in lateinischer Schrift aufgeführt.

1. Begriff. (§ 1.)

§ 1. Das Verhältnis zwischen Herrschaft [1]) und Gesinde gründet sich auf einen Vertrag, wodurch der eine Teil zur Leistung gewisser häuslicher oder wirtschaftlicher Dienste [2]) auf eine bestimmte Zeit, [3]) sowie der andere zu einer dafür zu gebenden bestimmten Belohnung sich verpflichtet.

1. Unter Herrschaft im Sinne der GesO. ist sowohl der Dienstherr als die Dienstherrin zu verstehen (KG. v. 2. V. 1892, ArchfStr. **40** 209). Zur Herrschaft gehören aber nicht die sonstigen Mitglieder der Familie des Dienstherrn oder der Dienstherrin, ebensowenig wie zum Gesinde die Angehörigen des Gesindes gehören. Inspektoren und Administratoren gelten nur dann als Herrschaft, wenn sie an Stelle der eigentlichen Herrschaft oder anderweit entsprechend bevollmächtigt sind (OVG. v. 26. X. 1896, **30** 435). Die von dem Pächter eines Gutes angenommenen Dienstboten stehen in keinem Gesindedienstverhältnis zum Gutsherrn, der demnach nicht für Kur und Verpflegung der im Dienste erkrankten Dienstboten des Pächters zu sorgen hat (OVG. v. 1. VI. 1896, Selbstv. 1896 S. 696). — „Gemeines Gesinde" (s. Ueberschrift) und „Gesinde" sind jetzt, nachdem der Begriff der Hausoffizianten fortgefallen ist (s. S. 6 ff.), völlig gleichbedeutend. Ueberall, wo die GesO. vom gemeinen Gesinde spricht, ist daher die betr. Bestimmung auf das Gesinde aller Art anzuwenden.

2. A. „Häusliche oder wirtschaftliche Dienste" müssen also den Gegenstand des Dienstvertrages bilden. In erster Linie müssen die Gesindedienste dem Hausstande gewidmet sein; da jedoch bei der Landwirtschaft Hausstand und Wirtschaftsbetrieb nach geschichtlicher Entwicklung und in noch fortlebender Anschauung des Volkes zusammenfallen, wird auch derjenige zum Gesinde gerechnet, der bloß zum Dienste in der Landwirtschaft angenommen ist. Wenn Dienstleistungen, die nicht dem Hausstand oder der Wirtschaft gelten, den Hauptgegenstand eines Vertrages bilden, so ist das Rechtsverhältnis nach anderen Vorschriften als nach der Gesindeordnung zu beurteilen, wobei zu beachten ist, daß die reichsgesetzlichen Vorschriften des Handelsgesetzbuches, der GewO. usw. den landesgesetzlichen Vorschriften der Gesindeordnung die Kraft genommen haben, so daß man streng genommen bei der Prüfung von ihnen, nicht von der GesO. ausgehen müßte (vgl. Gerhard S. 23). Es ergeben sich dabei folgende Anwendungen:

a) Handlungsgehilfen und Handlungslehrlinge gehören, da sie zu kaufmännischen Dienstleistungen angenommen sind, nicht zum Gesinde, wenn sie auch in die Familienwohnung des Prinzipals aufgenommen sind und dort beköstigt werden; ihr Verhältnis wird nach dem Handelsgesetzbuch (§§ 59—83) beurteilt. Ob diese Personen nebenbei auch einige häusliche Dienste leisten, ist unerheblich, da sie mit Rücksicht auf diese Dienste nicht angenommen sind. Auch Markthelfer und Kontorboten zählen nicht zum Gesinde (OTr. v. 28. II. 1873, StriethA. 88 217, BAfHW. v. 30. XII. 1876, 8 89); ebensowenig Laufburschen (BAfHW. 5 75). Durch § 83 HGB. ist in dieser Beziehung nichts geändert, da es danach hinsichtlich der Personen, die im Handelsgewerbe andere als kaufmännische Dienste leisten, bei den für das Arbeitsverhältnis dieser Personen geltenden Vorschriften bewenden soll (vgl. Staub HGB. A. 3 zu § 83).

b) Gewerbegehilfen und Gewerbelehrlinge, auch Kellner und Kellnerinnen gehören gleichfalls nicht zu dem Gesinde, da auch ihre Dienstleistungen keine häuslichen oder wirtschaftlichen sind; sie werden nach der GewO. §§ 105—139 b beurteilt (vgl. BAfHW. 5 74, 17 109 und 18 85). Ferner gehören auch die Geschäftskutscher und die Bierkutscher zu den Gewerbegehilfen (E. des Gewerbeger. zu Berlin, Unger, 1898 Nr. 178 sowie Rehbein, E. 4 699). Nach einem Reskript der Min. des Innern und für Handel und Gew. v. 17. VIII. 1896 (GewG. 2 159) sollen die im Gastwirtsgewerbe beschäftigten Personen, insbesondere Hausdiener, Köchinnen usw. in der Regel als Gewerbegehilfen gelten, sofern nicht aus den besonderen Umständen oder aus den Abmachungen sich ergibt, daß die Beschäftigung im Hausdienste vorwiegt. Es kommt also, was überhaupt für alle bei Gewerbetreibenden Bediensteten gilt, auf den Schwerpunkt ihrer Tätigkeit an, der wohl meist im gewerblichen Dienste liegen wird. Damit stimmt auch die feststehende Rechtsprechung der Gewerbegerichte und anderer Gerichte überein (s. auch RG. v. 19. X. 1897, ArchfStr. 45 438 und der OVG. v. 17. I. 1902, PrVerwBl. 23 661).

Die Berliner Polizei stellt infolgedessen auch den in Hotels, Pensionen, Restaurationen, Koch- und Waschküchen beschäftigten Köchinnen, Küchenmädchen, Stubenmädchen, Plätterinnen, Putzfrauen usw., deren Arbeiten ausschließlich Betriebszwecken dienen, keine Dienstbücher mehr aus, da sie sie als Gewerbegehilfen ansieht, verweist sie auch mit ihren Streitigkeiten an die Gewerbegerichte (Auskunft des PolPräs. v. 20. VIII. 1907). Sogenannte Faktoren, die im allgemeinen die den männlichen Dienstboten zukommenden Arbeiten und außerdem solche Arbeiten verrichten, die unmittelbar mit dem Geschäftsbetriebe des Gewerbetreibenden, bei dem sie angestellt sind, zusammenhängen, z. B. Austragen von Waren, Packen, Postgänge, gehören nach Ansicht des Polizeipräsidenten von Königsberg zum Gesinde (BAfHW. v. 12. III. 1881, **13** 85). In einer die Versicherungspflicht auf Grund des KrankenversicherungsG. betreffenden Entsch. v. 22. II 1898 (BlfR. **1898** 40) sagt das Landgericht I zu Berlin, die Stellung eines Dienstmädchens schließe es nicht aus, daß sie auch im Gewerbe der Dienstherrschaft tätig und durch diese Tätigkeit zugleich deren Gewerbegehilfin sei. Dieser Grundsatz ist bedenklich. Entweder ist die betreffende Person Dienstbote oder sie ist Gewerbegehilfin. Beides zugleich kann sie nicht sein. Welche Verwirrung in den Rechten und Pflichten beider Parteien (man denke nur an die Kündigung und Entlassung) würde sich ergeben, wenn man eine Person als Dienstmädchen und zugleich als Gewerbegehilfin ansehen würde. Ueber die Krankenversicherung von Dienstboten, die zugleich im Gewerbe tätig sind, vgl. A. 5 zu § 82.

c) Fabrikarbeiter und Fabrikfaktoren gehören aus gleichen Gründen nicht zum Gesinde und sind ebenfalls nach der GewO. §§ 105 bis 139b zu beurteilen. (BAfHW. **13** 85 und **18** 84.)

d) Haushofmeister, Repräsentantinnen, und Hausdamen wurden früher zu den Hausoffizianten gerechnet und unterstehen jetzt den Bestimmungen der §§ 611—630 BGB. Die rechtliche Stellung der Stützen ist in neuerer Zeit durch die Fortbildung und Erweiternng, welche diese früher ganz unbekannte Art von Angestellten erfahren hat, zweifelhaft geworden. Das OVG. hat sich auf den Standpunkt gestellt, daß kein Gesindedienstvertrag vorliegt, wenn bei der Annahme eines Mädchens deutlich erklärt ist, daß es als Stütze der Hausfrau angenommen werde (E. v. 6. II. 1906, Recht **1907** 395). Voß (DJZ. **1908** 1030) sagt dagegen, daß, selbst wenn Stützen niedere Dienste mit verrichten müssen, sie dadurch noch nicht zum Gesinde werden, falls sie sozialen Anschluß an die Herrschaft haben, mit am Tische essen und dauernden Aufenthalt in den Räumen der Herrschaft gewährt erhalten. Die PolPräs. in Berlin und Charlottenburg nehmen an, daß solche Personen, die im Haushalt der Dienstherrschaft sämtliche häusliche Arbeiten zu verrichten haben, zum Gesinde gehören, auch wenn sie sich Stützen nennen; sie müssen daher im Besitz eines Gesindebuches sein (Verf. v. 26. X. und 20. XI. 1908). Auch Stützen, die nur zum Kochen angenommen sind, rechnen nach einer Verf. des PolPräs. von Berlin vom 27. I. 1910 zum Gesinde. Das Landgericht II in Berlin Strafkammer 3 hat in einer Entsch. v. 3. IV. 1909 (Aktenz. unbekannt) angenommen, daß für die Frage, ob eine sogenannte Stütze zum Gesinde gehöre, lediglich der Umstand maßgebend sei, ob die Leistung von Gesindediensten hauptsächlich den Vertragsinhalt für den Verpflichteten darstelle. Darauf ob für gewisse schwere Arbeiten eine Aushilfe herangezogen wird, komme es nicht an, da dies auch beim Gesindedienst in mehr oder weniger großem Umfange zu geschehen pflege. Demgegenüber habe die Abrede, nach der die Dienstherrschaft dem zum Gesindedienst Verpflichteten eine bessere gesellschaftliche Stellung, als sie sonst dem Gesinde zugestanden wird, einräumt, nur die Bedeutung einer Nebenabrede; Vertragsinhalt sei in der Hauptsache die Leistung des Gesindedienstes. Sei dies aber der Fall, so habe weder durch eine Nebenabrede noch überhaupt durch den Parteiwillen die rechtliche Natur des Vertragsverhältnisses beeinflußt werden können. Ohne dieser Entscheidung ganz beizutreten, wird man annehmen müssen, daß es auf die Bezeichnung „Stütze" nicht ankommen kann, daß vielmehr der Inhalt des Dienstvertrages und die Art der zu leistenden Dienste maßgebend sein muß. Den Bestrebungen, die sich in gewissen Kreisen dahin geltend machen, die Dienstverpflichteten durch die Bezeichnung als Stütze den das Gesinde betreffenden gesetzlichen Bestimmungen zu entziehen, wird man mit Entschiedenheit entgegentreten müssen.

e) Köche, Köchinnen, Hausmädchen, Kammerzofen, Jungfern, Kindermädchen, Viehmädchen, Knechte gehören zum Gesinde, ebenso sogenannte Kinderfräulein, die nur zur Pflege und Wartung von Kindern angenommen sind, also nur niedere mechanische Dienste zu verrichten, jedoch mit der Erziehung der Kinder nichts zu tun haben (so auch Verf. des PolPräs. von Berlin v. 22. I. 1910). Auch eine Kochmamsell in einem Privathause gehört zum Gesinde, da sie nicht die Dienstaufsicht hat, sondern selbst kocht (OVG. v. 11. II. 1905, Selbstv. **1906** 516). Ueber die Bediensteten in Restaurationen, Hotels, Pensionen usw. s. oben unter b. Zum Gesinde rechnen auch Kutscher, aber nicht solche Milchkutscher, die die Milch auch selbständig zu verkaufen, sich Kunden heranzuziehen haben und die Gefahr des Sauerwerdens der Milch tragen (OVG. v. 17. I. 1902, Selbstv. **1903** 231). Ob die Chauffeure zum Gesinde zu rechnen sind, ist Tatfrage. Im allgemeinen kann es keinen Unterschied machen, ob ein Kutscher Wagen und Pferde bedient und pflegt oder ob ein Chauffeur einen Kraftwagen lenkt und in Ordnung hält. Die Gerichte scheinen im Allgemeinen auch der Ansicht zuzuneigen, daß Chauffeure eines Privatautos zum Gesinde gehören, während die Polizeibehörden, manchmal ihre Einmischung ablehnen.

f) Ammen sind zu den Dienstboten dann zu rechnen, wenn sie zum Haushalt gehören, und nicht ausschließlich zum Säugen, sondern auch zur Wartung und Pflege der ihnen anvertrauten Kinder angenommen sind (BAfHW. **1** 40).

g) Hirten (Schäfer) sind zum Gesinde zu rechnen, da ihnen

wirtschaftliche Dienste übertragen sind; vorausgesetzt ist natürlich dabei, daß sie nach § 1 der GesO. auf eine bestimmte Zeit gegen einen bestimmten Lohn, mit oder ohne Kost angenommen sind; wer nur gegen eine tägliche Belohnung auf willkürliche Entlassung zum Viehhirten gedungen worden, ist zu den Tagelöhnern zu rechnen (MBlfdiV. **1845** 221; vgl. auch die allerdings nur für Schleswig-Holstein maßgebende E. des KG. v. 14. X. 1889, Jahrb. **10** 225). Schäfer, die nicht nur Hirten sind, sondern die Zucht leiten und beaufsichtigen, wurden früher als Hausoffizianten (s. S. 6) angesehen und sind jetzt nach den Grundsätzen vom Dienstvertrage (§§ 611—630 BGB.) zu beurteilen.

h) Revierjäger und Kunstgärtner auf Landgütern können zum Gesinde gehören, wenn ihnen wirtschaftliche Dienste übertragen sind, die nach ihrem Wesen zu den mechanischen, niederen Verrichtungen gehören (vgl. OLG. Posen v. 8. I. 1904. JurMonschr. f. Posen **1904** 25). Wenn sie Dienste höherer Art leisten, sind sie nach allgemeinen Grundsätzen über die Dienstverträge zu beurteilen (vgl. Einl. S. 6). Gärtner in Kunst- und Handelsgärtnereien können nie Gesinde sein, sind vielmehr Tagearbeiter oder Gewerbegehilfen (vgl. § 1 Abs. 5 RGes. v. 5. V. 1886).

i) Stromschiffs-Knechte (Bootsleute), die früher als Gesinde betrachtet wurden, unterstehen nach Art. 21 des RGes. v. 15. VI. 1895 (20. V. 1898) betr. die privatrechtlichen Verhältnisse der Binnenschiffahrt jetzt der Gewerbeordnung. Doch müssen Bootsleute, die auf der Elbe fahren, nach wie vor das in Anlage A der Genehmigungsurkunde v. 7. IV. 1854 zur Abänderung usw. der Elbschiffahrtsakte vorgeschriebene Dienstbuch (GS. 377) führen (Mitt. des Oberpräs. v. Sachsen v. 15. IV. 1904). Auf Seeschiffen angestellte Personen werden nach der SeemannsO. v. 2. VI. 1902 beurteilt.

k) Der Postillon steht zwar hinsichtlich seiner Dienstleistungen zu der Postverwaltung im Verhältnis eines Beamten, dagegen zu dem Posthalter, der ihn annimmt und entläßt, im Verhältnis eines Gewerbegehilfen oder, wenn er, wie oft der Fall, nicht nur die Post fährt, sondern auch häusliche Dienste leistet, unter Umständen im Verhältnis eines Dienstboten (vgl. RG. v. 30. X. 1886, E. **17** 62, auch OTr. v. 3. II. 1862, StriethA. **44** 188).

B. Es kommt nicht allein auf die Art der Dienstleistungen, daß es nämlich häusliche oder wirtschaftliche sind, sondern außerdem noch darauf an, daß die diese Dienste leistenden Personen zur Familie gerechnet werden und daher der Hausgewalt des Dienstherrn untergeordnet sind (s. Einl. S. 1—6). Hieraus ergeben sich folgende Anwendungen.

a) Der Portier eines Mietshauses oder einer Fabrik leistet keine häuslichen oder wirtschaftlichen Dienste im Sinne der GesO., sondern Dienste für das ganze Haus (Bolze 2 Nr. 974). Wohl aber kann der Portier eines nur von seiner Herrschaft bewohnten Hauses zum Gesinde gehören (Rehbein, E. 4 699), wenn ihm neben dem Oeffnen der Haustür bestimmte Arbeiten für die Herrschaft übertragen sind (vgl. Gerhard, § 1 A. 5c). Eine Aufwartefrau oder eine sogenannte Aushilfe, mag sie auch alle Dienste eines Dienstmädchens leisten, gehört doch nicht zum Gesinde, da sie der hausväterlichen Zucht des Dienstherrn nicht unterworfen ist. Ein Gleiches ist anzunehmen bei Stiefelputzern, Näherinnen usw. (OTr. v. 28. II. 1873, StriethA. **88** 217, BAfHW. **8** 89, RG. v. 18. XII. 1906, Recht **1907** 411).

b) Dasselbe gilt von Tagelöhnern, selbst wenn sie zu solchen Dienstleistungen angenommen sind, welche gewöhnlich von Knechten oder Mägden verrichtet werden (EdBAfHW. **5** 76 und **8** 88, vgl. auch Rehbein, E. **4** 701). Auch Hofgänger sind kein Gesinde (KG. v. 13. XII. 1909, Polizei **6** 415). Gestütswärter bei den Landgestüten sind kein Gesinde (Jahrb. **19** 345). Wirtschaftslehrlinge sind nicht zum Gesinde zu rechnen, da sie einer Erziehungsgewalt unterstehen (Rehbein, E. **4** 700).

c) Die Instleute in den Provinzen Ost- und Westpreußen, denen ein Gutsbesitzer Wohnung gegen die Verpflichtung, sich den für das Gut geforderten Taglöhnerdiensten gegen Vergütung zu unterziehen, einräumt (s. OVG. v. 21. X. 1902, E. **42** 396), sind nicht als Gesinde zu betrachten, da sie eine selbständige Haushaltung führen und nicht zur Familie oder zum Haushalte des Gutsherrn gerechnet werden (vgl. OVG. v. 13. III. 1903, E. **43** 428 und des OLG. Königsberg v. 12. II. 1903, JurMonschr. f. Posen **1903** 55). Doch sollen ihre Streitigkeiten mit der Gutsherrschaft über An- und Abzug und über Erfüllung der vertragsmäßigen Verbindlichkeiten während des Dienstverhältnisses, bevor deshalb geklagt werden kann, nach der Sondervorschrift der nach OVG. v. 18. X. 1904 (E. **46** 410) auch jetzt noch gültigen KabOrd. v. 8. VIII. 1837 (v. Kamptz Annalen **21** 710) der Vermittlung und vorläufigen Regelung der Polizeibehörde in derselben Weise, wie es für die eigentlichen Gesindesachen vorgeschrieben ist, unterworfen sein; so auch OVG. v. 4. 6 1909 (DJZ. **1910** 262). Die ländlichen Arbeiterfamilien, die in der Mark und in Pommern Dienstfamilien und in Schlesien Dienstgärtner oder Dreschgärtner (Arbeitsgärtner) genannt werden, gehören nicht zum Gesinde (OVG. v. 2. XII. 1876, E. **1** 392).

d) Das Verhältnis ländlicher Besitzer zu den ländlichen Arbeitern, die in der Provinz Posen gegen Wohnung und Deputat angenommen sind mit der Verpflichtung gegen einen Tagelohn an bestimmten Tagen gemessene wirtschaftliche Dienste zu verrichten (Komorniks, Einlieger), ist nicht nach der GesO. zu beurteilen (OTr. v. 7. IX. 1877, E. **80** 231 und BAfHW. **15** 60, 87 und 88). Sind ländliche Arbeiter aber gegen festen Jahreslohn und Deputat mit der Verpflichtung zur Dienstleistung an allen Tagen des Jahres angenommen, so gehören sie zum Gesinde, selbst wenn sie in einer ihnen auf dem Gute angewiesenen besonderen Wohnung einen eigenen Haushalt führen. (OLG. Posen v. 29. X. 1907, Rechtspr. **17** 408).

e) Schnitter, Sachsengänger usw. gehören nicht zum Gesinde (KG. v. 30. V. 1895, Jahrb. **17** 318). Werden sie von einem

Vorarbeiter oder dgl. gestellt, so besteht zwischen ihnen und dem Landwirt, der sie beschäftigt, ohne besondere Vereinbarung überhaupt kein Vertragsverhältnis (DJZ. **1904** 519).

3. Unter einer bestimmten Zeit ist ein nach Tagen, Wochen, Monaten oder Jahren oder doch wenigstens so festgesetzter Zeitraum zu verstehen, daß jeder Teil nach Kündigung vom Vertrage abgehen kann (vgl. § 40 GesO.). Es wird manchmal schwer sein, Gesindedienst, Aushilfedienst und Arbeitsdienst usw. auseinander zu halten. In der E. des BAfHW. 5 76 und 8 88 ist mit Recht betont, daß kein Gesindedienst vorliegt, wenn tägliche Lohnzahlung und willkürliche Kündigung vereinbart ist.

2. Wer Gesinde mieten kann. (§§ 2—4.)

§ 2. In der ehelichen Gesellschaft kommt es dem Manne zu, das nötige Gesinde zum Gebrauch der Familie zu mieten. [1–3])

Dazu:

BGB. § 1357. Die Frau ist berechtigt, innerhalb ihres häuslichen Wirkungskreises die Geschäfte des Mannes für ihn zu besorgen und ihn zu vertreten. Rechtsgeschäfte, die sie innerhalb dieses Wirkungskreises vornimmt, gelten als im Namen des Mannes vorgenommen, wenn nicht aus den Umständen sich ein Anderes ergibt.

Der Mann kann das Recht der Frau beschränken oder ausschließen. Stellt sich die Beschränkung oder die Ausschließung als Mißbrauch des Rechtes des Mannes dar, so kann sie auf Antrag der Frau durch das Vormundschaftsgericht aufgehoben werden. Dritten gegenüber ist die Beschränkung oder die Ausschließung nur nach Maßgabe des § 1435 wirksam.

1. Die Bestimmung, daß es grundsätzlich dem Manne zukommt, das Gesinde zu mieten, ist durch das BGB. nicht aufgehoben; anderer Meinung Scherer in JW. **1900** 186 u. Gerhard S. 32. Eine wesentliche Abschwächung erfährt dieses Recht des Mannes durch die Bestimmung des § 3 GesO., die wesentlich modifiziert ist durch die des § 1357 BGB., der die sogenannte Schlüsselgewalt der Frau regelt. Es könnte zweifelhaft erscheinen, ob dieser Paragraph, den das EGzBGB. in Art. 95 und das AGzBGB. in Art. 14 nicht erwähnt, auf das Gesinderecht und besonders das Mieten des Gesindes Anwendung findet (Niedner, EG. A. 2 a *α* zu § 95). In der Begründung zum Entwurf des preuß. AGzBGB. ist auf S. 20 ausdrücklich betont, daß die Frage, inwieweit die Frau zur Annahme von Gesinde befugt ist, durch die Vorschrift des § 1357 über die Schlüsselgewalt der Frau eine einheitliche Regelung findet, so daß dadurch die abweichenden Vorschriften der GesOrdnungen, besonders auch §§ 3 u. 4 der preuß. GesO., beseitigt

werden. Dieser Ansicht, die als in der Begründung stehend selbstverständlich nur eine autoritative, aber keine maßgebende Bedeutung hat, ist nicht beizutreten, schon von dem einen Gesichtspunkte aus, daß die Frau bei Ausübung ihrer Schlüsselgewalt auf den häuslichen Wirkungskreis beschränkt ist, während unter das Gesinde auch die zu landwirtschaftlichen Diensten angenommenen Personen gehören, die nicht in die Hausgenossenschaft aufgenommen zu sein brauchen (s. oben S. 5). Es ist doch nicht anzunehmen, daß die Schlüsselgewalt der Frau sich z. B. auf einen Pferdeknecht, der eine eigene Wohnung hat, erstreckt, so daß sie ein derartiges Gesinde mieten könnte. Richtig erscheint es vielmehr, daß § 1357 BGB. zur Anwendung kommt, soweit die GesO. keine die Frage anderweit regelnde Bestimmungen enthält. Hiernach ist folgender Rechtszustand festzustellen. Nach § 3 der GesO. kann die Frau, und zwar auch außerhalb ihres häuslichen Wirkungskreises, weibliche Dienstboten annehmen, ohne daß es dazu einer Einwilligung des Mannes bedarf. Weiter kann sie aber auch nach § 1357 BGB. auf Grund ihrer Schlüsselgewalt innerhalb ihres häuslichen Wirkungskreises männliches Gesinde annehmen, allen Dienstboten kündigen, sie entlassen, Zeugnisse ausstellen, die Bestrafung beantragen, kurz alle das Hausgesinde betreffende Geschäfte des Mannes besorgen. Macht sie von diesem Recht Gebrauch, so wird nicht sie, sondern nur der Mann verpflichtet (vgl. § 164 BGB.). Der Mann kann die Schlüsselgewalt der Frau beschränken oder ausschließen, doch ist gegenüber demjenigen, der ohne Kenntnis von dieser Beschränkung usw. mit der Frau verhandelt hat, die Beschränkung usw. nur wirksam, wenn sie in das Güterrechtsregister des zuständigen Amtsgerichts eingetragen ist (§ 1435 BGB.). Auch die minderjährige Frau kann Gesinde annehmen, da sie sich nicht selbst verpflichtet, ihre Geschäftsfähigkeit also gleichgültig ist (§ 165 BGB.; vgl. auch Dernburg § 196 A. 7 und Rehbein, E. 4 706). Die Aufhebung der ehelichen Gemeinschaft löst die Schlüsselgewalt der Frau auf (OLG. Hamburg v. 1. IV. 1901, Rechtspr. 2 368).

2. Der Mann kann andere Personen bevollmächtigen, für ihn Gesinde zu mieten. Der Gutsbesitzer wird z. B. oft seinen Inspektor usw. beauftragen, das Gesinde anzunehmen. Die Vollmacht braucht nicht mehr schriftlich zu sein (§ 167 BGB.). Zu beachten ist aber, daß nach § 174 BGB. bei einem einseitigen Rechtsgeschäft, z. B. der Kündigung, niemand sich mit dem Bevollmächtigten einzulassen braucht, wenn dieser nicht eine Vollmachtsurkunde vorlegt, es sei denn, daß der Vollmachtgeber ihn von der Bevollmächtigung in Kenntnis gesetzt hätte. Es wird sich also für den Gutsherrn empfehlen, seinem Verwalter usw. schriftliche Vollmacht zu geben, sonst gewärtigt er, daß ein widerspenstiger Knecht, dem der Verwalter kündigt, sich dies mit Recht nicht gefallen läßt. Wenn der Gutsbesitzer, der sich nicht auf dem Gute aufhält, die Verwaltung und Bewirtschaftung des Gutes einem Inspektor oder dergl. überträgt, so ist darin, auch wenn keine ausdrückliche Vollmacht erteilt ist, die stillschweigende Vollmacht zur Vertretung, also auch zur

Annahme von Gesinde für den Gutsherrn enthalten (vgl. Rehbein, BGB. A. II 2 zu §§ 164 ff. und Zürn S. 13, auch RG. v. 21. II. 1889, E. 23 249). Zu beachten ist hierbei der § 278 BGB., der nach dem AGzBGB. auf das Gesinderecht Anwendung findet und folgendermaßen lautet:

Der Schuldner hat ein Verschulden seines gesetzlichen Vertreters und der Personen, deren er sich zur Erfüllung seiner Verbindlichkeit bedient, in gleichem Umfange zu vertreten, wie eigenes Verschulden. Die Vorschrift des § 276 Abs. 2 („Die Haftung wegen Vorsatzes kann dem Schuldner nicht im voraus erlassen werden") findet keine Anwendung.

Hiernach muß der Dienstherr, der beim Mieten des Gesindes sich eines Bevollmächtigten usw. bedient, für alles Verschulden desselben aufkommen, ebenso auch für das Verschulden der Frau, wenn sie kraft ihrer Schlüsselgewalt Gesinde gemietet hat (vgl. im übrigen die A. zum § 98 GesO.).

3. Der Ehemann kann, wenn er sich von einem von seiner Frau gemieteten Gesinde das Gesindebuch nicht hat vorlegen lassen, aus einer Polizeiverordnung, die die Vorlegung anordnet, bestraft werden, da die Frau ihn verpflichtet hat (Jahrb. **11** 257).

§ 3. Weibliche Dienstboten kann die Frau annehmen, ohne daß es dazu der ausdrücklichen Einwilligung des Mannes bedarf.

Im Gegensatz zu den früheren Auflagen dieses Buches wird in Uebereinstimmung mit Jacobi und Nußbaum (vgl. auch Voß in DJZ. **1907** 1266 und Staudinger A. 3 A a zu § 1357 BGB.) jetzt angenommen, daß §§ 3, 4 GesO. noch in kraft sind (s. A. 1 zu § 2).

§ 4. [1]) **Doch kann der Mann, wenn ihm das angenommene Gesinde nicht anständig** [2]) **ist, dessen Wegschaffung nach verflossener gesetzmäßiger Dienstzeit, ohne Rücksicht auf die vertragsmäßig bestimmte, nach vorgängiger Aufkündigung verfügen.**

1. Dieser §, der eine dem Ges.Recht eigentümliche, über die Grundsätze des § 1357 BGB. hinausgehende Bestimmung enthält, ist nur anwendbar auf das weibliche Gesinde, das die Frau auf Grund des § 3 GesO. gemietet hat, nicht aber auf das männliche Gesinde, das sie auf Grund ihrer Schlüsselgewalt aus § 1357 BGB. gemietet hat.

2. Unter „anständig" ist hier nicht zu verstehen, daß das Gesinde in seinem Verhalten den Sitten, dem Anstande nicht entspricht. Vielmehr, daß es dem Mann nicht ansteht, nicht paßt. Das geht aus der Hinzufügung des „ihm" hervor.

3. Wer als Gesinde sich vermieten kann. (§§ 5—12.)

§ 5. Wer sich als Gesinde vermieten will, muß über seine Person frei zu schalten berechtigt sein. [1—5])

1. Außerdem muß er sich ein **Dienstbuch** anschaffen. Die Verordnung v. 29. IX. 1846 und das dieselbe abändernde G. v. 21. II. 1872 nebst den Verf. des Min. des Innern v. 26. II. 1872 (MBlfdiV. 79) und 27. III. 1907 (MBlfdiV. 123) bestimmen darüber im wesentlichen folgendes: Jeder Dienstbote, der in Gesindedienst tritt oder die Herrschaft wechselt, muß sich mit einem Gesindebuch versehen. Zuständig zur Ausstellung des Dienstbuchs ist die Polizeibehörde des Ortes, wo das Gesinde in den ersten Dienst treten will, nicht die Heimatsbehörde (s. A. 3 zu § 10). Stempelgebühren werden dafür nicht mehr erhoben; auch die polizeiliche Ausfertigung und Visierung der Dienstbücher, sowie die Beglaubigung der Dienstzeugnisse ebenso wie die Ausstellung der Gesindeentlassungsscheine erfolgt gebühren- und stempelfrei. Der Verkauf der Gesindebücher ist der Privatindustrie überlassen; die Bücher müssen aber nach einem vorgeschriebenen Formulare eingerichtet sein, nämlich aus 8 Blättern in Oktavformat bestehen und auf der ersten Seite das Signalement enthalten. In diesem Signalement hat die Kennzeichnung als Fürsorgezögling zu unterbleiben (Verf. des Min. des Innern v. 8. IV. 1908, nicht veröffentlicht). Die anderen Blätter enthalten 8 Spalten mit Vordruck für 1. Nr. der Dienstes, 2. Name, Stand und Wohnort der Dienstherrschaft, 3. Inhaber ist angenommen als, 4. Tag des Diensteintritts, 5. Tag des Dienstaustritts, 6. Grund des Dienstaustritts und Dienstabschiedszeugnis, 7. Vor- und Zuname und Geschäftslokal des Gesindevermieters; Datum des Vertragsabschlusses, 8. Beglaubigung und etwaige Bemerkungen der Polizeibehörde. Spalte 7 ist hierbei erst seit 1. VII. 1907 mit der Maßgabe eingeführt, daß die alten Bücher aufgebraucht werden können, die Eintragung über die Gesindevermieter dann aber in der letzten Spalte erfolgen muß.

Vor Antritt des Dienstes hat der Dienstbote das Gesindebuch sowie einen ihm vom Stellenvermittler auszustellenden Ausweis (Nr. 14 der Vorschriften v. 16. VIII. 1910, HMBl. 455) der Polizeibehörde (nicht dem Gemeinde- oder Gutsvorsteher) des Aufenthaltsortes (in Berlin dem Vorstande des betr. Polizeireviers) zur Ausfertigung vorzulegen. An Orten, wo keine Polizeibehörde ihren Sitz hat, kann durch den Landrat der Gemeindevorsteher mit der Ausfertigung der Gesindebücher betraut werden. Die Polizei hat zu prüfen, ob die Erfordernisse der §§ 5—8 der GesO., jetzt der §§ 104—115 und 1358 BGB. (s. S. 21 ff. u. 31 ff.), von dem Dienstboten erfüllt sind, letzterer sich also vermieten darf. Zugleich hat sie zu prüfen, ob nicht sonstige Bedenken gegen die Zulassung zum Gesindedienst bestehen (s. § 10 GesO. und A. 1 dazu). Zu diesen Bedenken werden insbesondere Bestrafungen gehören, wobei man aber nicht zu streng vorgehen darf. Nach der Praxis des Berliner Polizeipräsidiums wird nur Personen, welche zu Zuchthaus, Polizeiaufsicht, hohen Gefängnisstrafen oder vielfach zu nicht unerheblichen Gefängnisstrafen verurteilt worden sind, die Ausfertigung des Gesindedienstbuchs versagt. Bei Personen, die von auswärts anziehen, fragt die um Ausstellung eines Dienstbuchs angegangene Berliner Polizei, wenn sie kein Führungsattest haben, stets bei der Heimat- oder Registerbehörde nach, läßt sich auch bei minderjährigen Dienstboten in Rücksicht auf § 113 Abs. 2 BGB. (s. S. 29) den Erlaubnisschein des Vaters usw. vorlegen (Auskunft des PolPräs. v. 31. V. 1911). Andere Polizeibehörden begnügen sich vielfach damit, bei der Polizeibehörde des letzten Wohnorts anzufragen, ob Bedenken gegen die Ausfertigung des Gesindebuchs obwalten. Nach einem Bundesratsbeschluß v. 28. II. 1873 können die in den einzelnen Bundesstaaten rechtsgültig ausgestellten Dienstbücher in dem gesamten Reichsgebiete zur Eintragung von Dienstzeugnissen fortbenutzt werden. Wenn also ein mit einem noch nicht vollen Dienstbuche eines anderen Bundesstaates versehener Dienstbote die Ausstellung eines Dienstbuchs verlangt, so wird die Polizei dies abzulehnen haben, da der Dienstbote anderenfalls stets in der Lage sein würde, das zweite Buch, wenn es ungünstige Zeugnisse enthält, zu vernichten und sich auf Grund des ersten weiter zu vermieten (Verf. des PolPräs. in Berlin v. 9. III. 1906). Wenn aus derartigen oder anderen Bedenken die Polizeiverwaltung das Dienstbuch auszustellen sich weigert, so hat das Gesinde hiergegen die Beschwerde im Verwaltungswege (s. A. 3 zu § 10). Der Rechtsweg ist ausgeschlossen. Beim Dienstantritt ist das Buch der Dienstherrschaft vorzulegen. Verweigert dies der Dienstbote, so kann die Herrschaft ihn entweder des Dienstes entlassen (vgl. BlfR. **1902** 54) oder die Weigerung bei der Polizeiverwaltung anzeigen, die eine Strafe bis zu 6 Mk. oder verhältnismäßige Haft, also nach StGB. § 29 und G. v. 2. IV. 1883 bis zu 3 Tagen, festsetzt. Die Regierungen sind durch ein Zirkularreskript des Min. des Innern v. 5. I. 1854 (MBlfiV. 13) ermächtigt, die unterlassene Anschaffung und Vorlegung des Gesindedienstbuchs sowie die Annahme einer mit einem Gesindebuch nicht versehenen Person durch Polizeiverordnungen mit Strafe zu bedrohen. Solche Verordnungen, deren Gültigkeit unbedenklich ist (KG. v. 27. I. 1891, Jahrb. **11** 257; s. auch A. 2 zu § 11), sind u. a. erlassen für Berlin durch den Polizeipräsidenten am 14. VI. 1867 (Sammlung I 101), für Schlesien durch den Oberpräsidenten am 8. VIII. 1887, für den Reg.-Bez. Magdeburg am 17. VI. 1890 und für den Reg.-Bez. Potsdam am 11. VII. 1889 (Amtsbl. 282). Die Strafbarkeit der Dienstherrschaft, die einen nicht im Besitze eines Dienstbuchs befindlichen Dienstboten in Dienst nimmt, setzt sich so lange fort, bis das Dienstbuch beschafft ist oder der Dienst besteht (KG. v. 23. IX. 1897, Jahrb. **18** 329). Ein Recht, das Dienstbuch in Verwahrung zu nehmen, hat die Herrschaft nicht. Das folgt daraus, daß § 4 Ver. v. 29. IX. 1846 nur von einer Vorlegung des Gesindebuchs spricht. Hat jedoch der

Dienstbote in die Aushändigung des Buchs an die Herrschaft gewilligt, wie dies üblich ist, so hat er erst dann ein Recht, das Dienstbuch zurückzuverlangen, wenn das Dienstverhältnis gekündigt ist und er eine neue Stellung suchen will. Bei der Entlassung des Gesindes ist von der Dienstherrschaft ein vollständiges Zeugnis in das Dienstbuch einzutragen (s. auch §§ 171 ff. GesO.). Schreibensunfähige haben mit dieser Eintragung eine glaubhafte Person zu beauftragen, die diesen Auftrag mit ihrer Namensunterschrift bescheinigen muß. Weigert sich die Dienstherrschaft ein Zeugnis auszustellen, so ist sie dazu von der Polizeibehörde durch eine vorher anzudrohende Geldstrafe von 3—15 Mk. anzuhalten. Der Dienstbote ist seinerseits verpflichtet, ein Abschiedszeugnis in sein Dienstbuch sich eintragen zu lassen. Weigert er sich dessen, so hat dies die Herrschaft der Polizei anzuzeigen, die durch Zwangsmittel (LandesverwaltungsG. v. 30. VII. 1883 § 132) die Herausgabe des Buches zur Einschreibung des Attestes erwirken, also auch dem Dienstboten das Buch zwangsweise abnehmen kann. (OVG. vom 10. II. 1905, PrVerwBl. 27 19). Nach Aushändigung des Dienstbuchs darf die Dienstherrschaft das Zeugnis nicht mehr abändern. Zur Beseitigung einer nachträglichen Eintragung mitzuwirken ist die Polizeibehörde auf Verlangen des Dienstboten verpflichtet (OVG. v. 1. XII. 1899, PrVerwBl. 22 528). Wird ein Dienstbote wegen eines „Verbrechens" bestraft, so hat die Strafvollstreckungsbehörde das Gesindebuch einzufordern und darin die erfolgte Bestrafung aktenmäßig einzutragen. Nach dem Sprachgebrauch, der zur Zeit des Erlasses der Ver. v. 29. IX. 1846 herrschte, sind unter Verbrechen alle Gattungen von Straftaten des gegenwärtigen Rechts zu verstehen; so beantragt auch das Polizeipräsidium von Berlin in ständiger Praxis bei den Gerichtsbehörden die Eintragung sämtlicher Bestrafungen, auch der Uebertretungen. Die Eintragungsvorschrift bezieht sich jedoch nicht auf frühere Bestrafungen. So wünschenswert es wäre, auch über das Vorleben des Dienstboten aus dem Dienstbuch Kenntnis zu erhalten, so zwingt doch der Wortlaut der Verordnung, die Eintragung nur auf diejenigen Strafen zu beschränken, die der Betreffende während seiner Dienstzeit erlitten hat, so daß z. B. die Bestrafung wegen einer nach Austritt aus dem Gesindedienst vorgenommenen Fälschung des Dienstbuchs nicht eingetragen wird. Das Berliner Polizeipräsidium hat sich neuerdings entschlossen, auch die nachträglich zu seiner Kenntnis gekommenen Bestrafungen nicht mehr einzutragen, wenn der Dienstbote sich inzwischen zwei Jahre tadelfrei geführt hat (Verf. v. 17. XI. 1906; vgl. auch Zürn im PrVerwBl. 31 653).

Geht ein Dienstbuch verloren, so hat die Polizeibehörde des Orts, wo das Gesinde dient oder, wo es, wenn zurzeit dienstlos, zuletzt gedient hat, auf geschehene Anzeige und gegebenenfalls nach näherer Ermittlung der obwaltenden Umstände (in Berlin wird eine Glaubhaftmachung, daß das Dienstbuch verloren gegangen sei, nicht verlangt, auch werden behördliche Ermittlungen in dieser Hinsicht nicht angestellt, Auskunft des PolPräs. v. 21. VIII.

1907) die Ausfertigung eines neuen Gesindebuchs auf Kosten der an dem Verlust schuldigen Person zu veranlassen, in dem der Verlust des früheren ausdrücklich vermerkt werden muß. Hierbei ist nicht, wie in Selbstverw. 1888 56 verlangt ist, das alte Buch unter Rückfragen bei den früheren Herrschaften usw. wiederherzustellen, sondern ein neues Buch auszufertigen (Zürn 10). Im Interesse der für die Dienstboten erwünschten Beschleunigung der Ausfertigung eines neuen Dienstbuchs ist für den Polizeibezirk Berlin durch Verf. v. 3. II. 1902 angeordnet, daß bei der Ausfertigung von Duplikaten verlorener Dienstbücher von der Nachtragung der Dienstabschiedszeugnisse Abstand zu nehmen sei. In das Ersatzdienstbuch soll nur auf der Rückseite des Titelblatts ein Vermerk eingetragen werden, aus dem hervorgeht, daß das Dienstbuch angeblich verloren gegangen sei; ferner sind darin die drei letzten Herrschaften aufzuführen, bei denen der Dienstbote angeblich gedient hat, mit der Bemerkung, daß bei ihnen keine polizeilichen Ermittlungen über Führung und Leistung des Dienstboten stattgefunden haben. Dagegen kann, wenn sich Bedenken gegen die Richtigkeit der Angabe des Dienstboten ergeben und insbesondere der Verdacht der absichtlichen Vernichtung des Dienstbuchs wegen ungünstiger Zeugnisse vorliegt, die Polizei nachträglich Ermittlungen anstellen und in dem Dienstbuch einen entsprechenden Vermerk machen. Wird mit Bestimmtheit erwiesen, daß das Gesinde das Buch absichtlich vernichtet hat, um schlechte Atteste zu beseitigen, so hat die Polizei das Recht, das alte Dienstbuch möglichst wieder herzustellen. Der Dienstbote, dem ein ungünstiges Zeugnis erteilt worden ist, kann die Ausfertigung eines neuen Gesindebuchs beantragen, wenn er nachweist, daß er sich während zweier Jahre nachher tadellos und vorwurfsfrei geführt hat. Ist die Ausfertigung eines neuen Gesindebuchs notwendig, weil in dem bisherigen bereits 14 Zeugnisse eingetragen sind, so kann das Gesinde verlangen, daß das bisherige Gesindebuch dem neuen vorgeheftet werde. Für Berlin sind die genaueren Vorschriften über die Ausfertigung usw. der Gesindebücher in der Polizei-Ver. v. 16. IV. 1875 (Amtl. Samml. der Berl. Polizei-Ver. 248) enthalten. Für den Regierungsbezirk Potsdam ist eine Ver. des Regierungspräs. v. 11. VII. 1889 (Amtsbl. 282) erlassen. Ueber die Rechtsmittel gegen die nach der Ver. v. 29. IX. 1846 festgesetzten Polizeistrafen s. A. 3 zu § 10 der GesO.

2. Auf den Bestand des Gesindedienstverhältnisses hat das Vorhandensein eines Dienstbuchs keinen Einfluß. Allerdings kann dieses Vorhandensein von Bedeutung sein dafür, ob im Zweifel ein Gesindedienstverhältnis anzunehmen ist; das Nichtvorhandensein schließt jedoch eine solche Annahme noch nicht aus, wenn dafür sonst ausreichende Gründe bestehen (OVG. v. 10. III. 1904, PrVerwBl. 849). Ebensowenig kann der Umstand, daß sich die Herrschaft beim Mieten nicht nach dem Dienstbuch erkundigt oder sich dasselbe nicht hat vorlegen lassen, maßgebend sein für das Zustandekommen des Mietsvertrages (vgl. Selbstv. 1910 317).

3. Wer, um Behörden oder Privatpersonen zum Zwecke seines besseren Fortkommens oder des besseren Fortkommens eines an-

deren zu täuschen, Dienstbücher falsch anfertigt oder verfälscht oder wissentlich von solchen falschen oder gefälschten Dienstbüchern Gebrauch macht, oder wer das Dienstbuch eines anderen für sich gebraucht, oder sein Dienstbuch einem anderen zu dessen Gebrauch überläßt, wird mit Haft bis zu 6 Wochen oder mit Geldstrafe bis zu 150 Mk. bestraft (StGB. § 363, sowie RG. in Strafs. 8 37 und 10 165). Auch das Herausreißen eines Blattes aus dem Dienstbuch ist als eine Fälschung im Sinne des § 363 StGB. anzusehen (OLG. Darmstadt v. 25. IV. 1900, DJZ. 1900 507). Eine Urkunde im Sinne des § 271 StGB. ist das Dienstbuch nicht; es begeht also derjenige keine Urkundenfälschung, der sich ein Gesindebuch vorsätzlich auf den Namen eines anderen von der Polizeibehörde ausstellen läßt (RG. v. 20. IV. 1886, E. in Strafs. 14 99). Der fälschende Polizeibeamte ist nach § 348 StGB. zu bestrafen (OTr. v. 9. I. 1877, Rechtspr. 18 17).

4. Die An- und Abmeldung des Gesindes muß von seiten der Dienstherrschaft binnen einer für die einzelnen Bezirke durch Polizeiverordnung festgesetzten Zeit erfolgen. Im Polizeibezirk Berlin trifft den Hauseigentümer (Hausverwalter) die eigentliche Anmeldungspflicht. Er hat binnen 6 Tagen (ausschließlich des Zuzugtages) dem Vorstande des Polizeireviers die Anmeldung eines zugezogenen (und ebenso die Abmeldung eines fortgezogenen) Dienstboten mittels zweier gleichlautender Anzeigen auf vorgeschriebenen Formularen zu übermitteln. Die Dienstherrschaft hat ihrerseits den An- und Abzug des Dienstboten binnen 3 Tagen dem Hauseigentümer (Hausverwalter) anzuzeigen. Versäumt der Hauseigentümer oder die Herrschaft diese Anzeige, so verfallen sie in eine Strafe von 1—30 Mk., jedoch dann nicht unter 5 Mk., wenn diese Versäumnis mehr als 2 Tage über jene Frist beträgt, und nicht unter 20 Mk., wenn die Anzeige wissentlich falsche Angaben enthält (PolVer. v. 18. VII. 1876, Amtl. Samml. I 85 ff.). Ferner haben in Berlin alle Dienstboten nach dem Antritt eines neuen Dienstes binnen 8 Tagen dem Polizeirevier, in welchem ihre neue Herrschaft wohnt, ihr Gesindebuch, in dem sich das Abschiedszeugnis der letzten Herrschaft befinden muß, vorzulegen. Das Polizeirevier visiert das letzte Attest, ohne dasselbe auf seine Richtigkeit hin zu prüfen; nur bei offenbaren Fälschungen usw. wird eine Ermittlung veranstaltet. Will die neue Herrschaft aber eine ausdrückliche Beglaubigung des Attestes, wodurch eine Garantie dafür geschaffen wird, daß die frühere Herrschaft das Attest auch wirklich ausgestellt hat, so muß sich der Dienstbote an das Revier, in dem die frühere Herrschaft gewohnt hat, wenden. Derartige Beglaubigungen finden auch gewöhnlich beim Fortzug des Gesindes nach außerhalb statt. Dienstboten, welche den Dienst verlassen, ohne einen neuen anzutreten, haben sich bei dem Reviervorstande ihres neuen Wohnsitzes zu melden (PolVer. v. 14. VI. 1867, Amtl. Samml. I 101).

5. Ausländische Juden dürfen ohne Genehmigung des Min. des Innern als Dienstboten nicht angenommen werden (§ 71 Ges. v. 23. VII. 1847, GS. 278 u. OTr. v. 24. V. 1878, E. 82 299). Die Genehmigung ist jedoch nur in solchen Fällen zu versagen,

welche auch die Zulassung eines christlichen Ausländers hindern würden (Reskr. v. 11. VI. 1861, MBlfiB. 132).

(§ 6. Kinder, die unter väterlicher Gewalt stehen, dürfen ohne Einwilligung des Vaters, und Minderjährige ohne Genehmigung ihres Vormundes sich nicht vermieten.)

§ 6, ebenso § 8 der GesO. sind ersetzt durch die Vorschriften des BGB §§ 104—115, die nach dem Art. 95 des EGzBGB. auf das Gesinderecht Anwendung finden sollen. Diese §§ bringen das Gesinderecht in Uebereinstimmung mit den neuen Rechtsbegriffen über Geschäftsfähigkeit, gesetzliche Vertretung usw. Sie sollen nachstehend einzeln aufgeführt und besprochen werden, wobei allerdings vielfach Verweisungen von einem § auf den anderen stattfinden müssen, da die Bestimmungen der einzelnen §§ im inneren Zusammenhang miteinander stehen.

BGB. § 104. Geschäftsunfähig [1]) ist:

1. wer nicht das siebente Lebensjahr vollendet hat; [2])

2. wer sich in einem die freie Willensbestimmung ausschließenden Zustande krankhafter Störung der Geistestätigkeit befindet, sofern nicht der Zustand seiner Natur nach ein vorübergehender ist; [3])

3. wer wegen Geisteskrankheit entmündigt [4]) ist.

1. Geschäftsfähig ist, wer sich selbständig durch rechtsgeschäftliche Willenserklärung berechtigen und verpflichten kann. Da der Gesindedienstvertrag nach § 1 GesO. auf der einen Seite die Leistung von Diensten, auf der anderen die dafür zu gebende Belohnung verlangt, können nur Geschäftsfähige einen solchen Vertrag abschließen.

2. Personen, die das siebente Lebensjahr noch nicht vollendet haben, können also keinen Gesindedienstvertrag eingehen. Es stände an sich zwar kein Hinderungsgrund entgegen, wenn der gesetzliche Vertreter (s. A. 5 zu § 107 BGB.) eines noch nicht sieben Jahr alten Kindes für dasselbe einen Gesindedienstvertrag abschließen wollte, in der Praxis wird dies aber wohl noch nie vorgekommen sein. Nach einem Reskript des Min. des Innern v. 20. III. 1826 (v. Kamptz Annalen 10 116) soll bei Kindern unter 14 Jahren, die zu häuslichen, ihren Kräften angemessenen Arbeiten in ein Hauswesen aufgenommen werden, ein eigentliches Dienstverhältnis wie das des Gesindes nicht angenommen werden. Dieses Reskript hat aber jedenfalls durch die Vorschrift des BGB. seine Bedeutung verloren (so auch Gerhard S. 41). Eine Polizeiverordnung, welche die Annahme schulpflichtiger Kinder als Gesinde von einer ortspolizeilichen Genehmigung abhängig macht, ist rechtsungültig (OVG. v. 25. VI. 1901, MBlfiB. 1901 294, s. auch A. 2 zu § 12 GesO.).

3. Die krankhafte Störung der Geistestätigkeit muß also dauernd sein; über die vorübergehende Störung trifft der § 105 in Abs. 2 Bestimmung. Gedacht ist hierbei vor allem an Geisteskrankheit, die noch nicht zur Entmündigung geführt hat;

aber es können darunter auch Fälle der Geistesschwäche und der geistigen Störung infolge von körperlicher Schwäche, Alter, Krankheit, Blindheit, Taubheit fallen, die die freie Willensentschließung dauernd beseitigen, also den Betroffenen unfähig machen, seine Angelegenheiten frei zu besorgen, ohne daß es zu einer Entmündigung gekommen ist.

4. Der entmündigte Geisteskranke wird absolut geschäftsunfähig beim Zeitpunkte der Mitteilung des Entmündigungsbeschlusses an den gesetzlichen Vertreter (§ 661 ZPO.) Die Entmündigung entbindet ihn nicht nur von dem Beweise, daß er in seiner freien Willensbestimmung bei Abschluß des Vertrages behindert war, sondern schließt sogar den Gegenbeweis aus. Dies ist der Hauptunterschied zwischen der Nr. 2 und Nr. 3 des § 104. Im Falle der Nr. 2 hat derjenige, der Rechte aus dem Mangel der freien Willensbestimmung herleitet, den Beweis zu führen, daß der Mangel zur fraglichen Zeit vorhanden gewesen ist.

5. Der wegen Geistesschwäche Entmündigte ist beschränkt geschäftsfähig; er steht ebenso wie der wegen Verschwendung und wegen Trunksucht Entmündigte nach § 114 BGB. (s. S. 31) in Ansehung der Geschäftsfähigkeit einem Minderjährigen gleich, der das siebente Lebensjahr vollendet hat (§ 106 BGB.).

BGB. § 105. Die Willenserklärung eines Geschäftsunfähigen ist nichtig.[1][2]

Nichtig ist auch eine Willenserklärung, die im Zustande der Bewußtlosigkeit oder vorübergehender Störung der Geistestätigkeit abgegeben wird.[3]

1. Aus einem mit einem Geschäftsunfähigen abgeschlossenen Gesindedienstvertrage hat keine der Parteien ein Recht auf Erfüllung. Für den Schaden, den ein Geschäftsunfähiger, z. B. ein Geisteskranker, der Herrschaft durch Eingehung des Gesindedienstvertrages verursacht hat, kann an sich der Geschäftsunfähige nicht verantwortlich gemacht werden (§ 827 BGB.). Hieraus können sich für die Herrschaft, die ohne Kenntnis von der Geisteskrankheit den Vertrag abschloß, schwere Schädigungen ergeben. Ein nur schwaches Mittel, um der Herrschaft zu helfen, gibt § 829 BGB., der bestimmt, daß in einem Falle, wo der Beschädigende nicht verantwortlich ist, gewisser Schaden, insbesondere der vorsätzlich und fahrlässig am Eigentum verübte, von ihm gleichwohl insoweit zu ersetzen ist, als die Billigkeit nach den Umständen der Beteiligten eine Schadloshaltung erfordert und dem Beschädigenden nicht die Mittel zum standesgemäßen Unterhalt oder zur Erfüllung seiner gesetzlichen Unterhaltungspflichten entzogen werden. Mietsgeld usw. kann die Herrschaft, wenn der Vertrag mit einem Geschäftsunfähigen rückgängig gemacht wird, sich auf Grund der §§ 812, 818 BGB. wieder herausgeben lassen.

2. Zu beachten ist bei allen Rechtsgeschäften, die mit Geschäftsunfähigen abgeschlossen werden, der **§ 131 BGB.**, der nach EG. Art. 95 auf das Gesinderecht Anwendung finden soll. Er lautet:

Wird die Willenserklärung einem Geschäftsunfähigen gegenüber abgegeben, so wird sie nicht wirksam, bevor sie dem gesetzlichen Vertreter zugeht.

Das gleiche gilt, wenn die Willenserklärung einer in der Geschäftsfähigkeit beschränkten Person gegenüber abgegeben wird. Bringt die Erklärung jedoch der in der Geschäftsfähigkeit beschränkten Person lediglich einen rechtlichen Vorteil oder hat der gesetzliche Vertreter seine Einwilligung erteilt, so wird die Erklärung in dem Zeitpunkte wirksam, in welchem sie ihr zugeht.

3. Ein Zustand der Bewußtlosigkeit liegt z. B. beim Schlafe, bei sinnloser Betrunkenheit, bei epileptischen Krämpfen vor, ein Zustand von vorübergehender Störung der Geistestätigkeit bei Fieber und Delirium. Das in solchen Zuständen vorgenommene Rechtsgeschäft ist nichtig, weil die freie Willensbestimmung fehlt. Die Schadensersatzpflicht (s. A. 1) wird durch § 827 Satz 2 BGB. für diejenigen verschärft, die mit Verschulden sich durch geistige Getränke oder ähnliche Mittel in einen vorübergehenden Zustand der Bewußtlosigkeit oder der krankhaften Störung der Geistestätigkeit versetzt haben. Sie haften für allen in diesem Zustande widerrechtlich verursachten Schaden in gleicher Weise, wie wenn ihnen Fahrlässigkeit zur Last fiele.

4. Die Vorschrift des § 105 BGB. gilt ausnahmslos, also auch für Willenserklärungen, die lediglich einen rechtlichen Vorteil des Erklärenden bezwecken (vgl. Neumann BGB. A. 3 zu § 105 BGB.).

BGB. § 106. Ein Minderjähriger, der das siebente Lebensjahr vollendet hat, ist nach Maßgabe der §§ 107 bis 113 in der Geschäftsfähigkeit beschränkt.

Die Minderjährigkeit dauert bis zum vollendeten 21. Lebensjahre (§ 2 BGB.), doch können Personen, die das 18. Lebensjahr vollendet haben, durch das Vormundschaftsgericht für volljährig erklärt werden und erlangen damit die rechtliche Stellung des Volljährigen (§ 3 BGB.). Die Minderjährigen, und zwar die weiblichen, auch wenn sie verheiratet oder verwitwet sind, bedürfen zur Eingehung von Gesindedienstverträgen der vorhergehenden oder gleichzeitigen Zustimmung (Einwilligung) oder der nachträglichen Zustimmung (Genehmigung) oder der ein für allemal erteilten Ermächtigung des gesetzlichen Vertreters. Das Nähere enthalten die §§ 107, 108, 109 u. 113 BGB. Zustimmung des Ehemanns bei verheirateten minderjährigen Personen ist nicht erforderlich (s. A. 2 zu § 7 GesO.).

BGB. § 107. [1]) Der Minderjährige bedarf zu einer Willenserklärung, durch die er nicht lediglich einen rechtlichen Vorteil erlangt, der Einwilligung [2]) seines gesetzlichen Vertreters. [3–6])

1. Der § 107 spricht den allgemeinen Grundsatz aus, der durch

die §§ 108 (nachträgliche Genehmigung) und 113 (generelle Ermächtigung) Einschränkungen erleidet.

2. Als Einwilligung ist nach § 183 BGB. die vorherige (oder gleichzeitige) Zustimmung anzusehen im Gegensatz zu der nachträglichen Zustimmung (Genehmigung) des § 184 BGB., über die hier § 108 BGB. handelt. Die Zustimmung kann dem Minderjährigen oder dem Dritten gegenüber formlos erklärt werden (§ 182 BGB.), auch kann sie aus Handlungen oder Unterlassungen des gesetzlichen Vertreters offenbar werden (OVG. 19. VI. 1908, PrVerwBl. 30 355). Durch die Einwilligung wird der Vertrag für beide Teile bindend. Der Mangel der Einwilligung des Vertreters macht die Willenserklärung beider Parteien unwirksam. Hat sich also die Herrschaft mit dem Minderjährigen auf den Vertragsabschluß eingelassen, weil sie nicht wußte, daß der Dienstbote minderjährig war, oder weil sie der Angabe des Minderjährigen, der gesetzliche Vertreter habe die Einwilligung zum Vertragsabschluß gegeben, traute, so ist der Vertrag nicht wirksam und kann dem Minderjährigen und dem Vertreter gegenüber widerrufen werden (§ 109 BGB.), wenn nicht inzwischen die Genehmigungserklärung des Vertreters gemäß § 108 BGB. erfolgt ist. Wußte die Herrschaft, daß sie mit einem Minderjährigen, ohne daß dieser die Genehmigung des gesetzlichen Vertreters hatte, den Vertrag abschloß, so ist sie bis zur Entscheidung dieses Vertreters über die Genehmigung an den Vertrag gebunden (§ 109 Abs. 2 BGB.). Ueber die Weigerung des Vormunds zur Einwilligung in den Vertrag vgl. § 113 Abs. 3 BGB. S. 29.

3. Der gesetzliche Vertreter eines Minderjährigen ist nach § 1627 BGB. der Vater, der kraft seiner elterlichen Gewalt die Sorge für die Person des Kindes und damit dessen Vertretung hat (§ 1630). Ist der Vater verstorben oder hat er die elterliche Gewalt über die Kinder einer aufgelösten Ehe verloren oder ist er an Ausübung der elterlichen Gewalt tatsächlich verhindert, so steht der Mutter die elterliche Gewalt und damit die Vertretung des minderjährigen Kindes zu (§§ 1684—1686). Ueber ein uneheliches Kind hat die Mutter nicht die elterliche Gewalt (§ 1707 BGB.). Schließt also die Mutter einen Dienstvertrag namens ihres minderjährigen unehelichen Kindes ab, so begründet dieser Vertrag für die Dienstherrschaft keinen Anspruch auf Erfüllung (OVG. v. 6. I. 1903, E. 42 392 ff.). Steht der Minderjährige nicht unter elterlicher Gewalt, hat also weder Vater noch Mutter, so liegt seinem Vormund die gesetzliche Vertretung ob (§ 1773 BGB.).

4. Nach § 1822 [7] BGB. bedarf der Vormund (nicht der Vater) der Genehmigung des **Vormundschaftsgerichts**, wenn der Gesindedienstvertrag **auf länger als ein Jahr** abgeschlossen werden soll. Das Vormundschaftsgericht soll vor der Genehmigung den Mündel hören (§ 1827 BGB.), ebenso, sofern tunlich, den etwa vorhandenen Gegenvormund (§ 1826 BGB.). Die Genehmigung kann das Vormundschaftsgericht nur dem Vormunde gegenüber erklären (§ 1828 BGB.). Ohne die Genehmigung ist der Mündel über ein Jahr nicht gebunden.

5. Es unterliegt keinem Zweifel, daß der gesetzliche Vertreter für sein Kind oder Mündel den Dienstvertrag selbst abschließen kann (§ 164 BGB., vgl. auch § 40 GesO., wonach dem großjährig Gewordenen ein besonderes Recht der Kündigung zusteht). Dieser Abschluß ersetzt in allen Stücken die Einwilligung oder Genehmigung des § 107 BGB.(vgl. OVG. v. 20. VI. 1891, E. 21 420). Bei einem derartigen Abschluß ist indessen vorausgesetzt, daß Kinder und Mündel nicht widersprechen; widerspricht das Kind, so wird ein derartiger Streit nach §§ 1666, 1673 BGB. durch den Vormundschaftsrichter entschieden. Leistet ein im Elternhause wohnendes und von den Eltern unterhaltenes Kind im Hauswesen Dienste, wozu es in einer seinen Kräften und seiner Lebensstellung entsprechenden Weise nach § 1617 BGB. verpflichtet ist, so liegt kein Gesindeverhältnis vor.

6. Das Reichsgericht hat früher angenommen, daß der Vater mit seinem eigenen Kinde einen Dienstvertrag abschließen könne (E. v. 7. X. 1881, JW. 1882 98). Nach § 181 BGB. muß dies jetzt ausgeschlossen erscheinen. Damit steht OVG., Senat für Staatssteuersachen v. 30. IV. 1904 (DJZ. 1904 223) im Widerspruch, wonach rechtlich möglich erscheint, daß der Vater seinem minderjährigen Kinde die Ermächtigung auf Grund des § 113 BGB. erteilt, mit ihm, dem Vater, einen solchen Vertrag einzugehen und eine solche Ermächtigung in dem Abschlusse eines Dienstvertrages zwischen Vater und Kind zugleich mit zum Ausdrucke kommen kann. Man wird dieser Entscheidung nicht beitreten können.

7. Die widerrechtliche Anfertigung einer Einwilligungserklärung des Vaters oder Vormunds, die zum Zweck der Ermöglichung des Vermietens eines Minderjährigen erfolgt, wird als Urkundenfälschung bestraft (RG. v. 8. VII. 1890, E. in Straff. 21 56).

8. Der Polizeibehörde steht kein Recht zu, darüber zu wachen, daß minderjährige Personen nicht ohne Genehmigung ihrer Eltern oder Vormünder ein Dienstverhältnis eingehen. Sie darf also nicht solche ohne Rechtsverbindlichkeit eingegangenen Dienstverhältnisse unter Anwendung von Zwangsmitteln lösen. OVG. vom 10. IV. 1889 (nicht abgedruckt); vgl. auch OVG. v. 20. VI. 1891 (E. 21 418). Ebensowenig kann die Polizeibehörde auch einen Minderjährigen, der sich ohne Einwilligung seines gesetzlichen Vertreters vermietet hat, zur Wiederaufnahme des von ihm verlassenen Dienstes aus § 167 GesO. anhalten (OVG. v. 25. IX. 1908, PrVerwBl. 30 355).

9. Ueber die Ersatzpflicht des minderjährigen Dienstboten für den der Herrschaft zugefügten Schaden s. unten A. 3 bei § 65.

BGB. § 108. Schließt der Minderjährige einen Vertrag ohne die erforderliche Einwilligung des gesetzlichen Vertreters, so hängt die Wirksamkeit des Vertrages von der Genehmigung des Vertreters ab. [1])

Fordert der andere Teil den Vertreter zur Erklärung über die Genehmigung auf, [2]) **so kann die Erklärung nur ihm gegenüber erfolgen; eine vor der Aufforderung dem Minderjährigen**

gegenüber erklärte Genehmigung oder Verweigerung der Genehmigung wird unwirksam. Die Genehmigung kann nur bis zum Ablaufe von zwei Wochen nach dem Empfange der Aufforderung erklärt werden; wird sie nicht erklärt, so gilt sie als verweigert.[3])[4])

Ist der Minderjährige unbeschränkt geschäftsfähig geworden, so tritt seine Genehmigung an die Stelle der Genehmigung des Vertreters.[5])

1. Der § 108 handelt im Gegensatz zum § 107, der die Einwilligung (vorherige Zustimmung) des gesetzlichen Vertreters als erforderlich hinstellt, von der Genehmigung (nachträglichen Zustimmung). Diese Genehmigung (§ 184 BGB.) ist an keine Form gebunden und kann dem Dienstherrn wie dem Dienstboten gegenüber erklärt werden (s. aber Abs. 2); sie kann auch stillschweigend, durch konkludentes Handeln erfolgen (Staudinger A. 2 zu § 108), aber bloßes Stillschweigen an sich ohne besondere Umstände ist noch nicht als Genehmigung aufzufassen (Landg. Lyck v. 27. V. 1903 in JurMonschr. für Posen **1903** 129) oder, wie das OVG. (E. v. 31. III. 1911, Recht 590) sagt, aus dem Schweigen dürfen keinerlei Schlüsse gezogen werden.

2. Die Aufforderung zur Erklärung, ob der Vertreter genehmigen wolle, kann formlos sein, muß aber ausdrücklich erfolgen. Sie liegt weder in der Anfrage, ob genehmigt ist, noch in dem Ersuchen, die erfolgte Genehmigung zu bestätigen (Neumann BGB. A. 3 zu § 108).

3. Da die Dienstherrschaft unter Umständen, besonders wenn ihr die Minderjährigkeit und die bisher nicht erfolgte Einwilligung des gesetzlichen Vertreters bekannt war (§ 109 Abs. 2 BGB.), ein großes Interesse daran hat, über die Wirksamkeit des Vertrages eine Entscheidung herbeizuführen, so hat das Gesetz dem Dienstherrn die Möglichkeit gegeben, den gesetzlichen Vertreter zu einer Erklärung zu veranlassen. Diese Erklärung kann die Herrschaft selbst dann fordern, wenn der Vertreter dem Minderjährigen gegenüber die Genehmigung oder deren Verweigerung bereits erklärt hat. Der Dienstherr braucht also der Angabe des Minderjährigen über Genehmigung oder Verweigerung nicht zu folgen, kann vielmehr sich selbst gegenüber eine Erklärung fordern. Fordert er sie, so fällt die Wirkung der dem Minderjährigen gegenüber erfolgten Erklärung fort und die Erklärung auf die Aufforderung entscheidet. Der Vertreter hat binnen 2 Wochen nach Empfang der Aufforderung sich über die Genehmigung zu erklären. Erklärt er sich in der Frist nicht, d. h. geht die Erklärung innerhalb dieser Frist der Herrschaft nicht zu (§ 130 BGB.), so gilt die Genehmigung als verweigert und der Vertrag als nicht geschlossen, ebenso wenn die Genehmigung ausdrücklich verweigert wird. Wird die Genehmigung erteilt, so gilt der Vertrag nach § 184 Abs. 1 BGB. als vom Abschluß an wirksam (vgl. Rehbein BGB. A. C I 3b zu §§ 104 ff.).

4. Wird die Genehmigung verweigert oder gilt sie als ver-

weigert, so wird der Gesindedienstvertrag wirkungslos und kein Teil hat eine Klage auf Erfüllung oder auf das Interesse. Der Minderjährige, der sich fälschlich als geschäftsfähig ausgegeben hat und dadurch die Herrschaft ohne deren Verschulden zum Vertragsabschluß verleitet und ihr dadurch Schaden zugefügt hat, wird aus §§ 823, 826 BGB. schadensersatzpflichtig. Zu beachten ist dabei aber § 828 Abs. 2, wonach ihm, wenn er das 18. Lebensjahr noch nicht vollendet hat, der Beweis zusteht, daß er ohne die zur Erkenntnis der Verantwortlichkeit erforderliche Einsicht gehandelt hat. Bloßes Schweigen des Minderjährigen über sein Alter allein kann auch nach BGB. regelmäßig einen Anspruch für die Herrschaft auf Schadensersatz nicht begründen, wenn das Schweigen nicht arglistig war. Es wird immer Sache der tatsächlichen Prüfung des Falls sein, ob der Minderjährige den Willensentschluß der Herrschaft vorsätzlich bestimmt hat. Auch wenn eine unerlaubte Handlung nicht vorliegt, kann doch die Herrschaft die Rückgabe des dem minderjährigen Dienstboten Gegebenen fordern (§§ 812 ff. BGB.), Lohn aber nur, wenn er noch nicht abgedient ist.

A 5. Auch diese Genehmigung ist an keine Form gebunden und kann namentlich in der weiteren Fortsetzung des Dienstverhältnisses gefunden werden. Die Dienstherrschaft wird aber sichergehen, wenn sie nach Eintritt der Geschäftsfähigkeit den Dienstboten zu einer Erklärung, wie im Abs. 2 vorgeschrieben, auffordert.

BGB. § 109. Bis zur Genehmigung des Vertrags ist der andere Teil zum Widerrufe berechtigt. Der Widerruf kann auch dem Minderjährigen gegenüber erklärt werden.

Hat der andere Teil die Minderjährigkeit erkannt, so kann er nur widerrufen, wenn der Minderjährige der Wahrheit zuwider die Einwilligung des Vertreters behauptet hat; er kann auch in diesem Falle nicht widerrufen, wenn ihm das Fehlen der Einwilligung bei dem Abschlusse des Vertrags bekannt war.

Der § 109 handelt von dem Widerrufsrechte desjenigen, der mit einem Minderjährigen einen Vertrag abgeschlossen hat. Wer beim Vertragsabschluß die Minderjährigkeit des Anderen nicht gekannt hat, ist, wenn er von der Minderjährigkeit Kenntnis erhält, zum Widerruf, den er auch dem Minderjährigen gegenüber wirksam erklären kann, so lange berechtigt, bis der Vertreter den Vertrag für den Minderjährigen genehmigt. Wer aber wissentlich mit einem Minderjährigen ohne Einwilligung des Vertreters den Vertrag abgeschlossen hat, ist gebunden, bis der Vertreter oder nach eingetretener Großjährigkeit der Mündel die Einwilligung versagt.

BGB. § 110. Ein von dem Minderjährigen ohne Zustimmung des gesetzlichen Vertreters geschlossener Vertrag gilt als von Anfang an wirksam, wenn der Minderjährige die vertragsmäßige Leistung mit Mitteln bewirkt, die ihm zu diesem Zwecke oder zu freier Verfügung von dem Vertreter oder mit dessen Zustimmung von einem Dritten überlassen worden sind.

Auf den Gesindedienstvertrag selbst wird dieser Rechtssatz wohl kaum Anwendung finden, da dem Gesinde vertraglich nur Arbeiten obliegen, zu deren Leistung es keiner „Mittel“ bedarf; wohl aber wird der § vielfach Anwendung finden auf Rechtsgeschäfte, die ein Dritter mit einem Dienstboten abschließt. Wenn z. B. jemand einem minderjährigen Dienstboten etwas verkauft und der Dienstbote bezahlt den Gegenstand mit dem im Dienste als Lohn usw. verdienten Gelde, so ist dieses Rechtsgeschäft wirksam und kann weder vom Dienstboten noch von dessen gesetzlichen Vertretern auf Grund der §§ 107, 108 BGB. rückgängig gemacht werden. Kreditiert darf dagegen dem minderjährigen Dienstboten ohne Einwilligung des gesetzlichen Vertreters nichts werden. Wer trotzdem Kredit gibt, kann auf Zahlung nicht klagen, hat vielmehr nach §§ 812 ff. BGB. nur das Recht, das, was er ganz oder teilweise auf Kredit gegeben hat, zurückzufordern (Rehbein BGB. A. C I 4 zu §§ 104—115). Ueber das Kreditnehmen des Gesindes auf den Namen der Herrschaft vgl. § 123 GesO.

BGB. § 111. **Ein einseitiges Rechtsgeschäft, das der Minderjährige ohne die erforderliche Einwilligung des gesetzlichen Vertreters vornimmt, ist unwirksam. Nimmt der Minderjährige mit dieser Einwilligung ein solches Rechtsgeschäft einem anderen gegenüber vor, so ist das Rechtsgeschäft unwirksam, wenn der Minderjährige die Einwilligung nicht in schriftlicher Form vorlegt und der andere das Rechtsgeschäft aus diesem Grunde unverzüglich zurückweist. Die Zurückweisung ist ausgeschlossen, wenn der Vertreter den anderen von der Einwilligung in Kenntnis gesetzt hatte.**

Das Wesen des einseitigen Rechtsgeschäfts besteht darin, daß die Willenserklärung einer Person genügt, um den gewollten Rechtserfolg herbeizuführen, während bei dem zweiseitigen Rechtsgeschäft die übereinstimmende Willenserklärung einer zweiten Person hinzutreten muß. Zu den einseitigen Rechtsgeschäften gehören Vollmacht, Kündigung, Mahnung, Widerruf, Rücktritt. Dergleichen Rechtsgeschäfte kann der Minderjährige nicht eingehen, wenn ihm nicht die Willenserklärung lediglich einen rechtlichen Vorteil bringt (vgl. § 107 BGB.).

BGB. § 112. **Ermächtigt der gesetzliche Vertreter mit Genehmigung des Vormundschaftsgerichts den Minderjährigen zum selbständigen Betrieb eines Erwerbsgeschäfts, so ist der Minderjährige für solche Rechtsgeschäfte unbeschränkt geschäftsfähig, welche der Geschäftsbetrieb mit sich bringt. Ausgenommen sind Rechtsgeschäfte, zu denen der Vertreter der Genehmigung des Vormundschaftsgerichts bedarf.**

Die Ermächtigung kann von dem Vertreter nur mit Genehmigung des Vormundschaftsgerichts zurückgenommen werden.

Dieser Paragraph hat für das Gesinderecht wenig Bedeutung, da er nur von dem Betriebe eines Erwerbsgeschäfts handelt, es aber wohl kaum vorkommen dürfte, daß ein Gesinde ein Erwerbsgeschäft betreibt.

BGB. § 113. Ermächtigt[1]) der gesetzliche Vertreter den Minderjährigen, in Dienst oder in Arbeit zu treten, so ist der Minderjährige für solche Rechtsgeschäfte unbeschränkt geschäftsfähig,[2]) welche die Eingehung oder Aufhebung eines Dienst- oder Arbeitsverhältnisses der gestatteten Art oder die Erfüllung der sich aus einem solchen Verhältnis ergebenden Verpflichtungen betreffen. Ausgenommen sind Verträge, zu denen der Vertreter der Genehmigung des Vormundschaftsgerichts bedarf.[3])

Die Ermächtigung kann von dem Vertreter zurückgenommen oder eingeschränkt werden.[4])[5])

Ist der gesetzliche Vertreter ein Vormund, so kann die Ermächtigung, wenn sie von ihm verweigert wird, auf Antrag des Minderjährigen durch das Vormundschaftsgericht ersetzt werden. Das Vormundschaftsgericht hat die Ermächtigung zu ersetzen, wenn sie im Interesse des Mündels liegt.[6])

Die für einen einzelnen Fall erteilte Ermächtigung gilt im Zweifel als allgemeine Ermächtigung zur Eingehung von Verhältnissen derselben Art.[7])

1. § 113 handelt von der Ermächtigung, die der gesetzliche Vertreter dem Minderjährigen zur selbständigen Eingehung von Dienstverträgen erteilt, im Gegensatz zu der Einwilligung des § 107 und der Genehmigung des § 108, bei denen der Minderjährige nicht selbständig vorgeht. Die Ermächtigung kann jedem der beiden Teile gegenüber erklärt werden (§§ 182 ff. BGB.). Sie ist an keine Form gebunden und kann schon darin gefunden werden, daß der Minderjährige im Besitze eines Dienstbuchs ist, da es die Pflicht des Vertreters ist, dem Gesinde das Dienstbuch zu entziehen, wenn er das Weitervermieten nicht mehr gestattet (OVG. v. 28. V. 1899, E. **35** 433). Eine m. W. nicht abgedruckte Entsch. des KG. v. 22. XII. 1902 soll entgegengesetzter Meinung sein. Nach § 1822 Nr. 7 BGB. bedarf der Vormund (nicht der Vater, § 1643) der Genehmigung des Vormundschaftsgerichts, wenn ein Minderjähriger auf länger als ein Jahr einen Dienstvertrag eingehen soll (vgl. A. 6 zu § 107 BGB.).

2. Der Minderjährige ist, wenn ihm die Ermächtigung erteilt ist, nicht nur unbeschränkt geschäftsfähig, sondern nach § 52 ZPO. auch prozeßfähig in allen Angelegenheiten, die die Eingehung, Aufhebung und Erfüllung der Dienst- und Arbeitsverhältnisse betreffen. Der Minderjährige hat also seinen Lohn allein einzuklagen und neben ihm ist sein Vater als gesetzlicher Vertreter zur Prozeßführung nicht legitimiert (so auch Gerhard A. 5 h zu §§ 5 bis 8, Jacobi A. 3 zu § 8 und Nußbaum A. 2 b zu § 6, ebenso LG. Landsberg a. W. v. 11. II. 1905, BlfR. **1905** 74; a. M. LG. Lyck v. 25. V. 1905, JurMonschr. f. Posen **1905** 110 sowie Voß in der DJZ. **1907** 1266). Auch § 131 BGB. (s. § 105 BGB. A. 2, oben S. 22) findet alsdann keine Anwendung.

3. Die Verträge, zu denen der Vater oder der Vormund der Genehmigung des Vormundschaftsgerichts bedarf, sind in den §§ 1821, 1822 u. 1643 BGB. aufgeführt. Von praktischer Bedeutung sind hier wohl nur Vergleich, Bürgschaft, Aufnahme von Geld auf Kredit. Diese Rechtsgeschäfte darf also der minderjährige Dienstbote unter keinen Umständen selbständig abschließen; dagegen darf er kündigen, die Kündigung der Herrschaft annehmen, das Mietsgeld und den Lohn in Empfang nehmen und darüber quittieren, neue Dienstverträge schließen, falls die Ermächtigung nicht nach Abs. 2 eingeschränkt ist, aus den Dienstverträgen selbständig klagen und verklagt werden (s. A. 2). Festzuhalten ist aber, daß die Geschäftsfähigkeit streng auf das Dienst- und Arbeitsverhältnis beschränkt ist; andere Verträge z. B. auf Anschaffung von Lebensunterhalt und Kleidungsstücken kann der minderjährige Dienstbote nicht schließen (vgl. aber dazu § 110 BGB., oben S. 27).

4. Nach § 278 BGB., der gemäß § 95 EGzBGB. auf das Gesinderecht Anwendung findet, hat der minderjährige Dienstbote das Verschulden seines gesetzlichen Vertreters, wenn dieser ungerechtfertigterweise den Dienstvertrag kündigt oder die Ermächtigung zurücknimmt, zu vertreten. Doch bleibt ihm gemäß §§ 1664 und 1833 BGB. ein Regreßanspruch an seinen Vertreter. Die grundlose Zurücknahme der Ermächtigung wird übrigens, wenn der gesetzliche Vertreter dadurch das Wohl des Minderjährigen gefährdet, vom Vormundschaftsgericht nach § 1666 BGB. wirksam verhindert werden können. Durch Zurücknahme der Ermächtigung kann in ein bestehendes rechtswirksames Dienstverhältnis nicht eingegriffen werden. Ein Dienstbote, der auf Grund der Zurücknahme der Ermächtigung seines gesetzlichen Vertreters den Dienst vor der Zeit verläßt, kann also auf Grund des G. v. 24. IV. 1854 (s. unten bei § 80) bestraft werden (KG. v. 2. XII. 1910, Polizei 7 374).

5. Die Einschränkung kann auf eine bestimmte Zeit, einen bestimmten Dienst oder auch auf den sonstigen Inhalt des Vertrages geschehen. Soweit der Dienstvertrag einer vorbehaltenen Einschränkung zuwiderläuft, entbehrt er der Rechtsgültigkeit selbst dann, wenn der Minderjährige beim Vertragsabschlusse unwahre Angaben über die ihm erteilte Ermächtigung oder deren Einschränkung gemacht hat (OVG. v. 3. III. 1903, 43 424). Hat das Vormundschaftsgericht die Ermächtigung erteilt (Abs. 3), so kann sie auch nur vom Vormundschaftsgericht zurückgenommen werden.

6. Gegen die Verweigerung der Ermächtigung, wenn sie von seiten des **Vaters** geschieht, hat also der Minderjährige kein Rechtsmittel. Man wird ihm aber unter gewissen Umständen auch hier mit dem § 1666 BGB. (s. A. 4) helfen können.

7. Wenn also der gesetzliche Vertreter dem Minderjährigen gestattet, bei einer bestimmten Herrschaft in Dienst zu treten, so gilt dies nicht ohne weiteres als Ermächtigung, nur bei dieser Herrschaft in Dienst zu treten; vielmehr muß bei der Erteilung der Ermächtigung auch für die Herrschaft irgendwie erkennbar gemacht sein, daß sie auf die bestimmte Herrschaft eingeschränkt sein sollte (vgl. OVG. v. 20. IX. 1891, 21 419 und v. 11. X. 1901,

PrVerwBl. 24 134). Das Polizeipräsidium in Berlin hat die sehr praktische Einrichtung getroffen, daß in das Dienstbuch ein Vermerk wie „gültig nur für Berlin" oder „gültig nur für die Herrschaft ..." eingetragen wird, wenn der Erlaubnisschein des gesetzlichen Vertreters eine derartige Einschränkung enthält (Verf. v. 5. XII. 1905).

BGB. § 114. Wer wegen Geistesschwäche, wegen Verschwendung oder wegen Trunksucht entmündigt oder wer nach § 1906 unter vorläufige Vormundschaft gestellt ist, steht in Ansehung der Geschäftsfähigkeit einem Minderjährigen gleich, der das siebente Lebensjahr vollendet hat.

Ueber die Bedeutung dieses § im allgemeinen s. oben A. 5 zu § 104 BGB. S. 21. Der wegen Geistesschwäche usw. Entmündigte ist also nur beschränkt geschäftsfähig und kann unter denselben Voraussetzungen ein Gesindedienstverhältnis eingehen wie ein 7 Jahr alter Minderjähriger, d. h. nach §§ 107 ff. mit Einwilligung seines gesetzlichen Vertreters.

BGB. § 115. Wird ein die Entmündigung aussprechender Beschluß infolge einer Anfechtungsklage aufgehoben, so kann die Wirksamkeit der von oder gegenüber dem Entmündigten vorgenommenen Rechtsgeschäfte nicht auf Grund des Beschlusses in Frage gestellt werden. Auf die Wirksamkeit der von oder gegenüber dem gesetzlichen Vertreter vorgenommenen Rechtsgeschäfte hat die Aufhebung keinen Einfluß.

Diese Vorschriften finden entsprechende Anwendung, wenn im Falle einer vorläufigen Vormundschaft der Antrag auf Entmündigung zurückgenommen oder rechtskräftig abgewiesen oder der die Entmündigung aussprechende Beschluß infolge einer Anfechtungsklage aufgehoben wird.

Dieser §, der Anordnungen trifft über die Rechtsgültigkeit von Rechtsgeschäften eines Entmündigten, von dem durch den Erfolg der Anfechtungsklage festgestellt ist, daß er nicht geisteskrank war, hat für das Gesinderecht nur ganz untergeordnete Bedeutung.

(§ 7. Verheiratete Frauen dürfen nur mit Einwilligung ihrer Männer als Ammen oder sonst in Dienst gehen.)

Dieser § ist durch den nachstehenden § 1358 BGB. ersetzt worden.

BGB. § 1358. Hat sich die Frau einem Dritten gegenüber zu einer von ihr in Person zu bewirkenden Leistung verpflichtet, [1]) so kann der Mann das Rechtsverhältnis ohne Einhaltung einer Kündigungsfrist kündigen, [2]) wenn er auf seinen Antrag von dem Vormundschaftsgerichte dazu ermächtigt worden ist. [3]) Das Vomundschaftsgericht hat die Ermächtigung zu erteilen, wenn sich ergibt, daß die Tätigkeit der Frau die ehelichen Interessen beeinträchtigt.

Das Kündigungsrecht ist ausgeschlossen, wenn der Mann der Verpflichtung zugestimmt hat[4]) oder seine Zustimmung auf Antrag der Frau durch das Vormundschaftsgericht ersetzt worden ist. Das Vormundschaftsgericht kann die Zustimmung ersetzen, wenn der Mann durch Krankheit[5]) oder durch Abwesenheit an der Abgabe einer Erklärung verhindert und mit dem Aufschube Gefahr verbunden ist oder wenn sich die Verweigerung der Zustimmung als Mißbrauch[6]) seines Rechtes darstellt. Solange die häusliche Gemeinschaft aufgehoben ist, steht das Kündigungsrecht dem Manne nicht zu.[7])

Die Zustimmung sowie die Kündigung kann nicht durch einen Vertreter des Mannes erfolgen; ist der Mann in der Geschäftsfähigkeit beschränkt, so bedarf er nicht der Zustimmung seines gesetzlichen Vertreters.[8])[9])

1. Da die Frau nach dem BGB. in ihrer Geschäftsfähigkeit ganz unbeschränkt ist, mußte dafür Sorge getragen werden, daß sie nicht Verpflichtungen eingeht, wodurch die Rechte des Mannes auf ihre Person verletzt werden (vgl. Planck BGB. A. 1 zu § 1358 und Strübe in Gruchot 48 295). Diese Rechte äußern sich vornehmlich in der Verpflichtuug der Frau zur ehelichen Lebensgemeinschaft (§ 1353 BGB.) und zur Leitung des gemeinschaftlichen Hauswesens (§ 1356). Handelt die Ehefrau gegen diese ihre Pflichten, so wird in manchen Fällen der Grundsatz des § 138 BGB., wonach ein gegen die guten Sitten verstoßendes Rechtsgeschäft nichtig ist, Abhilfe gewähren; dadurch werden aber nicht alle Fälle gedeckt. Deshalb beschränkt § 1358 Abs. 1 die Frau in der Eingehung von Rechtsgeschäften, durch die sie sich einem Dritten gegenüber zu einer von ihr in Person zu bewirkenden Leistung verpflichtet.

2. Der von der Frau ohne Zustimmung des Mannes eingegangene Gesindedienstvertrag ist also an sich gültig und wirksam, aber mit der der Dienstherrschaft gegenüber erfolgten Kündigung des Mannes, die an keine Formvorschrift gebunden ist, wird das durch den Vertrag begründete Gesindeverhältnis aufgehoben. Die Frau hat in diesem Falle (der dem der Aufhebung des Dienstvertrages ohne vertragswidriges Verhalten des anderen gleichsteht, § 628 BGB.) einen ihren Leistungen entsprechenden Teil des Lohnes zu fordern, es sei denn, daß ihre bisherigen Leistungen infolge der Kündigung für die Herrschaft kein Interesse haben. Einen Anspruch auf Schadensersatz wegen Unterbleibens der künftigen Leistungen hat die Herrschaft selbst dann nicht, wenn sie nicht gewußt hat, daß die Frau verheiratet war; sie hätte sich danach erkundigen müssen (Planck A. 1 zu § 1358 und Strübe a. a. O. S. 303). Bei einer Täuschung seitens der Frau steht der Herrschaft jedoch ein Schadensersatzanspruch (§ 823 BGB.) zu.

3. Es muß also stets eine Ermächtigung des Vormundschaftsgerichts, das nach freiem Ermessen entscheidet, vorliegen. Aus dem „wenn sich ergibt" des folgenden Satzes ist zu folgern, daß dabei eine Ermittlung stattfinden müßte, bei der, wenn tunlich, die Frau selbst zu hören ist. Das Verfahren des Vormundschaftsgerichts

(des Gerichts des Wohnsitzes des Mannes) ist in den §§ 35 ff. des RG. über die Angel. der freiw. Gerichtsb. v. 17. V. 1898, besonders §§ 45 und 53, geregelt. Gegen die Entscheidung des Vormundschaftsgerichts steht nur dem Manne eine Beschwerde an das Landgericht zu (§ 20 ebenda).

4. Die Zustimmung, die sowohl im voraus als nachträglich erklärt werden kann (§§ 183, 184 BGB.), ist an keine Form gebunden und kann jedem der beiden Vertragsschließenden gegenüber abgegeben werden. Nach dem Wortlaut des Gesetzes muß angenommen werden, daß der Mann an die Zustimmung für die ganze Dauer des Vertrages gebunden ist, mögen auch später Umstände eintreten, die die Tätigkeit der Frau als Dienstbote mit ihren Pflichten als Ehefrau unvereinbar erscheinen lassen.

5. Hier ist besonders an Geisteskrankheit zu denken. Das Vormundschaftsgericht tritt dabei ein, gleichviel ob der kranke Ehemann einen gesetzlichen Vertreter hat oder nicht (vgl. Abs. 3 des Gesetzes).

6. Diese Bestimmung will die Frau namentlich in solchen Fällen schützen, in denen ihre eigene Tätigkeit ihrem Unterhalt oder dem der Familie nötig ist, weil der Mann die Frau oder die Familie nicht unterhalten kann oder will (vgl. auch § 1353 Abs. 2 BGB.).

7. Es ist gleichgültig, ob die Aufhebung der häuslichen Gemeinschaft auf Grund einer richterlichen Verfügung oder nur tatsächlich, ob sie aus einem ausreichenden Grunde oder nicht erfolgt ist. Ist aber die häusliche Gemeinschaft erst infolge des Eintritts der Frau in den Gesindedienst aufgehoben, so kann dadurch das Kündigungsrecht des Mannes nicht beschränkt werden.

8. Das Kündigungsrecht des Mannes ist also ein höchstpersönliches Recht.

9. Die Anwendung des § 1358 ist auf die Fälle zu beschränken, in denen die Frau nach Eingehung der Ehe in den Gesindedienst getreten ist. Ist der Dienstvertrag schon vor Eingehung der Ehe geschlossen, so kann der Dienstbote bei der Eheschließung den Vertrag gemäß § 147 GesO. nach vorheriger Aufkündigung lösen. Ihm das Recht zu geben, wegen Vorliegens eines „wichtigen Grundes" aus § 626 BGB. den Vertrag ohne Einhaltung einer Kündigungsfrist zu lösen, erscheint nicht angängig, da § 626 BGB. für das Gesinderecht in seiner Allgemeinheit nicht gilt, zumal dann nicht, wenn die GesO. die Aufhebungsgründe abweichend regelt (vgl. A. 11 zu § 617 BGB. bei § 86 GesO. und A. zu § 117 GesO.).

(**§ 8.** Nur wenn die Einwilligung in den Fällen der §§ 6 und 7 auf eine gewisse Zeit, oder zu einer bestimmten Dienstherrschaft ausdrücklich eingeschränkt worden, ist die Erneuerung derselben zur Verlängerung der Zeit, oder bei einer Veränderung der Herrschaft erforderlich.)

§ 8 ist aufgehoben durch §§ 104—115 BGB. (s. oben S. 21 ff).

§ 9. Dienstboten, welche schon vermietet gewesen, müssen bei dem Antritte eines neuen Dienstes die rechtmäßige Verlassung der vorigen Herrschaft nachweisen. [1–8])

1. Außer dem Gesindebuch, das der Dienstbote nach der Ver. v. 29. IX. 1846 (s. A. 1 zu § 5) beim Dienstantritt vorzulegen hat, muß er also nach § 9 auch noch einen Nachweis rechtmäßiger Verlassung des bisherigen Dienstes beibringen. Nur beim tatsächlichen Dienstantritt ist dieser Nachweis von dem Dienstboten zu führen und von der Herrschaft zu fordern (§ 11), wenn diese nicht in die Strafe des § 12 verfallen will. Hat die Dienstherrschaft sich nicht schon bei Abschluß des Dienstvertrages den Nachweis durch Vorlegung eines sogenannten Losscheines führen lassen, so fällt sie zwar in keine Strafe, sie muß es sich aber gefallen lassen, daß die alte Herrschaft, wenn der Dienstbote deren Dienst noch nicht verlassen darf, die Ungültigkeit des neuen Dienstvertrages geltend macht und den Dienstboten nicht entläßt oder ihn wieder durch die Polizei zurückholen läßt. Vgl. Reskr. v. 10. II. 1826 (v. Kamptz Annalen **10** 115) und v. 10. V. 1875 (MBlfiV. 162). Die neue Dienstherrschaft geht daher nur dann sicher, wenn sie sich schon beim Abschluß des Mietsvertrages den im § 9 erwähnten Nachweis führen läßt; auf welche Weise dies geschieht, ist gleichgültig; es kann dies z. B. auch durch mündliche Nachfrage bei der alten Dienstherrschaft geschehen. Los- oder Entlassungsscheine, welche in Berlin von der Revierpolizei auf Antrag beglaubigt werden, sind seit dem G. v. 21. II. 1872 stempelfrei. Polizeiverordnungen, die die Herrschaft bei Strafe anweisen, nur dann einen Mietsvertrag abzuschließen, wenn das Gesinde einen Losschein vorlegen kann, sind gegenüber dem § 9 GesO., der nur vom Dienstantritt spricht, für ungültig zu erachten (s. Nußbaum im VerwArch. **1900** 345). Ebenso ist es nicht angängig, die Herrschaft, die einem Gesinde kündigt, durch Polizeiverordnung anzuhalten, dem Gesinde einen Losschein zu geben. Jedenfalls aber macht sich die Herrschaft für den Schaden verantwortlich, der dem Gesinde dadurch entsteht, daß ihm nicht zur rechten Zeit ein Losschein ausgestellt wird, so z. B. wenn es keinen neuen Dienst finden kann (vgl. Zürn S. 36/37). Wegen Fälschung eines Losscheines kann der Dienstbote nicht aus § 363 StGB. bestraft werden, da dieser Schein nicht ein auf Grund besonderer Vorschriften auszustellendes Zeugnis ist (RG. v. 12. III. 1907, Recht 466).

2. Der Abschluß eines Gesindemietsvertrages mit einem Dienstboten, der zur Zeit des Vertragsabschlusses den bestehenden Vertrag noch nicht gekündigt hatte, verstößt nicht grundsätzlich gegen die guten Sitten, ist also nicht stets nach § 138 BGB. nichtig; dies insbesondere auch dann nicht, wenn der Dienstherr an den Dienstboten mit dem Antrage auf Schließung des Vertrags herangetreten ist und keine besonderen Umstände, z. B. Handeln in der Absicht, einem anderen zu schaden, vorliegen (RG. v. 4. VII. 1902, JW. **1902** 251). Jedenfalls aber hat sich die Herrschaft, die

ein noch in anderweiter nicht gekündigter Stellung in Dienst befindliches Gesinde mietet, die Folgen selbst zuzuschreiben. Erklärt der Dienstbote in seinem alten Dienst verbleiben zu wollen, so haben beide Dienstherren gleichmäßig Anspruch auf den Dienst. Da die Polizei den Dienstboten nicht beiden zuführen kann, wird sie die Beteiligten auf den Zivilprozeß verweisen müssen (so auch Selbstverw. **1909** 202).

3. Eine Person, die sich an mehreren Stellen zugleich in gewinnsüchtiger Absicht vermietet hat, kann wegen Betrugs mit einem Tage bis fünf Jahren Gefängnis bestraft, auch kann außerdem gegen sie zugleich noch auf eine Geldstrafe bis 3000 Mk. und auf Verlust der bürgerlichen Ehrenrechte erkannt werden. Bei Annahme mildernder Umstände kann ausschließlich auf Geldstrafe erkannt werden. Der Versuch ist strafbar (StGB. § 263).

§ 10. Leute, die bisher noch nicht gedient zu haben angeben, müssen durch ein Zeugnis ihrer Obrigkeit dartun, daß bei ihrer Annehmung als Gesinde kein Bedenken obwaltet. [1–5])

1. Daß dieser § 10 durch die Ver. v. 29. IX. 1846 über die Einführung der Dienstbücher (s. oben S. 16) aufgehoben ist (Nußbaum A. 1 zu § 10 und in DJZ. **1901** 521), ist nicht anzunehmen. Allerdings ersetzt das Gesindedienstbuch das Zeugnis des § 10 soweit, daß dessen Vorlegung beim Vorhandensein eines Dienstbuchs nicht mehr als erforderlich anzusehen ist (OVG. v. 28. III. 1899, E. **35** 488, auch Verf. des PolPräs. v. Berlin v. 16. IV. 1875).

2. Unter „Obrigkeit" ist hier nicht die Gerichts-, sondern die Polizeibehörde gemeint. Der Staat hat ein Interesse an einer guten Regelung der Gesindeverhältnisse und daher auch an einer möglichst schnellen Erledigung aller Gesindeangelegenheiten, insbesondere an einer schnellen Entscheidung aller Gesindestreitigkeiten. Die Polizei kann aber die dabei notwendige Feststellung der tatsächlichen Verhältnisse und eine summarische Untersuchung der Rechtsverhältnisse leichter und schneller bewirken als die Gerichte. Es ist daher der Polizei eine umfangreiche Mitwirkung bei den Gesindeangelegenheiten eingeräumt worden. Allerdings muß man stets von dem Grundsatze ausgehen, daß die Gesindeverträge an sich privatrechtlicher Natur sind und daß das durch das öffentlichrechtliche Verhältnis zwischen Herrschaft und Gesinde (s. S. 4) gerechtfertigte Eingreifen der Polizei sich nur auf die Maßregeln, die im Interesse der öffentlichen Ordnung zu erlassen sind, beschränken und nur in den besonderen Fällen stattfinden darf, in denen die Gesindeordnung dies ausdrücklich gestattet. (Erlaß des Min. des Innern v. 13. II. 1890, MBliV. 34.) Die auch von der Polizei vereinzelt vertretene Ansicht, daß sie berechtigt sei, auch in anderen Rechtsstreitigkeiten zwischen Herrschaft und Gesinde einen Sühnetermin abzuhalten, ist irrig (vgl. über die gesamte Zuständigkeit der Gesindepolizei Schlickau im VerwArch. **1907** 489 und Koehne in Polizei **6** 1). Die im Rahmen der Vorschriften der GesO.

getroffene Entscheidung der Polizei ist zum Teil eine endgültige, z. B. in §§ 33, 37 und 83 GesO., wenn es sich um die Beschaffenheit der Kost usw. und um die Zeit, in der die Livree verdient ist, handelt, zum Teil nur eine vorläufige, die der gerichtlichen Entscheidung nicht vorgreift, vielmehr nur auf eine Beseitigung der Störung der öffentlichen Ordnung hinzielt, immerhin aber ganz selbständig ist, z. B. in §§ 51, 160, 167 GesO. (vgl. darüber auch Nußbaum im VerwArch. **1900** 335 ff.). Ob die Polizei in allen Fällen, in denen sie ohne Erfolg eingreift, verpflichtet ist, ein Sühneattest auszustellen, kann zweifelhaft sein; in Berlin sind die Polizeireviere angewiesen, dem Antrage auf Ausstellung eines Sühneattestes stets stattzugeben, da die Gerichte derartige Atteste vielfach verlangen (Schr. des PolPräs. v. 8. X. 1904). In den Fällen, in denen nach der polizeilichen Entscheidung der Rechtsweg beschritten wird, ist die Klage nicht gegen die polizeiliche Verfügung zu richten, sondern lediglich auf das zivilrechtliche Verhältnis zwischen Herrschaft und Gesinde zu beschränken (OVG. v. 20. IX. 1900, Selbstv. **1901** 741). Das Oberverwaltungsgericht hat sich in zahlreichen Entscheidungen über die Tätigkeit der Polizei in Gesindesachen ausgesprochen und hierbei immer den Grundsatz betont, daß die Polizei kein Spezialgericht für Gesindestreitigkeiten sei und stets nur im Interesse der öffentlichen Ordnung in den in der Gesindeordnung besonders vorgesehenen Fällen eingreifen dürfe (vgl. OVG. v. 6. XII. 1876, E. **1** 396, v. 26. III. 1881, E. **7** 374, v. 10. IV. 1889 und 8. XI. 1890, Rechtsgrundsätze des OVG. **2** 781, v. 26. X. 1889, E. **18** 418 und v. 29. XI. 1901, MBlfiV. **1902** 56). Bei jedem der in Betracht kommenden Paragraphen werden die Befugnisse der Polizei genauer erörtert werden (s. auch A. 2 zu § 160). Die Polizeibehörden gehören zu den Organen der inneren Staatsverwaltung, stehen also unter dem Minister des Innern. Die Organisation der Verwaltungsbehörde überhaupt und der Behörden für die Polizeiverwaltung im besonderen, sowie deren Befugnisse und die Rechtsmittel gegen die polizeilichen Entscheidungen werden durch die Verwaltungs-Organisationsgesetze, die Städteordnung v. 30. V. 1853, die KreisO. v. 13. XII. 1872, das ErgänzungsG. v. 18. III. 1881, die ProvinzialO. v. 29. VI. 1875, das ErgänzungsG. v. 22. III. 1881, das ZuständigkeitsG. v. 1. VIII. 1883 und das G. über die allgem. Landesverwaltung v. 30. VII. 1883 geregelt.

3. Unter der in A. 1 erwähnten Polizeibehörde ist, wenn es sich um die Pflichten aus § 10 GesO. handelt, die Ortsbehörde des bisherigen Wohnorts des in Dienst Tretenden zu verstehen, während das Dienstbuch von der Polizeibehörde des Orts, wo das Gesinde in Dienst treten will, ausgestellt wird und in allen Fällen, in denen es sich um bereits im Dienste befindliche Personen handelt, auch wenn sie den Dienst verlassen haben, oder um solche Personen, die sich bereits vermietet haben, auch wenn sie den Dienst noch nicht angetreten haben, z. B. im Fall des § 47 GesO., ebenso auch in den Fällen der §§ 51 u. 167 die Polizeibehörde des Dienstorts zuständig ist (OVG. v. 21. IX. 1900, PrVerwBl. 22 285, und v. 2. IV. 1901, MBlfiV. **1901** 174; vgl. A. 2 zu § 51 GesO.) Orts-

polizeibehörde ist in den Amtsbezirken der Amtsvorsteher, in den Städten der Bürgermeister oder der für die Verwaltung der Ortspolizei besonders angestellte königliche Beamte (kgl. Polizeiverwalter). Die Zuständigkeit ist hierbei selbstverständlich auf den Polizeibezirk beschränkt, doch haben die Polizeibehörden sich hierbei gegenseitig Rechtshilfe zu leisten, ohne im allgemeinen zu einer Nachprüfung des Gegenstandes berufen zu sein, insoweit sich in betreff des Verfahrens keine Bedenken ergeben. Ein Ersuchen, welches aus formellen Gründen unstatthaft erscheint, ist abzulehnen (Bescheid des Min. des Innern v. 6. VII. 1888, MBlfiV. 124; vgl. auch OVG. v. 2. IV. 1901, MBlfiV. 177 oben, vgl. auch A. 4 zu § 51).

Die im § 10 bezeichnete Angelegenheit gehört, mit Ausschluß des Rechtsweges, allein vor die Polizei (Reskr. v. 17. IV. 1812 Nr. 6, v. Kamptz Annalen 5 104). Gegen die Entscheidung der Ortspolizeibehörde, daß bei einem Dienstboten Bedenken nach § 10 vorliegen, ist nach Maßgabe der §§ 127—131 des G. v. 30. VII. 1883 entweder die Beschwerde oder die Verwaltungsklage gegeben; zwischen diesen beiden Rechtsmitteln muß der Unzufriedene eins wählen; beide zugleich stehen ihm nicht zu. Handelt es sich um die Festsetzung und Ausführung eines Zwangsmittels, so steht ihm nur die Beschwerde zu.

A. Die Beschwerde geht und zwar:

a) die erste Beschwerde (also behufs Anrufung der II ten Instanz)
   aa) an den Landrat, wenn sie gerichtet ist gegen die Ortspolizei auf dem Lande (Amtsvorsteher) oder in einer zu einem Landkreise gehörigen Stadt (Bürgermeister oder königlicher Polizeiverwalter), deren Einwohnerzahl bis zu 10000 Einwohner beträgt;
   bb) an den Regierungspräsidenden, wenn sie gerichtet ist gegen die Ortspolizei eines Stadtkreises mit Ausnahme von Berlin, oder einer zu einem Landkreise gehörigen Stadt mit mehr als 10000 Einwohnern, also gegen deren Bürgermeister oder königl. Polizeiverwalter;
   cc) an den Oberpräsidenten zu Potsdam, wenn sie gegen die Ortspolizei in Berlin, d. i. in Gesindesachen den Polizeileutnant des Reviers, gerichtet ist.

b) Es findet gegen die Entscheidungen zu a auch noch eine weitere Beschwerde (also Anrufung der III ten Instanz) statt; dieselbe geht
   aa) in den Fällen a unter aa an den Regierungspräsidenten,
   bb) in den Fällen a unter bb an den Oberpräsidenten.

   Im Falle a unter cc ist die nächste (III te und letzte) Instanz die Klage beim Oberverwaltungsgerichte (s. unter c).

c) Endlich gibt es meistens noch eine IV te Instanz, indem gegen die Entscheidung des Regierungspräsidenten (b unter aa) oder des Oberpräsidenten (b unter bb) und gegen die Entscheidung des Oberpräsidenten in Potsdam — hier nur als III te Instanz — die Klage bei dem OVG. nach Maßgabe des § 127 LandesverwG. v. 30. VII. 1883 gegeben ist. Diese Entscheidung ist für Gesindesachen endgültig.

Die Frist zur Anbringung der Beschwerde oder Klage beträgt überall (a, b, c) zwei Wochen.

B. Die Verwaltungsklage, welche an Stelle der Beschwerde an den Landrat oder den Regierungspräsidenten gegeben ist (s. A. a), geht

a) an den Kreisausschuß, wenn sie gerichtet ist gegen die Verfügungen der Ortspolizei auf dem Lande (Amtsvorsteher) oder einer zu einem Landkreise gehörigen Stadt (Bürgermeister oder königlicher Polizeiverwalter), deren Einwohnerzahl bis zu 10000 Einwohnern beträgt;

b) an den Bezirksausschuß, wenn sie gerichtet ist gegen die Verfügungen der Ortspolizeibehörde eines Stadtkreises oder einer zu einem Landkreise gehörigen Stadt mit mehr als 10000 Einwohnern, also gegen den Bürgermeister oder königlichen Polizeiverwalter einer solchen Stadt.

Diese Klage muß ebenfalls nach §§ 127, 129 LandesverwG. v. 30. VII. 1883 begründet werden, und auch hierfür beträgt die Frist 2 Wochen.

4. Die von den Polizeibehörden in Gesindestreitsachen festgesetzten Geldstrafen werden als Exekutivstrafen zur Amtskasse oder bei den einen eigenen Amtsbezirk bildenden Gemeinden und Gutsbezirken zu deren Kasse vereinnahmt (§ 73 KreisO. und § 7 Abs. 3 G. v. 23. IV. 1883), sofern nicht besonders bestimmt ist, wohin die Geldbußen fließen sollen. Letzteres ist bei §§ 12, 31 und 176 GesO. sowie § 5 des G. v. 24. IV. 1854 der Fall, wo ausdrücklich die Ortsarmenkasse als Empfängerin benannt ist. Diese besonderen Bestimmungen werden nicht berührt durch den Erlaß des Min. des Innern v. 4. V. 1905 (MBlfiV. 165), wonach die im Zwangsverwaltungsstreitverfahren beigetriebenen Gelder zur Gemeindekasse fließen (vgl. PrVerwBl. 27 91).

5. Es seien hier die hauptsächlichsten Vorschriften über die Behandlung der gesinderechtlichen Streitigkeiten bei den Gerichten und über die Befugnisse und Pflichten des Gesindes gegenüber den Gerichten hervorgehoben:

a) Die Streitigkeiten zwischen Herrschaft und Gesinde hinsichtlich des Dienstverhältnisses gehören, insofern sie während der Dauer des Dienstverhältnisses entstehen, ohne Rücksicht auf den Wert des Streitgegenstandes vor die Amtsgerichte (§ 23 Abs. 2 GVG.). Die in derartigen Prozessen ergehenden Urteile sind auf Antrag für vorläufig vollstreckbar zu erklären (§ 709 Nr. 2 ZPO.). Was zu den Streitigkeiten, die während der Dauer des Dienstverhältnisses entstehen, gehört, ist zweifelhaft. Das Kammergericht verlangt (BlfR. 5 78), daß die Streitigkeiten schon während der Dauer des Dienstverhältnisses anhängig gemacht sind, d. h. also, daß in dieser Zeit Klage erhoben ist; die Theorie neigt der wohl auch richtigen Ansicht zu, daß die streitige Differenz zwischen den Parteien sich schon als solche herausgestellt haben muß, während noch das Dienstverhältnis bestand. Alle nicht unter den § 23 Abs. 2 GVG. fallenden Streitigkeiten, deren Wert die Summe von 600 M. nicht übersteigt, gehören ebenfalls vor die Amtsgerichte, bei höherem Objekt vor die Landgerichte, bei denen stets eine Vertretung durch einen Rechtsanwalt notwendig ist. In zweiter Instanz entscheiden auf die Berufung in den amtsgerichtlichen Prozessen die Landgerichte, in den landgerichtlichen die Oberlandesgerichte. Die Revision beim Reichsgericht ist gegen die Urteile der Oberlandesgerichte nur zulässig, wenn der Wert 4000 Mk. übersteigt (§ 546 ZPO. in der Fassung des G. v. 23. V. 1910). Alle Streitigkeiten zwischen Dienstherrschaft und Gesinde hinsichtlich des Dienstverhältnisses sind Feriensachen (§ 202 Nr. 4a GVG.).

b) Für alle Klagen gegen die Dienstboten wegen vermögensrechtlicher Ansprüche ist der Dienstort als Gerichtsstand des Aufenthaltsortes nach § 20 ZPO. zuständig. Im übrigen ist der Dienstort nicht der allgemeine Gerichtsstand (§ 13 ZPO.) des Gesindes, da, wie Art. 14 § 1 Abs. 4 des AGzGVG. jetzt ausdrücklich bestimmt, ein Wohnsitz durch das Gesindeverhältnis nicht begründet wird. Da aber wohl niemals ein Dienstbote außerhalb seines Dienstortes seinen Wohnsitz (den Ort, wo er sich ständig niederläßt, § 7 BGB.) haben wird und mangels eines Wohnsitzes nach § 16 ZPO. der Aufenthaltsort den allgemeinen Gerichtsstand bestimmt, wird ein Dienstbote, solange das Dienstverhältnis dauert, stets am Dienstorte verklagt werden können. Verläßt er nach Auflösung des Dienstverhältnisses den Dienstort, so muß er am Orte, wo er sich ständig niederläßt oder aufhält, verklagt werden, es sei denn, daß der Gerichtsstand, wo die streitige Verpflichtung zu erfüllen ist (§ 29 ZPO.), maßgebend ist.

c) Ein minderjähriger Dienstbote, der von seinem gesetzlichen Vertreter ermächtigt worden ist, in Dienst zu treten (s. § 113 BGB. S. 29), ist nach § 51 ZPO. prozeßfähig, kann also selbständig vor Gericht auftreten (s. auch A. 2 zu § 113 BGB.).

d) Zustellungen können, wenn die Person, der zugestellt werden soll, in ihrer Wohnung nicht angetroffen wird, rechtswirksam in der Wohnung an eine in der Familie dienende erwachsene Person erfolgen (Ersatzzustellung des § 181 ZPO.). Unter Erwachsenen sind hierbei nicht nur die großjährigen, sondern auch diejenigen Personen zu verstehen, deren körperliche Reife über die des Knaben- bzw. Mädchenalters hinaus entwickelt ist (Wilmowski-Levy A. 2, Gaupp-Stein A. III 1a zu § 181 ZPO.). Auf die geistige Entwicklung allein soll es nach RG. v. 12. XI. 1884, E. 14 338 nicht ankommen. Es ist praktisch, wenn die Herrschaft die

Dienstboten darauf aufmerksam macht, daß sie sich zivilrechtlich haftbar und unter Umständen strafbar (§ 133 StGB.) machen, wenn sie die ihnen mit Ersatzzustellung ausgehändigte Urkunde nicht alsbald an den eigentlichen Empfangsberechtigten aushändigen.

e) Die der Herrschaft gehörenden Kleidungsstücke, Betten, Wäsche, Haus- und Küchengeräte, die für die Erhaltung eines angemessenen Hausstandes unentbehrlich sind, sind nach § 811 ZPO. der Pfändung wegen Forderungen gegen die Herrschaft nicht unterworfen. Zweifellos sind darunter auch die für das Gesinde unentbehrlichen Sachen zu verstehen.

f) Die strafrechtlichen Bestimmungen, die für das Gesindedienstverhältnis von Wichtigkeit sind, sind bei den einzelnen §§ der GesO. erwähnt, so die über Betrug bei § 9, über Beleidigung bei § 80, über Diebstahl bei § 121 und über Unterschlagung bei § 134.

§ 11. Hat jemand mit Verabsäumung der Vorschriften §§ 9, 10 ein Gesinde angenommen,[1]) so muß, wenn ein anderer, dem ein Recht (über die Person oder[2])) auf die Dienste des Angenommenen zusteht, sich meldet, der Mietskontrakt als ungültig sofort wieder aufgehoben werden.[3])[4])

1. Unter „angenommen" ist der tatsächliche Antritt (s. § 9 und A. 1 dazu) des Dienstes gemeint, nicht aber schon die Abschließung des Mietsvertrages.

2. Die eingeklammerten Worte sind veraltet, da nach heutigem Recht niemand mehr ein Recht über eine andere Person hat.

3. Der Annehmende wird auch demjenigen gegenüber, dem ein Recht auf die Person oder die Dienste des Angenommenen zusteht, nach den allgemeinen Grundsätzen über unerlaubte Handlungen (§§ 823 ff. BGB.) schadensersatzpflichtig (vgl. auch EGzBGB. Art. 95).

4. Die Polizei hat keine Befugnis darüber zu befinden, ob der Vertrag ungültig ist. Gesindedienstverträge gehören dem Gebiete des Privatrechts an, unterliegen daher in Ansehung der Beurteilung ihrer Rechtswirksamkeit der bürgerlichen Gerichtsbarkeit und sind den Einwirkungen der Polizeibehörden nur so weit unterstellt, als dies durch besondere gesetzliche Bestimmungen gerechtfertigt ist. Zu letzteren ist § 12 GesO. nicht zu zählen (OVG. v. 13. III. 1903, E. **43** 131).

§ 12. Außerdem hat der Annehmende durch Uebertretung dieser Vorschriften eine Geldbuße von drei bis dreißig Mark an die Armenkasse des Orts verwirkt.[1–5])

1. Die Bestrafung der Dienstherrschaft ist nur dadurch bedingt, daß das Verlassen des Dienstes tatsächlich unrechtmäßig war;

es kommt also nicht darauf an, daß sich jemand, der ein Recht auf den Dienst hat, also etwa die vorige Herrschaft, bei der Polizei meldet und so die Aufhebung des neuen Mietsvertrages herbeiführt (OTr. v. 26. I. 1860, JMBl. 247). Die Bestrafung ist aber erst dann zulässig, wenn das Gesinde den neuen Dienst angetreten hat.

2. Die Anwendung des § 12 setzt voraus, daß das Gesinde auch wieder in Gesindedienst genommen wird. Ein Angekl., der einen seinem Dienstherrn entlaufenen Jungen bis zur gerichtlichen Entscheidung gegen Verpflegung beschäftigt hatte, ist vom KG. von der Beschuldigung aus §§ 11 und 12 GesO. freigesprochen worden, da der Angekl. und der Dienstjunge nicht die Absicht hatten, einen Gesindedienstvertrag abzuschließen (E. des I. Strafs. vom 7. I. 1909, DJZ. 1909 325). Eine Polizeiver., die das Verbot enthält, Gesinde oder eine im § 2 des G. v. 24. IV. 1854 (unten zu § 79) diesem gleichgestellte Person ohne die in §§ 9, 10 GesO. bezeichnete Legitimation in Arbeit zu nehmen, entbehrt der Rechtsgültigkeit, da diese Verordnung die der Polizei zustehenden Befugnisse aus dem G. v. 11. III. 1850 überschreitet (KG. v. 6. V. 1897, Jahrb. 18 331, v. 21. VI. 1897, ArchfStr. 40 152 u. v. 13. XI. 1899, E. 35 348, im Gegensatz zu früheren Entscheidungen). Das Kammergericht hat überhaupt angenommen, daß die §§ 9—12 GesO. die ganze Materie der Pflichten bei Annahme des Gesindes in erschöpfender und abschließender Weise regeln. Es könne somit ein weiterer als der in diesem Paragraphen vorgesehene Tatbestand nicht unter Strafe gestellt werden. Also entbehre eine Polizeiverordnung, welche die Indienstnahme schulpflichtiger Kinder ohne Erlaubnis des Lokalschulinspektors unter Strafe stellt, der Gültigkeit (KG. v. 30. V. 1904, Jahrb. 28 C. 27); s. auch A. 2 zu § 104 BGB., oben S. 21.

3. Gegen die polizeiliche Strafverfügung findet eine Beschwerde nicht statt, indessen kann der davon Betroffene binnen einer Woche nach der Bekanntmachung (Behändigung) der Strafverfügung auf gerichtliche Entscheidung antragen. Der Antrag auf gerichtliche Entscheidung ist entweder bei der Polizeibehörde schriftlich oder mündlich, oder bei dem Amtsgericht schriftlich oder zu Protokoll des Gerichtsschreibers zu stellen. Das Amtsgericht (Schöffengericht) ist befugt, auf eine andere, also auch höhere Strafe zu erkennen, als in der polizeilichen Strafverfügung bestimmt war. Gegen das gerichtliche Urteil findet binnen einer Woche nach dessen Verkündigung oder, wenn der Angeschuldigte bei der Verhandlung und Verkündigung nicht anwesend war, binnen einer Woche nach der Zustellung des Urteils die Berufung an die Strafkammer des Landgerichts statt. Gegen deren Urteil ist binnen einer Woche wegen einer Verletzung des Gesetzes die Revision an das Kammergericht zu Berlin zulässig. (StPO. §§ 453 ff., 374, 377 und AGzGVG. v. 24. IV. 1878 § 50, sowie KG. v. 4. XII. 1884, E. 5 379). Die Strafe des § 12 verjährt, wie die Strafe aller Uebertretungen, in 3 Monaten und zwar vom Tage des Eintritts in den Dienst ab, wie das KG. im Gegensatz zu früheren Ent-

scheidungen in einer E. v. 1. II. 1904 (Selbstverw. 1904 745) ausgeführt hat. Durch Erlaß der polizeilichen Strafverfügung wird die Verjährung unterbrochen.

4. Die Geldstrafe, die auch jetzt noch zur Armenkasse fließt (s. A. 4 zu § 10), wird im Nichtbeitreibungsfalle gemäß §§ 28, 29 StGB. in eine Haftstrafe von 1—30 Tage umgewandelt, wobei aber zu beachten ist, daß der Polizeiverwalter nach G. v. 23. IV. 1883 höchstens 3 Tage Haft festsetzen kann. Er hat also, wenn er eine höhere Haftstrafe für angebracht hält, die Sache dem Amtsanwalt mit einem entsprechenden Antrage vorzulegen.

5. Besondere Bestimmungen über die Schadensersatzpflicht derjenigen Herrschaft, die das Gesinde unter Kenntnis eines noch bestehenden Gesindedienstverhältnisses in Dienst nimmt, hat die GesO. nicht. Es kommen hiernach die allgemeinen Bestimmungen über Schadensersatz aus unerlaubten Handlungen (§§ 823 ff. BGB.) zur Anwendung.

4. Gesinde-Mäkler. (§§ 13—21.)

(**§ 13.** Niemand darf mit Gesindemäkeln sich abgeben, der nicht dazu von der Obrigkeit des Orts bestellt und verpflichtet worden ist.)

Dieser §, der schon vorher durch die GewO. v. 21. VI. 1869 und seit 1. X. 1900 durch das G. v. 30. VI. 1900 beseitigt war, ist jetzt ersetzt durch das für das Reich erlassene Stellenvermittlergesetz v. 2. VI. 1910 (GS. 860), zu dessen Ausführung für Preußen ergangen sind die Ver. v. 25. VII. 1910 (GS. 155), der Erlaß des Handelsministers v. 17. VI. 1910 betr. Gebühren der Stellenvermittler (HMBl. 262), der Erlaß v. 9. VIII. 1910 (HMBl. 404), die Vorschriften des Handelsministers über den Geschäftsbetrieb der gewerblichen Stellenvermittler usw. v. 16. VIII. 1910 (HMBl. 455), die Vorschriften des Handelsministers über den Geschäftsbetrieb der Herausgabe der Stellen- und Vakanzenlisten v. 18. VIII. 1910 (HMBl. 470), die Vorschriften des Handelsministers, des Landwirtschaftsministers und des Min. des Innern über den Betrieb nicht gewerbsmäßiger Stellenvermittler v. 21. VIII. 1910 (HMBl. 474) und für den Landespolizeibezirk Berlin die Bekanntmachung des PolPräs. v. 12. IX. 1910.

Es wird sich, da durch das Stellenvermittlergesetz die Vorschriften der GesO. nicht ausdrücklich aufgehoben sind, zunächst darum handeln, ob und inwieweit die Bestimmungen der GesO. über die Gesinde-Mäkler (§§ 13–21) durch das Reichsgesetz und die dazu erlassenen Verordnungen usw. beseitigt sind. Man wird annehmen können, daß die gewerbepolizeilichen Bestimmungen der GesO. aufgehoben sind, daß aber die zivilrechtlichen Bestimmungen des § 19 noch in Kraft sind (vgl. Hoffmann, Stellenvermittlergesetz A. 7 zu § 8). Nachstehend sind die wichtigsten Bestimmungen des Stellenvermittlergesetzes und der Ausführungsverordnungen usw.

so wiedergegeben, wie sie den bisherigen Vorschriften der GesO. entsprechen. Vorweg bemerkt sei noch, daß, soweit das Stellenvermittlergesetz keine besondere Anordnung trifft, auf den Gewerbebetrieb des Stellenvermittlers die Vorschriften der Gewerbeordnung Anwendung finden.

1. Wer das Gewerbe eines Stellenvermittlers betreiben will, bedarf dazu einer Erlaubnis des Kreis-(Stadt-)Ausschusses, der vorher die Ortspolizeibehörde hören muß. Wird von der Ortspolizeibehörde Widerspruch erhoben, so darf die Erlaubnis nur auf Grund mündlicher Verhandlung im Verwaltungsstreitverfahren (s. A. 3 zu § 10 GesO.) erteilt werden. Die Erlaubnis ist zu versagen, wenn Tatsachen vorliegen, welche die Unzuverlässigkeit des Nachsuchenden in bezug auf den beabsichtigten Gewerbebetrieb oder auf seine persönlichen Verhältnisse dartun oder wenn ein Bedürfnis nach Stellenvermittlern nicht vorliegt. Ein Bedürfnis ist insbesondere nicht anzuerkennen, soweit für den Ort oder den wirtschaftlichen Bezirk ein öffentlicher gemeinnütziger Arbeitsnachweis in ausreichendem Umfang besteht. Wird die Erlaubnis versagt, so steht dem Antragsteller binnen zwei Wochen der Antrag auf mündliche Verhandlung im Verwaltungsstreitverfahren vor dem Kreis-(Stadt-)Ausschuß zu. Die hiergegen binnen zwei Wochen zulässige Berufung an den Bezirksausschuß ist endgültig. In den Städten mit mehr als 10000 Einwohnern tritt an die Stelle des Kreisausschusses der Magistrat. Wer das Gewerbe als Stellenvermittler ohne Erlaubnis unternimmt oder fortsetzt, wird mit 600 Mk. Geldstrafe oder Haft bestraft. Wer das Gewerbe eines Stellenvermittlers betreibt, darf Gastwirtschaft, Schankwirtschaft, Kleinhandel mit geistigen Getränken, gewerbsmäßige Vermietung von Wohn- oder Schlafstellen, Handel mit Kleidungs-, Gebrauchs-, Genuß- oder Verzehrungsgegenständen und eine Anzahl anderer Erwerbsgeschäfte weder selbst noch durch andere betreiben und seine Tätigkeit nicht zu Vermittlungen und Anpreisungen für andere eigene oder fremde Gewerbebetriebe benutzen, auch darf er den Stellensuchenden nicht verpflichten oder anhalten, aus seinem oder einem von ihm bezeichneten Gewerbebetrieb oder Handelsgeschäfte Waren zu entnehmen. Verträge, durch die sich ein Arbeitnehmer oder Arbeitgeber verpflichtet oder verpflichtet hat, sich auch in späteren Fällen der Mitwirkung eines bestimmten gewerbsmäßigen Stellenvermittlers zu bedienen, sind nichtig. Die Erlaubnis zum Gewerbebetriebe des Stellenvermittlers ist zurückzunehmen, wenn sich aus Handlungen oder Unterlassungen des Stellenvermittlers dessen Unzuverlässigkeit in bezug auf den Gewerbebetrieb oder seine persönlichen Verhältnisse ergibt. Unter der gleichen Voraussetzung ist der Gewerbebetrieb Stellenvermittlern, die ihn vor dem 1. X. 1900 begonnen haben und damit keiner Erlaubnis bedurften, zu untersagen. Die Unzuverlässigkeit ist u. a. stets anzunehmen, wenn der Stellenvermittler wiederholt bestraft ist, weil er die festgesetzte Gebührentaxe überschritten oder sich außer den taxmäßigen Gebühren Vergütungen anderer Art von dem Arbeitnehmer oder dem Arbeitgeber hat gewähren

oder versprechen lassen. Der Träger des öffentlichen Arbeitsnachweises ist berechtigt, selbständig Antrag auf Entziehung der Erlaubnis zu stellen. Der Bescheid, durch den die Erlaubnis versagt oder zurückgenommen oder der Gewerbebetrieb untersagt wird, kann im Wege des Verwaltungsstreitverfahrens angefochten werden. Ueber die Zurücknahme der Erlaubnis oder Untersagung des Gewerbebetriebes entscheidet auf Klage der Ortspolizeibehörde der Kreisausschuß, in Stadtkreisen und den Städten mit mehr als 10000 Einwohnern der Bezirksausschuß. Gegen die Entscheidungen des Kreisausschusses ist nach LVG. §§ 82, 85 binnen 2 Wochen die Berufung an den Bezirksausschuß und gegen dessen Entscheidungen gemäß LVG. §§ 93, 95 binnen 2 Wochen das Rechtsmittel der Revision zulässig. Gegen die Entscheidungen des Bezirksausschusses in erster Instanz ist nach LVG. §§ 83, 85 binnen 2 Wochen die Berufung an das OVG. gegeben.

2. Die Stellenvermittler müssen nach den Vorschriften vom 16. VIII. 1910 zwei Bücher führen, und zwar ein Geschäftsbuch, in das die abgeschlossenen Dienstverträge unmittelbar im Anschluß an den Vertragsabschluß in deutscher Sprache mit Tinte eingetragen werden und ein zweites Geschäftsbuch, in das die Aufträge der Arbeitnehmer an dem Tage, an welchem sie eingehen, einzutragen sind. Ferner müssen noch die Stellenvermittler, die für weibliche Personen Stellen im Auslande vermitteln, der Polizeibehörde ein Verzeichnis der Namen dieser Personen und der ihnen vermittelten Stellen regelmäßig vorlegen, außerdem haben alle Stellenvermittler sofort nach der Eintragung des Vertragsabschlusses in das Geschäftsbuch über jede von ihnen bewirkte Eintragung sowohl der Herrschaft wie dem Gesinde einen Ausweis nach vorgeschriebenem Muster auszuhändigen, der zur Klarstellung der Dienstverhältnisse bei etwaigen Streitigkeiten bestimmt ist. Alle Eintragungen sind in deutscher Sprache mit Tinte zu bewirken. Sie sind alljährlich abzuschließen und binnen 14 Tagen nach ihrem Abschluß der Polizeibehörde zur Bestätigung des Abschlusses vorzulegen, sodann aber noch mindestens fünf Jahre lang aufzubewahren. Den Beamten der Polizei ist jederzeit die Einsicht der Bücher und der Zutritt zu den Geschäftsräumen gestattet. Die Gesindevermieter haben an der Straßenseite auf, über oder neben dem Hauseingang und am Eingange zu den Geschäftsräumen ihren Familiennamen mit mindestens einem ausgeschriebenen Vornamen und dem Zusatz „gewerbsmäßiger Stellenvermittler“ anzubringen. Bezeichnungen wie „Stellenvermittlung“, „Kostenlose Stellenvermittlung“, „Mietskontor“, „Gesindebörse“ usw. sind verboten. Die Stellenvermittler haben sich bei allen Anzeigen, Anschlägen usw. marktschreierischer Angaben zu enthalten, dürfen Stellvertreter und Hilfspersonal nur mit Erlaubnis der Polizeibehörde beschäftigen. Die Stellenvermittler müssen die Dienstbücher, Losscheine usw. dem Dienstboten auf Verlangen sofort zurückgeben und haben daran kein Zurückbehaltungs- oder Pfandrecht; sie sollen sich jeder Einwirkung auf Vertauschung von Dienststellen enthalten (s. § 16 GesO.) und dürfen mit vermieteten Dienstboten erst nach dem Kündigungs-

termin in Verbindung treten, sofern nicht ein gesetzlicher Grund zum Verlassen des Dienstes nachgewiesen wird. Hat der Stellenvermittler den seine Dienste in Anspruch Nehmenden gewisse Eigenschaften des anderen Vertragsschließenden zugesichert, so ist er verpflichtet, wenn diese Eigenschaften nicht vorhanden sind, die Vermittlungsgebühr, die binnen 3 Tagen zurückverlangt werden muß, herauszuzahlen (s. auch §§ 18 und 19 GesO.). Zuwiderhandlungen gegen die Vorschriften des Stellenvermittlergesetzes und der Ausführungsverfügungen usw. werden mit Geldbuße bis 150 Mk., in einzelnen Fällen bis 600 Mk. oder Haft geahndet.

Ueber die Vorschriften betr. die Taxen s. § 21.

(**§ 14.** Dergleichen Gesindemäkler müssen sich nach den Personen, die durch ihre Vermittlung in Dienste kommen wollen, sorgfältig erkundigen.)

Mit dieser Vorschrift stimmt im allgemeinen § 10 der Vorschr. v. 16. VIII. 1910 (HMBl. 455), überein, der auch ausdrücklich anordnet, daß die Gesindevermieter solchen Personen, die sich nicht im Besitze eines ordnungsmäßig ausgestellten Gesindebuches befinden oder welche die Zustimmung ihres gesetzlichen Vertreters (s. S. 29) nicht nachweisen können, keine Dienstleistung gewähren dürfen. Ein Arbeitsbuch kann das Gesindebuch dabei nicht ersetzen (KGStrafs. v. 12. XI. 1906).

(**§ 15.** Insonderheit müssen sie nachforschen, ob dieselben nach den gesetzlichen Vorschriften sich zu vermieten berechtigt sind.)

Auch diese Vorschrift ist in Nr. 10, 11 der Vorschr. v. 16. VIII. 1910 übergegangen, deren erstere auch vorschreibt, daß Stellenvermittler Personen, von denen sie wissen oder den Umständen nach annehmen müssen, daß sie ohne Einhaltung der Kündigungsfrist ihren letzten Dienst verlassen haben, keine Vermittlung gewähren dürfen, sofern nicht ein gesetzlicher Grund für das Verlassen der Stelle nachgewiesen wird. Die gesetzlichen Vorschriften sind im übrigen in den §§ 5—12 GesO. und den sie abändernden Bestimmungen des BGB. enthalten (s. oben S. 16 ff.).

(**§ 16.** [1]) Gesinde, welches schon in Diensten steht,[2]) müssen sie unter keinerlei Vorwande zu deren Verlassung und Annehmung anderer Dienste anreizen.[3]))

1. An Stelle dieser Vorschrift bestimmt Nr. 11 Abs. 2 der Vorschriften v. 16. VIII. 1910, daß den Stellenvermittlern jede Einwirkung auf Arbeitnehmer dahin, daß diese ihre Stellung mit einer anderen vertauschen, sowie jede Einwirkung auf Arbeitgeber wegen der Entlassung von Arbeitnehmern untersagt ist.

2. Im Art. 95 EG. ist ausdrücklich bemerkt, daß die landesgesetzlichen Vorschriften über die Schadensersatzpflicht desjenigen, der Gesinde zum widerrechtlichen Verlassen des Dienstes verleitet, aufrecht erhalten bleiben. Besondere Vorschriften über diese Schadens-

ersatzpflicht enthält die GesO. nicht; es ist daher anzunehmen, daß Stellenvermittler, die die Dienstboten in der angeführten Weise verleiten, nach den allgemeinen Vorschriften des BGB. über unerlaubte Handlungen (§§ 823 ff., insbes. 826) schadensersatzpflichtig sind.

3. Eine solche Einwirkung ist es z. B. auch, wenn der Stellenvermittler einen Dienstboten anspricht, ihn befragt, ob es ihm in seinem Dienste gefalle, und ihm dann mitteilt, daß er sehr gute Stellen vorzuschlagen habe. Unredliche Stellenvermittler pflegen dies zu tun, um sich zwei Geschäfte zugleich, nämlich die Unterbringung des abwendig gemachten Gesindes und die Zuführung eines neuen Dienstboten vorzubereiten.

(**§ 17.** Tun sie dieses, so müssen sie dafür das erste Mal mit 15 bis 30 Mark Geld- oder mit verhältnismäßiger Haftstrafe angesehen (im Wiederholungsfalle aber noch außerdem von fernerer Treibung des Mäklergewerbes ausgeschlossen) werden.)

An die Stelle dieser Strafbestimmung ist § 12 des Stellenvermittlergesetzes v. 2. VI. 1910 getreten, der für denjenigen, der es unternimmt, einen Arbeitnehmer zum Bruche eines eingegangenen Arbeitsvertrages zu verleiten, mit Geldstrafe bis zu 600 Mk. oder Haft belegt.

§ 18. Sie müssen den Herrschaften, die durch ihre Vermittlung Gesinde annehmen wollen, die Eigenschaften der vorgeschlagenen Person getreulich und nach ihrem besten Wissen anzeigen.

§ 10 der Vorschr. v. 16. VIII. 1910 (HMBl. 455) bestimmt, daß die Stellenvermittler sorgfältige Erkundigungen über die Dienstverhältnisse der Arbeitgeber und Arbeitnehmer sowie über die Brauchbarkeit der Arbeitnehmer für die in Aussicht genommene Beschäftigung einzuziehen haben und daß sie hinsichtlich solcher Stellen, deren Dienst- und Arbeitsverhältnisse ihnen nicht bekannt sind, eine Vermittlung überhaupt nicht ausführen dürfen. Es ist anzunehmen, daß § 18 GesO., der sich mit diesen Bestimmungen nicht deckt, vielmehr etwas darüber hinausgeht, weil er eine getreuliche und nach bestem Wissen zu erstattende A n z e i g e an die Herrschaft vorschreibt, wegen der daraus sich ergebenden zivilrechtlichen Folgen des § 19 noch in Kraft ist.

§ 19. Wenn sie untaugliches oder untreues [1]) Gesinde wider besseres Wissen [2]) als brauchbar oder zuverlässig empfehlen, so müssen sie für den durch dergleichen Gesinde verursachten Schaden selbst haften. [3]) [4])

1. Untreues Gesinde im Sinne dieses Paragraphen ist nicht liederliches, unzuverlässiges Gesinde, sondern solches, das in eigennütziger Weise absichtlich oder wenigstens bewußt zum Nachteil der

Herrschaft handelt, insbesondere dieselbe bestiehlt, sie betrügt oder ihr Sachen unterschlägt (KG. Strafs. v. 19. XI. 1900, Jahrb. 21 C 46).

2. Aus § 19 GesO. haftet der Stellenvermittler nur, wenn er wider besseres Wissen gehandelt hat. Bei Fahrlässigkeit ist er, da zwischen ihm und der Herrschaft ein Vertragsverhältnis vorliegt, aus § 276 BGB. in Anspruch zu nehmen.

3. Ob der Stellenvermittler nur für den Fall, daß das Gesinde selbst den von ihm verursachten Schaden nicht zu ersetzen vermag, haftet, oder ob er direkt in Anspruch genommen werden kann, ist zweifelhaft. Gerhard (A. 1 zu § 19) schließt aus dem Wortlaute des Gesetzes, daß eine vorherige Inanspruchnahme des Gesindes nicht erforderlich sei. Es wird dies wohl aber nicht der Absicht des Gesetzgebers entsprechen, der eine so weitgehende Verantwortung den Stellenvermittlern kaum hat aufbürden wollen (ebenso Nußbaum A. 1). Der Ansicht von Seyffarth, daß nach §§ 840 Abs. 2, 831 BGB. der Gesindevermieter der Herrschaft gegenüber neben dem Gesinde als Gesamtschuldner hafte, ist nicht beizupflichten, da diese Paragraphen nur die Haftung der Dienstherrschaft und des Gesindes Dritten gegenüber regeln (s. zu § 98). Im übrigen ist die Schadensersatzpflicht nach den allgemeinen Bestimmungen des BGB. über unerlaubte Handlungen (§§ 823 ff.) zu beurteilen.

4. In den Fällen des § 19 entscheidet das Gericht allein, ohne Konkurrenz der Polizeibehörde.

(**§ 20.** Außerdem verwirken sie dadurch, es mag Schaden geschehen sein oder nicht, für das erste Mal 15 bis 30 Mark Geld- oder verhältnismäßige Haftstrafe und werden im Wiederholungsfalle von dem ferneren Betriebe des Mäklergewerbes ausgeschlossen. Diese Ausschließung findet selbst bei dem ersten Male statt, wenn sie den Schaden zu ersetzen unvermögend sind.)

Die Strafbestimmung des § 20 GesO. ist beseitigt durch § 13 Abs. 1 Ziffer 1 des Stellenvermittlergesetzes und § 24 der Vorschriften v. 16. VIII. 1910, wonach Zuwiderhandlungen gegen diese Vorschriften mit Geldstrafe bis zu 150 Mk. und im Unvermögensfalle Haft bestraft werden. Ueber die Zurücknahme der Erlaubnis zum Gewerbebetrieb entscheidet jetzt allein § 9 des Stellenvermittlergesetzes (s. oben A. 1 zu § 13 GesO.). Beim Vorliegen der Voraussetzungen des Betruges kann auch eine Bestrafung der Stellenvermittler wegen Betrugs (§ 263 StGB.) eintreten. Ebenso können die Stellenvermittler auch nach § 266 Nr. 3 StGB., wenn sie bei den ihnen übertragenen Geschäften absichtlich diejenigen benachteiligen, deren Geschäfte sie besorgen, wegen Untreue mit Gefängnis bestraft werden. Wird die Untreue begangen, um sich oder einem anderen einen Vermögensvorteil zu verschaffen, so kann neben der Gefängnisstrafe auf Geldstrafe bis zu 3000 Mk. erkannt werden.

(**§ 21.** Polizeiobrigkeiten, welche Gesindemäkler konzessionieren, liegt zugleich ob, das Mäklerlohn nach den örtlichen Verhältnissen zu bestimmen und bekannt zu machen.)

An die Stelle des § 21 ist jetzt § 5 des Stellenvermittlergesetzes getreten, der lautet:

Für die den Stellenvermittlern zukommenden Gebühren werden von der Landeszentralbehörde oder den von ihr bezeichneten Behörden nach Anhören des Trägers des öffentlichen Arbeitsnachweises, von Vertretern der Stellenvermittler, der Arbeitgeber und Arbeitnehmer Taxen festgesetzt.

Eine Gebühr darf nur erhoben werden, wenn der Vertrag infolge der Tätigkeit des Vermittlers zustande kommt. Haben beide Teile diese Tätigkeit in Anspruch genommen, so ist die Gebühr von dem Arbeitgeber und dem Arbeitnehmer je zur Hälfte zu zahlen; eine entgegenstehende Vereinbarung zu ungunsten des Arbeitnehmers ist nichtig.

Neben den Gebühren dürfen Vergütungen anderer Art nicht erhoben werden. Die Erstattung barer Auslagen darf nur insoweit gefordert werden, als sie auf Verlangen und nach Vereinbarung mit dem Auftraggeber verwendet und als notwendig hinreichend nachgewiesen sind.

Die Stellenvermittler sind verpflichtet, dem Stellensuchenden vor Abschluß des Vermittlungsgeschäfts die für ihn zur Anwendung kommende Taxe mitzuteilen. Die Taxe ist in den Geschäftsräumen an einer in die Augen fallenden Stelle anzuschlagen.

Durch diese Bestimmungen ist der früheren Willkür der Stellenvermittler hinsichtlich der Erhebung der Gebühren ein Ende bereitet. Zu beachten ist vornehmlich, daß Herrschaft und Gesinde die Gebühr, die nur beim Zustandekommen des Vertrages zu zahlen ist, je zur Hälfte zu tragen haben, daß alle Vergütungen anderer Art ausgeschlossen sind und daß die notwendigen Auslagen nur nach Vereinbarung mit dem Auftraggeber erstattet zu werden brauchen. Die Bestimmung der Höhe der Taxen ist den Landeszentralbehörden und den von ihnen bestimmten Behörden überlassen, wobei nicht nur die Stellenvermittler, Arbeitgeber und Arbeitnehmer, sondern auch die Träger des öffentlichen Arbeitsnachweises gehört werden sollen. Die Festsetzung der Taxen ist vom Handelsminister durch Erlaß v. 17. VI. 1910 (HMBl. 262) hinsichtlich der gewerblichen Stellenvermittler den Ortspolizeibehörden überlassen, wobei bemerkt ist, daß die bisherigen Sätze erheblich herabzumindern sein würden. Die Gebühren sind also für jeden Ort verschieden, leider aber noch vielfach sehr hoch. Im Landespolizeibezirk Berlin bewegen sich nach der Verfügung der Polizeipräsidenten vom 10. I. 1912 die Gebühren für städtisches Gesinde zwischen 6 und 25 Mk. Bei Mädchen für alles und Küchenmädchen betragen sie 6 Mk., bei Köchinnen, Hausmädchen und Stubenmädchen 8 Mk., während für Kochköchinnen, Jungfern und Kindermädchen Gebühren von 15—20 Mk. und für Ammen solche von 25 Mk. festgesetzt sind. Es sei hierbei nochmals darauf hingewiesen, daß die Gebühr von der Herrschaft und dem Gesinde je zur Hälfte zu zahlen ist. Herrschaft und Gesinde können zwar eine andere Vereinbarung treffen, die allerdings das Gesinde nicht ungünstiger stellen darf, aber keinesfalls darf der Stellenvermittler eine dem Gesetz zuwiderlaufende Vereinbarung mit einer der Parteien treffen, also nicht von der Herrschaft die volle Gebühr verlangen.

Alle vorstehenden Bestimmungen betreffen die gewerbsmäßigen Stellenvermittler. Nach dem Stellenvermittlergesetz können die Landeszentralbehörden aber auch Vorschriften für die nicht gewerbsmäßig betriebenen Stellen- oder Arbeitsnachweise erlassen und der preußische Handelsminister hat von dieser Befugnis Gebrauch gemacht, indem er durch Verf. v. 21. VIII. 1910 (HMBl. 474) Vorschriften über den Betrieb nicht gewerbsmäßiger Stellenvermittlungen für gewisse Berufe erlassen hat. Es sind dabei nur diejenigen Berufe berücksichtigt, in welchen unter dem Deckmantel der Gemeinnützigkeit, meist unter Bildung eines Vereins, gewerbsmäßige Stellenvermittlung betrieben zu werden pflegt und wo auch selbst bei gemeinnützigen Stellenvermittlungen schwere Mißstände beobachtet worden sind (Hoffmann, Stellenvermittlergesetz 156). Zu diesen Berufen gehört auch die Stellenvermittlung für das Gesinde. Die Vorschriften für die nicht gewerbsmäßige Stellenvermittlung sind vielfach, insbesondere wegen der Geschäftsbücher, der Straßenschilder, der Anzeigen, des anderweiten Gewerbebetriebes den Bestimmungen über die gewerbsmäßige Stellenvermittlung angeschlossen. Hervorgehoben sei aus den anderweiten Vorschriften nur, daß die Eröffnung des Betriebes binnen 3 Tagen der Ortspolizeibehörde angezeigt werden muß, daß ein Geschäftsleiter zu bestellen ist, der für die Erfüllung der polizeilichen Vorschriften verantwortlich ist und daß die Taxen bei jedem einzelnen Verein usw. von der Ortspolizeibehörde festgesetzt werden; sie dürfen nur so bemessen werden, daß sie lediglich zur Bestreitung der Unkosten der Stellenvermittlung ausreichen. Vereine, deren Zweck ausschließlich oder vorwiegend auf die Stellenvermittlung gerichtet ist, dürfen weder Eintrittsgelder noch Beiträge erheben.

Schließlich sind auch noch am 18. VIII. 1910 (HMBl. 420) Vorschriften über den Geschäftsbetrieb der Herausgeber von Stellen- und Vakanzenlisten ergangen, durch die dem bisherigen Uebelstande entgegengetreten ist, daß die Herausgabe von Stellenlisten usw. vielfach zur Umgehung der für Stellenvermittler erlassenen Vorschriften benutzt worden ist. Es sei hier nur auf die neuen Vorschriften verwiesen.

5. Schließung des Mietsvertrages. (§§ 22—31.)

§ 22. Zur Annehmung des gemeinen Gesindes bedarf es keines schriftlichen Vertrages.[1–3])

1. Da § 22 dem vom BGB. eingeführten Grundsatze von der Formfreiheit der Verträge entspricht, liegt kein Grund vor, ihn für beseitigt zu erklären; vgl. im übrigen A. 1 zu § 23.

2. Der mündliche Vertrag gilt als abgeschlossen, wenn die Parteien sich über alle Punkte des Vertrags geeinigt haben, über die nach der Erklärung auch nur einer Partei eine Vereinbarung getroffen werden soll (§ 154 BGB.). Das Zustandekommen des Vertrages kann auch stillschweigend durch sog. konkludente Handlungen erfolgen. Ein Gesindedienstverhältnis liegt aber nicht vor, wenn z. B. ein Sohn, der sich selbständig ernähren könnte, im Elternhause bleibt, dort arbeitet und dafür alles zum Leben Nötige erhält (vgl. § 1617 BGB.) oder wenn eine Verwandte in Erwartung einer ihr versprochenen Erbschaft die Dienste einer Wirtschafterin oder Köchin leistet (RG 32 182). In letzterem Falle kann sie allerdings infolge der durch das Versprechen begründeten Erwartung einer Entschädigung aus der nützlichen Verwendung eine angemessene Vergütung beanspruchen.

3. Wenn ein rechtsgültig abgeschlossener Vertrag vor dem Antritt des Dienstes von der Herrschaft ohne Rechtsgrund wieder aufgehoben wird, so ist der Dienstbote nicht verpflichtet, auf Erfüllung, d. h. Annahme seiner Dienste zu klagen, sondern es steht ihm das Recht zu, auf eine Entschädigung für Lohn und Kost zu klagen (vgl. darüber §§ 47, 160ff. GesO.). Ueber die Weigerung des Gesindes s. § 51.

(**§ 23.** Die Gebung und Annehmung des Mietsgeldes vertritt die Stelle desselben.[1])[2]))

1. Ob § 23 GesO. durch das BGB. beseitigt ist, war früher eine vielumstrittene Frage. Jetzt ist man im allgemeinen einig, daß der § nicht mehr zu Recht besteht. Die §§ 22, 23 sind seinerzeit erlassen mit Rücksicht auf die Formvorschriften des ALR. (§§ 125ff. I 5), wonach bei Verträgen von über 150 Mk. die Schriftform notwendig war. Man hat damals für die Gesindemietsverträge im Interesse der Erleichterung des Verkehrs eine Ausnahme geschaffen durch die Bestimmung, daß an die Stelle des schriftlichen Vertrages das Mietsgeld treten könne. Diese Ausnahmebestimmung setzt aber zu ihrer Anwendung das Bestehen der Regel voraus und ist somit weggefallen, als das BGB. für alle Verträge die Formfreiheit eingeführt hat. Der Gesindedienstvertrag ist also jetzt ohne Schriftform und ohne Hingabe und Annahme des Mietsgeldes gültig. § 23 enthält allerdings eine gesinderechtliche Vorschrift, ist aber trotzdem nicht auf Grund des Art. 95 des EGzBGB. (s. oben S. 2) bestehen geblieben, weil keine selbständige zwingende Formvorschrift vorliegt, sondern eben nur ein Ersatzmittel für die nach § 131 I 5 ALR. früher notwendige Form. Diese Grundsätze hat der Strafsenat des KG. in einer E. v. 5. X. 1903 (Jahrb. 26 C 79 und DJZ. **1903** 575) und v. 3. I. 1907 (Selbstv. 451) überzeugend dargelegt. Auch das Oberverwaltungsgericht, das früher auf dem entgegengesetzten Standpunkte beharrte (vgl. E. v. 10. III. **1904**, Selbstv. **1904** 787), hat sich neuerdings der Meinung, daß § 23 beseitigt sei, angeschlossen (E. v. 30. III. 1908, OVG. **52** 275 und v. 9, VII. 1909, Selbstv. **1910** 90). Das Polizeipräsidium in Berlin

hat in neuerer Zeit ebenfalls angenommen, daß § 23 GesO. nicht mehr zu Recht bestehe (Verf. v. 3. III. 1909).

2. Trotzdem das Mietsgeld sonach seine maßgebende Bedeutung für den Vertragsabschluß verloren hat, wird an seiner Hingabe noch vielfach festgehalten und es gilt als Zeichen des Vertragsabschlusses, also als eine Draufgabe im Sinne des § 336 BGB. und kann nach § 337 BGB., womit auch § 25 GesO. übereinstimmt, vom Lohne abgezogen werden (Bornhak in VerwArch. 1900 35). Den Charakter als Reugeld hat es nicht, durch Rückgabe kann sich mithin das Gesinde nicht vom Vertrage freimachen (s. § 46 GesO.). Wenn das OVG. der Annahme des Mietsgeldes eine mitentscheidende Bedeutung dafür beimißt, daß der Gemietete zum Gesinde gehöre, so ist das nicht unbedenklich (vgl. E. v. 17. XII. 1907, Polizei 5 132).

§ 24. Der Betrag des Mietsgeldes hängt von freier Uebereinkunft zwischen der Herrschaft und dem Gesinde ab.

Die Höhe des gewöhnlich gegebenen Mietsgeldes war nach dem Ortsgebrauch verschieden. In Berlin wurde meist ein Betrag von 3 Mk. (Mietstaler) gegeben; jetzt macht sich mehr und mehr die Gewohnheit geltend, kein Mietsgeld mehr zu geben. Die Ansicht, daß der Betrag des Mietsgeldes die Dauer des Mietsvertrages bestimme, ist irrig.

§ 25. Das Mietsgeld wird der Regel nach auf den Lohn abgerechnet, insofern ein Anderes bei der Vermietung nicht ausdrücklich ausbedungen wird. [1] [2]

1. Im gewöhnlichen Leben herrscht der umgekehrte Brauch, d. h. es wird das Mietsgeld dem Dienstboten meistens nicht auf den Lohn abgerechnet. Die Herrschaft ist aber dazu berechtigt, wenn beim Mietsvertrage das Gegenteil nicht ausdrücklich abgemacht ist. In Berlin ist es üblich, den Mietstaler vom Lohn zu kürzen, wenn das Gesinde nur einen Monat oder kürzere Zeit im Dienste bleibt, doch verpflichtet dieser Ortsgebrauch die Herrschaft nicht, ihm zu folgen.

2. Ist die Anrechnung des Mietsgeldes auf den Lohn unterblieben, so kann die Herrschaft es zurückfordern, wenn nicht aus ihrem Verhalten auf einen Verzicht geschlossen werden kann (§ 337 BGB.).

§ 26. Auch da, wo die Herrschaft sich der Abrechnung des Mietsgeldes durch ausdrückliche Verabredung begeben hat, ist sie dennoch dazu berechtigt, wenn das Gesinde aus eigener Schuld die verabredete Dienstzeit nicht aushält. [1] [2]

1. Diese Vorschrift enthält eine Ausnahme von der Bestimmung des § 397 BGB. über den Erlaß einer Schuld.

2. Wird der Dienstvertrag durch Schuld der Herrschaft aufgehoben, so behält der Dienstbote das Mietsgeld.

§ 27. Hat sich ein Dienstbote bei mehreren Herrschaften zugleich vermietet, so gebührt derjenigen, von welcher er das Mietsgeld zuerst angenommen hat, der Vorzug. [1—3])

1. Der § 27 hat seine Bedeutung, die dahin auszulegen ist, daß, wenn dieselbe Person sich für dieselbe Zeit bei mehreren Herrschaften verdungen hat (das Mietsgeld ist für den Vertragsabschluß nicht mehr maßgebend, s. N. 1 zu § 23), dem älteren Mieter der Vorzug gebühre, nicht verloren, denn dem ALR. und dem BGB. ist der Grundsatz fremd, daß, wenn mehrere Dienstverträge geschlossen sind, die Priorität entscheide. Infolgedessen enthält § 27 eine dem Gesinderecht eigentümliche und daher durch das BGB. unberührt gebliebene Vorschrift. Für das bürgerliche Recht hat der § 27 allerdings seine Bedeutung verloren, nachdem durch § 888 Abs. 2 ZPO. angeordnet ist, daß dem Dienstschuldner die Leistung von Diensten nicht im Wege der Zwangsvollstreckung abgerungen werden kann. Aber für das Gebiet des öffentlichen Rechts ist an seiner fortdauernden Geltung nicht zu zweifeln. Hat ein Dienstbote sich bei mehreren Herrschaften vermietet, so kann er polizeilich zum Antritt des Dienstes nur bei derjenigen Herrschaft angehalten werden, bei der er sich zuerst, wenn auch formlos, verdungen hat. (OVG. v. 10. III. 1908, 52 275 u. v. 9. VII. 1909, Polizei 174).

2. Auch wenn die zweite Herrschaft im guten Glauben war, d. h. von der anderweitigen Vermietung nichts wußte. Wenn aber die erste Herrschaft den §§ 9 und 10 GesO. zuwidergehandelt hat, hat sie nach § 11 kein Vorzugsrecht.

3. Eine Person, die sich an mehreren Stellen zugleich in gewinnsüchtiger Absicht vermietet hat, kann wegen Betrugs mit einem Tage bis fünf Jahren Gefängnis bestraft, auch kann außerdem gegen sie zugleich noch auf eine Geldstrafe bis 3000 Mk. und auf Verlust der bürgerlichen Ehrenrechte erkannt werden. Bei Annahme mildernder Umstände kann ausschließlich auf Geldstrafe erkannt werden. Der Versuch ist strafbar (StGB. § 263).

§ 28. Die Herrschaft, welche nachstehen muß, oder sich ihres Anspruchs freiwillig begibt, kann das Mietsgeld und Mäklerlohn von den Dienstboten zurückfordern.

Den Mäklerlohn kann die Herrschaft jetzt auch vom Stellenvermittler zurückfordern (s. Vorschriften v. 16. VIII. 1910, bei § 13).

§ 29. Auch muß ihr, wenn sie die frühere Vermietung nicht gewußt hat, der Dienstbote den Schaden ersetzen, welcher daraus entsteht, daß sie ein anderes Gesinde für höheren Lohn mieten muß.

§ 30. Die Herrschaft, bei welcher der Dienstbote bleibt, muß auf Verlangen diesen Betrag (§§ 28, 29) von seinem Lohne abziehen und der anderen Herrschaft zustellen.

Streitigkeiten über die Fälle der §§ 28—30 gehören allein vor den Prozeßrichter; die Polizei hat nichts damit zu tun.

§ 31. Außerdem muß der Dienstbote, der sich solchergestalt an mehrere Herrschaften zugleich vermietet hat, den einfachen Betrag des von der zweiten und folgenden erhaltenen Mietsgeldes als Strafe zur Armenkasse des Orts entrichten. [1] [2])

1. Es ist nicht erforderlich, daß der Dienstbote das Bewußtsein hat, er vermiete sich für eine Zeit, für die er bereits anderweit vermietet sei. Es handelt sich hier um ein Polizeidelikt, das auch fahrlässig begangen werden kann. Zur Anwendung des § 31 genügt es also, wenn der Dienstbote seinen Irrtum betr. Ungültigkeit des ersten Mietsvertrages durch Fahrlässigkeit verschuldet hat. (RG. I. StrSen. v. 22. VI. 1908, DJZ. 1908 1226.)

2. Ueber die Festsetzung der Strafe gilt das in der A. 3 zu § 12 Gesagte. Wenn beim Dienstboten auch bei nur einmaligem Vermieten gegen Mietsgeld ohne Mietsantritt die Absicht, sich einen rechtswidrigen Vermögensvorteil zu verschaffen, vorlag, so kann nach § 263 StGB. auch die Bestrafung wegen Betrugs erfolgen (vgl. OTr. v. 27. VI. 1878, Oppenhoff, Rechtspr. 19 341 und RG. Rechtspr. 5 640).

6. Rechte und Pflichten des Gesindes. (§§ 32—81.)

a) Lohn und Kost des Gesindes. (§§ 32—39.)

§ 32. Der Lohn, [1]) Kostgeld [2]) oder die Beköstigung des städtischen und ländlichen Gesindes ohne Ausnahme hängt bloß von freier Uebereinkunft bei der Vermietung ab. [3—7])

1. Der Lohn kann auch in Naturalien bestehen (StriethA. 75 63), ebenso in Tantiemen, wie dies bei sog. Schweizern geschieht, die dann auch gemäß §§ 259, 713 BGB. Rechnungslegung von der Herrschaft verlangen können.

2. Ueber die Höhe des Kostgeldes s. A. 2 zu § 33.

3. Ueber die Verjährung, die Pfändung und die Aufrechnung des Lohnes vgl. die Anmerkungen 3—5 zu § 82.

4. Den Lohn erwirbt sich auch ein minderjähriger Dienstbote zum freien Vermögen (§ 1651 BGB.).

5. Ob die Zusicherung einer Lohnerhöhung für den Fall zufriedenstellender Dienste eine rechtliche Verpflichtung zur Gewährung höheren Lohnes bedeutet, wird sich nur nach dem Wortlaut und dem Sinne der Abmachung von Fall zu Fall entscheiden lassen.

6. Ein Dienstbote, der neben seinen gewöhnlichen Diensten der Herrschaft in deren Krankheit außergewöhnliche Dienste längere Zeit hindurch verrichtet hat, soll nach OTr. v. 6. IV. 1848 (Simon Rechtspr. 3 80) berechtigt sein, dafür eine angemessene außerordentliche Belohnung zu verlangen, wenn auch eine solche vorher nicht vereinbart worden. Diese Entscheidung läßt sich aber gegenüber § 57 GesO. nicht aufrecht erhalten.

7. Der Haushaltungsvorstand ist verpflichtet, der mit der Aufnahme des Personenstandes betrauten Behörde auf Verlangen Auskunft über das Einkommen des Gesindes zu geben (§ 23 Abs. 3 des Einkommensteuergesetzes v. 19 VI. 1906 GS. 259).

§ 33. Insofern bei der Vermietung nichts Bestimmtes hierüber abgemacht ist, muß dasjenige an Lohn, Kostgeld oder Beköstigung gewährt werden, was einem Gesinde derselben Klasse an dem Orte zur Zeit der Vermietung der Regel nach gegeben wurde; was in dieser Rücksicht Regel sei, bestimmt die Polizei-Obrigkeit des Orts. [1—8])

1. Die Befugnis der Polizei erstreckt sich nur auf die Feststellung und Bestimmung dessen, was an Lohn und Kost usw. angemessen ist. Gegen die Bestimmung der Polizei ist Beschwerde und Klage im Verwaltungsstreitverfahren zulässig. Die polizeiliche Befugnis nimmt aber dem Gesinde nicht das Recht, beim Gericht gegen die Herrschaft auf Zahlung von Lohn usw. zu klagen. Das Gericht ist, was die Höhe des Lohnes anbelangt, an die Feststellung der Polizei gebunden, darf also nur diese um Angabe des ortsüblichen Satzes ersuchen und nicht etwa Sachverständige vernehmen. Gerhard (A. 3 zu § 33) meint, daß diese ausschließliche Befugnis der Polizei durch § 618 Abs. 2 BGB. (s. § 86 GesO. A. 11) beseitigt sei, weil die materiell-rechtliche Vorschrift des BGB., deren Anwendung auf das Gesinderecht § 95 EGzBGB. ausdrücklich anordnet, nichts davon enthalte, daß die Polizeiobrigkeit als endgültiger Arbitrator zu fungieren habe. Es ist aber nicht anzunehmen, daß § 618 BGB., der von den mit Rücksicht auf die Gesundheit des Dienstverpflichteten zu treffenden Einrichtungen und Anordnungen hinsichtlich der Verpflegung handelt, auf Streitigkeiten über die Höhe von Lohn und Kost, also auf die Vergütung im allgemeinen, Anwendung findet. Werschkull im PrVerwBl. 1905 192 und Schlickau im VerwArchiv 1907 505 vertreten die Ansicht, daß das Gericht an

die voraufgegangene Feststellung der Polizeibehörde nicht gebunden sei, weil § 286 Abs. 2 ZPO. den Richter vom Zwange alle Beweisregeln losgesprochen habe. Es handelt sich hier aber um keine Beweisregel im prozessualen Sinne.

2. In Berlin und Charlottenburg ist nach der Annahme der Polizeipräsidien ortsüblich bei männlichen Dienstboten ein Satz von 1 Mk. 75 Pfg. täglich, bei weiblichen ein solcher von 1 Mk. 60 Pfg. täglich, wovon gerechnet werden 15 Pfg. auf den Morgenkaffee, 20 Pfg. auf das zweite Frühstück, 55 (bei weiblichen nur 40 Pfg.) auf das Mittagessen, 15 Pfg. auf den Nachmittagskaffee, 40 Pfg. auf das Abendessen und 30 Pfg. auf die Wohnung (Verf. des PolPräs. von Berlin v. 29. VI. 1911 und des PolPräs. von Charlottenburg v. 14. VII. 1911). Der Polizeipräsident von Charlottenburg nimmt als regelmäßigen Lohn (im März 1911) bei einem Hausmädchen, das nicht kocht, und einem Mädchen für Alles, das einfache Küche besorgt, je 25 Mk. und bei einer fertigen Köchin 35—40 Mk. an, bezeichnet es auch als Ortsgebrauch, daß das Gesinde stets den Anspruch auf Besorgung seiner Wäsche hat (Bescheid v. 14. XII. 1911). Zweifellos bezieht sich die Festsetzung des Beköstigungsgeldes durch die Polizei stets nur auf den Fall, daß das Gesinde am Orte bleibt. Wird es vorübergehend an andere Orte, insbesondere in die Heimat beurlaubt, so ist das dortige Beköstigungsgeld maßgebend. Zu beachten ist auch, daß in dem sog. Beköstigungsgeld die Entschädigung für Wohnung mit 30 Pfg. enthalten ist. Bleibt also das Gesinde in der Wohnung der Herrschaft, so ermäßigt sich der Satz um diese 30 Pfg.

3. Die Polizei bestimmt nur, was die Regel ist. Abweichende Vereinbarungen können also jederzeit stattfinden. Es empfiehlt sich daher, mit dem Gesinde das Beköstigungsgeld genau zu verabreden.

§ 34. **Weihnachts-, Neujahrs- und andere dergleichen Geschenke kann das Gesinde auch auf den Grund eines Versprechens niemals gerichtlich einklagen.** [1] [2]

1. Der § 34 will nur besagen, daß ein klagbarer Anspruch nicht besteht. Die Ansicht (vgl. Selbstverw. 1884 410), daß Herrschaft und Gesinde sich zunächst an die Polizei wenden müßten, ist nicht richtig. Eine unberechtigte polizeiliche Einmischung muß die Herrschaft im Verwaltungsstreitverfahren beseitigen (vgl. Rehbein, E. 4 712 und Zürn 46 ff.).

2. Die Vorschrift des § 34 ist auf den Fall zu beschränken, wo die versprochenen Geschenke auch wirklich als Geschenke zugesagt sind, nicht aber ist sie auf den Fall anzuwenden, daß sie als Teil des Lohnes vertragsmäßig ausgemacht sind, wie dies häufig vorkommt (anderer Meinung Zürn 48).

(**§ 35.** Alle provinziellen oder örtlichen auf Gesetzen oder Herkommen beruhenden Bestimmungen wegen solcher Geschenke sind vom 2. I. 1811 ab aufgehoben und von diesem Zeitpunkte an durchaus nicht mehr verbindlich.)

Dieser § ist jetzt veraltet.

§ 36. In allen Fällen, wo Weihnachts- oder Neujahrsgeschenke während eines Dienstjahres schon wirklich gegeben worden, kann die Herrschaft dieselben auf den Lohn anrechnen, wenn der Dienstvertrag im Laufe des Jahres durch Schuld [1]) des Gesindes wieder aufgehoben wird. [2–4])

1. Nach dem Sprachgebrauch der GesO. (vgl. § 53) ist hierbei nicht an ein Verschulden zu denken, sondern es soll nur gesagt, daß das Gesinde den Dienstvertrag aus eigenem Antriebe aufhebt, selbstverständlich ohne etwa zum Verlassen auf Grund der §§ 136—142 und 146—149 berechtigt zu sein. Das Rückforderungsrecht der Herrschaft auf die Fälle zu beschränken, in denen das Gesinde der Herrschaft Grund zur sofortigen Entlassung gibt (Landgericht III in Berlin v. 17. IX. 1910, BlfR. **1910 91**), erscheint nicht angängig, zumal hier der Vertrag nicht durch eine Schuld des Gesindes sondern durch den Willen der Herrschaft, die sich das Betragen usw. des Gesindes nicht gefallen lassen will, aufgehoben wird.

2. Eine verhältnismäßige Anrechnung des Werts oder Geldbetrags der Geschenke nach Maßgabe der bereits abgedienten Zeit schreibt das Gesetz nicht vor, vielmehr können die Geschenke voll angerechnet werden.

3. Bei Berechnung der Jahresfrist, binnen welcher das Weihnachtsgeschenk in Anrechnung auf den Lohn gebracht werden kann, ist das Jahr vom Tage des Dienstantritts an zu rechnen (KG. v. 1. VI. 1871, Prinzipien der KG.-Entsch. **1873** 63). War also der Dienstbote am 1. III. 1912 gemietet und kündigt zum 1. III. 1913, so kann ihm das Weihnachtsgeschenk von 1912 nicht auf den Lohn angerechnet werden. Ist er aber am 1. III. 1912 in Dienst getreten und kündigt zum 1. II. 1913, so kann die Anrechnung des Weihnachtsgeschenkes von 1912 erfolgen. Der Wortlaut des Gesetzes „während eines Dienstjahres" schließt nicht aus, daß auch, wenn das Gesinde länger als ein Jahr dient, das letzte Weihnachtsgeschenk auf den Lohn angerechnet werden kann. Es ist das jedesmalige Dienstjahr gemeint (Landgericht I Berlin v. 12. VII. 1899, BlfR. 79). Einen Streit über die Anrechnung der Geschenke entscheidet lediglich der Richter.

4. § 36 GesO. gestattet nur die A n r e c h n u n g der Weihnachts- oder Neujahrsgeschenke auf den Lohn. Eine R ü c k f o r d e r u n g dieser Geschenke ist durch § 534 BGB. ausgeschlossen, wonach Geschenke, durch die einer sittlichen Pflicht oder einer auf den Anstand zu nehmenden Rücksicht entsprochen wird, nicht widerrufen und zurückgefordert werden können. Andere Geschenke als Weihnachts- und Neujahrsgeschenke, z. B. Geburtstagsgeschenke, dürfen auch

nicht auf den Lohn angerechnet werden, da § 36 GesO. sie nicht erwähnt.

§ 37. Bei männlichen Bedienten ist die Livree ein Teil des Lohnes und fällt nach Ablauf der durch Vertrag bestimmten Zeit denselben eigentümlich zu. In Ermangelung einer solchen Bestimmung entscheidet die Polizeiobrigkeit wie § 33 über die Zeit, binnen welcher die Livree verdient ist.[1–3])

1. Die Gesindeordnung unterscheidet zwischen der Livree (§ 37) und der besonderen Staatslivree (§ 38). Letztere bleibt stets Eigentum der Herrschaft, erstere nur so lange, bis die im Vertrag bestimmte Zeit bis zur Anschaffung einer neuen Livree oder die von der Polizeibehörde festgesetzte Zeit abgelaufen ist; alsdann geht sie in das Eigentum des Bedienten über, und zwar unmittelbar mit dem Ablauf dieser Zeit, sofern der Bediente, wie dies gewöhnlich der Fall ist, bereits im Besitze der Livree ist (§ 929 BGB.). Eignet er sie sich früher an, verkauft sie z. B., so begeht er dadurch eine Unterschlagung. Der Verkauf der Livree ist auch ein Grund zur Entlassung ohne Kündigung (§ 124).

2. Mangels einer vertragsmäßigen Abrede entscheidet über die Zeit, in der die Livree verdient ist, aber nur über diese Frage, die Ortspolizeibehörde mit denselben Befugnissen, wie bei § 33 A. 1 erörtert ist, unter Ausschluß des Rechtswegs (Reskr. v. 17. IV. 1812 Nr. 5, v. Kamptz Ann. V 104 u. OVG. v. 6. XII. 1876, E. 1 392). Im übrigen muß der Bediente, wenn ihm die Ausantwortung der verdienten Livree verweigert wird, die Herrschaft bei Gericht verklagen.

3. In Berlin wurde früher seitens der Polizeibehörde angenommen, daß die sogenannten kleinen Montierungsstücke (Stiefel, Hosen und Mütze) in einem halben Jahr, die größeren Montierungsstücke (Hut, Rock, Weste) in einem Jahre, Livreemantel und Pelz in 3 Jahren verdient seien. In neuerer Zeit nimmt die Polizei an, daß dem Dienstboten die Kleidungsstücke dann eigentümlich zu überlassen sind, wenn sie abgetragen sind. Doch wird die Frage für zweifelhaft erklärt, da sich der Zeitpunkt der Ueberlassung je nach der Vermögenslage usw. der Herrschaft verschieden gestalte. Eine Auskunft des Gewerbekommissariats des Berliner PolPräs. v. 2. IV. 1900 besagt, es sei ortsüblich, daß Diener, die ein Jahr oder länger auf einer Stelle gedient haben, die Livree bei ihrem Abgange mitnehmen dürfen, wenn nicht vor dem Dienstantritt ausdrücklich vereinbart ist, daß sie Eigentum der Herrschaft bleiben solle; zur Livree gehörten auch Kragen und Hausröcke.

§ 38. Wird außer derselben noch besondere Staatslivree gegeben, so hat auf diese der Bediente keinen Anspruch.

§ 39. Mäntel, Kutscherpelze u. dgl. gehören nicht zur gewöhnlichen Livree.

Nußbaum nimmt in der DJZ. **1901** 521 ohne Angabe eines Grundes an, daß dieser § durch das BGB. aufgehoben sei.

b) Dauer der Dienstzeit. (§§ 40 u. 41.)

§ 40. Die Dauer der Dienstzeit hängt von freier gegenseitiger Uebereinkunft bei der Vermietung ab, doch kann niemand sich zu einer Dienstzeit verpflichten, die nicht entweder durch eine gewisse Anzahl von Jahren oder Monaten, Wochen, Tagen ausgedrückt, oder doch so bestimmt ist, daß jedem Teile freisteht, nach vorgängiger Kündigung von dem Vertrage abzugehen.[1]) Wo dies dennoch geschehen sein sollte, muß der Dienende nach vorgängiger einjähriger Aufkündigung jederzeit entlassen werden. Dienstkontrakte, welche Eltern oder Vormünder für ihre Kinder oder Pflegebefohlenen abschließen, können von denselben nach erlangter Volljährigkeit unbedingt nach § 112 aufgekündigt werden.[2])

Hierzu bestimmt § 624 BGB.:

Ist das Dienstverhältnis für die Lebenszeit einer Person oder für längere Zeit als fünf Jahre eingegangen, so kann es von dem Verpflichteten nach dem Ablaufe von fünf Jahren gekündigt werden. Die Kündigungsfrist beträgt sechs Monate.

1. Der Mietsvertrag verlangt, wie schon § 1 GesO. sagt, Eingehung auf eine bestimmte Zeit. Die Mindestdauer eines Mietsvertrages umfaßt, da das Gesetz von einer gewissen Anzahl von Tagen (Mehrzahl) spricht, 2 Tage (vgl. Zürn a. a. O. S. 5). Eine tageweise Vermietung als Gesinde erscheint mithin ausgeschlossen, wie auch die Rheinische GesO. ausdrücklich bemerkt. Der § 624 BGB., der im EG. Art. 95 ausdrücklich für auf das Gesinderecht anwendbar erklärt ist, gibt dem Dienstboten, der sich auf länger als 5 Jahre verpflichtet hat, das durch keine Vertragsbestimmung zu umgehende Recht, nach dem Ablauf von 5 Jahren mit 6 Monaten Frist zu kündigen. In der Praxis wird es wohl sehr selten vorkommen, daß sich ein Dienstbote auf eine derartig lange Zeit fest vermietet.

2. Ueber die für Minderjährige abgeschlossenen Verträge vgl. oben S. 25 § 107 BGB. A. 7. Das Gesinde darf nach dem Wortlaut des § 40 am Tage seiner Großjährigkeit (d. h. mit dem vollendeten 21. Lebensjahre) den von seinem gesetzlichen Vertreter abgeschlossenen Vertrag, nicht etwa den auf Grund des § 113 BGB. (S. 29) selbständig abgeschlossenen, derart kündigen, daß es, wenn

es zum städtischen Gesinde gehört, nach sechs Wochen und, wenn es zum ländlichen Gesinde gehört, nach drei Monaten den Dienst verlassen kann (§ 112). Es ist hier ausdrücklich darauf hinzuweisen, daß die Kündigung zum nächsten gesetzlichen Abzugstermin erfolgen darf, auch wenn der Vertrag auf längere Zeit geschlossen ist. Ein am 31. III. großjährig gewordener ländlicher Dienstbote kann also an diesem Tage den Vertrag zum 1. VII. kündigen, auch wenn der Vertrag vereinbartermaßen bis 1. X. laufen sollte.

§ 41. Ist nichts Besonderes verabredet worden, so wird die Miete bei städtischem Gesinde auf ein Vierteljahr, bei Landgesinde aber auf ein ganzes Jahr für geschlossen angenommen. 1—3)

1. Für die Frage, was zum städtischen Gesinde und was zum Landgesinde zu rechnen ist, ist die Natur und die Bestimmung der Dienste entscheidend. Es wird hiernach alles Gesinde, das lediglich oder hauptsächlich zur Landwirtschaft gebraucht wird, Landgesinde, alles Gesinde dagegen, das nicht zur Landwirtschaft gebraucht wird, städtisches Gesinde sein (vgl. auch die Unterscheidung in § 102 GesO.). Wenn also jemand, der in der Stadt wohnt, Landwirtschaft daselbst treibt, so ist sein zur Landwirtschaft gebrauchtes Gesinde als ländliches Gesinde zu betrachten; andererseits muß man einen Kammerdiener, den sich ein auf dem Lande lebender Gutsbesitzer hält, zum städtischen Gesinde rechnen (vgl. Rehbein, E. 4 709, Koch A. 26 zu § 41, Groschuff A. zu § 41 und Dernburg, Bürgerl. R. 2 § 311 V 1; das Obertribunal wollte in der E. 17 510 den Ort, wo gedient wird, als entscheidend ansehen).

2. In Berlin hat sich in neuerer Zeit der Gebrauch herausgebildet, das Gesinde nur auf einen Monat zu mieten. Es ist aber darauf aufmerksam zu machen, daß diese Mietsdauer ausdrücklich vereinbart sein muß; ist nichts vereinbart, so gilt das Gesinde stets als auf ein Vierteljahr gemietet. Daß in Berlin ein Ortsgebrauch bestehe, der etwa imstande sein könnte, den § 41 GesO. zu modifizieren, was auch kaum möglich wäre, hat das Polizeipräsidium bis in die neueste Zeit stets auf Anfragen der Gerichte usw. verneint. Ueber den Einfluß der Lohnzahlung auf die Mietsdauer und die Kündigungsfrist vgl. A. 3 zu § 112.

3. Unter Vierteljahr ist nicht das Kalendervierteljahr zu verstehen, sondern das Vierteljahr von Beginn des Dienstes ab. Ein am 1. III. in den Dienst getretener städtischer Dienstbote ist also mangels anderer Vereinbarung nur bis 1. VI., nicht bis 1. VII. angenommen, kann also auch sechs Wochen vor dem 1. VI. kündigen (s. A. 1 zu § 112). Dasselbe gilt natürlich auch von dem ganzen Jahr des Landgesindes.

c) Antritt des Dienstes. (§§ 42—55.)

§ 42. Die Antrittszeit ist in Ansehung des städtischen Gesindes der 2. Januar, April, Juli und Oktober jedes

Jahres, insofern nicht ein Anderes bei der Vermietung ausdrücklich ausbedungen worden ist. Fällt jedoch die Antrittszeit hiernach auf einen Sonn- oder Festtag, so zieht das Gesinde den nächsten Werkeltag vorher an. [1] [2])

1. Wenn also der 2. Januar auf einen Sonntag fällt, so muß das Gesinde am 31. XII. anziehen; ebenso ist, wenn, wie es 1899 geschah, Ostern auf den 2. und 3. IV. fällt, der 1. IV., oder, wenn, wie 1888, Ostern auf den 1. und 2. IV. fällt, der 31. III. der Ziehtag. Die Polizeibehörden sind nicht befugt, den Ziehtag abweichend von der gesetzlichen Bestimmung des § 42 festzusetzen, ebensowenig kann sich gegenüber der bestimmten gesetzlichen Vorschrift ein abweichender Ortsgebrauch bilden. Für das monatlich gemietete Gesinde, das nach § 113 GesO. halbmonatliche Kündigung hat, fehlt es in der GesO. an einer Bestimmung über den Ziehtag. Das zum Beginn eines Monats gemietete Gesinde hat hiernach seinen Dienst am 1. anzutreten. Es kann somit vorkommen, daß eine Herrschaft, die das abziehende Mädchen monatsweise gemietet hatte und ein neues auf ein Vierteljahr gemietetes erhält, einen Tag ohne Mädchen ist oder im umgekehrten Falle an einem Tage zwei Mädchen hat. Fällt der 1. auf einen Sonntag, so kann sich dieser eigentümliche Zustand sogar auf 2 Tage erstrecken, da das monatsweise gemietete Gesinde alsdann am 31. Ziehtag hat. Um den sich hieraus ergebenden Unzuträglichkeiten, denen gegenüber die Polizei, wie bemerkt, machtlos ist, zu begegnen, hat eine Anzahl von Arbeitsnachweisen in Groß-Berlin beschlossen, für das durch ihre Vermittlung gemieteten Gesinde allgemein, ohne Rücksicht auf die Kündigungsfrist, in den Quartalsmonaten, entsprechend der gesetzlichen Vorschrift, den 2., in den übrigen Monaten aber, für die eine solche Vorschrift nicht vorliegt, den 1. als Antrittszeit festzusetzen. Wenn beide Parteien mit einer derartigen Fristsetzung einverstanden sind, läßt sich gegen sie nichts einwenden, wie es überhaupt den Vertragsschließenden nur empfohlen werden kann, die Antrittszeit und damit auch die Abzugszeit (§ 44 GesO.) ausdrücklich zu vereinbaren.

2. Wenn sich ein Gesinde von Ostern bis Ostern vermietet, so kann das Osterfest als Antritts- oder Abzugszeit nicht in Betracht kommen, da es von Jahr zu Jahr der Zeit nach wechselt, dem Sprachgebrauch nach ist vielmehr der Apriltermin als vereinbart anzunehmen (BAfHW. v. 12. IX. 1908, E. **41** 23). Ist eine bestimmte Antritts**stunde** nicht vereinbart, so muß der ganze Tag als Ziehtag gelten; es kann also noch in später Abendstunde der Anzug erfolgen (so auch Bescheid des PolPräs. von Berlin vom 9. VI. 1910). Bei Nacht wird aber die Herrschaft das Gesinde nicht aufzunehmen brauchen (s. auch A. zu § 44).

§ 43. Bei dem Landgesinde beruht die Antrittszeit desselben zunächst auf ausdrücklicher Uebereinkunft bei der Vermietung; wo diese nicht stattfindet, (vorläufig auf der in der Gegend üblichen Gewohnheit. Wo diese vor jetzt nicht bestimmt entscheidet und nach Verlauf von 5 Jahren allgemein,) **ist der 2. April mit den im vorigen Paragraph angenommenen Bestimmungen wegen der Sonn- und Festtage die gesetzliche Anziehzeit.** [1–3])

1. Auf Tagelöhner des platten Landes und Instleute findet diese Bestimmung keine Anwendung, da sie nicht zum Gesinde gehören (Reskr. des Min. des Innern v. 24. X. 1817, v. Kamptz Annalen **1** 65).

2. Abweichend vom Gesetze ist nicht der 2. IV., sondern der 2. I. als Umzugstermin für ländliches Gesinde bestimmt:
a) in den zum ständischen Verband der Marken Brandenburg und Niederlausitz gehörenden Landesteilen (KabO. v. 28. VII. 1842, GS. 247),
b) in der Provinz Sachsen (KabO. v. 20. II. 1846, GS. 150, Koch, Zusatz c zu § 43),
c) in der Provinz Schlesien (Landtags-Absch. v. 2. VI. 1827).
Der zu c genannte Landtagsabschied hat aber keine Geltung, da er nicht verfassungsmäßig als Gesetz publiziert ist (s. Rehbein, E. **4** 708, auch Rönne, Staatsrecht **1** § 8 A. 2). Das Obertribunal hat in einem Urteil v. 24. XI. 1861 (StriethA. **43** 227) die Rechtsgültigkeit des Landtagsabschieds angenommen. In Ostpreußen ist vielfach noch der Martinitag (10. XI.) als Umzugstermin des Landgesindes üblich. Da indessen ein die GesO. abänderndes Provinzialgesetz nicht erlassen ist, kann ein derartiger Gebrauch die gesetzliche Vorschrift nicht abändern.

3. Für Schäfer und Schäferknechte bestimmt § 2 G. v. 17. V. 1882 (GS. 309) den Umzugstermin auf den letzten Werktag des Monats Juni und den Kündigungstermin auf den letzten März, falls der Dienstvertrag nichts anderes bestimmt.

§ 44. Die gesetzlichen (oder nach § 43 auf landesüblichen Gewohnheiten beruhenden) **Antrittstage für das neue Gesinde sind zugleich die Abzugstage für das alte. Kein Gesinde darf den Dienst wider Willen der Herrschaft früher verlassen, es sei denn, daß seine Dienstzeit nach ausdrücklicher gegenseitiger Uebereinkunft früher beendigt wäre.**

Der Austausch des Gesindes soll nach dem Sinne des § 44 unter Wahrung derjenigen Rücksichten erfolgen, die die alte und die neue Herrschaft verlangen können; das Gesinde hat hiernach am Abzugstage der alten Herrschaft so lange Dienste zu leisten, als es dieselben unter Berücksichtigung seiner Antrittspflicht leisten kann (KG. v. 31. III. 1898, DJZ. **1898** 389). In Berlin ist es gebräuchlich, daß das Gesinde in der Zeit von 5 Uhr nachmittags bis 10 Uhr abends zieht. Dieser Ortsgebrauch kann aber, wie das PolPräs. in einem Bescheide v. 24. I. 1900 ausgeführt hat, bei Streitigkeiten nicht maßgebend sein, vielmehr seien die Grundsätze der obigen E. des KG. ausschlaggebend. Wegen der Schwierigkeiten, die sich für die Berliner Verhältnisse aus der Bestimmung des § 42 ergeben können, vgl. A. 1 zu § 42.

§ 45. Nach einmal gegebenem und genommenem Mietsgelde ist die Herrschaft schuldig, das Gesinde anzunehmen, und letzteres, den Dienst zur bestimmten Zeit anzutreten. [1] [2]

1. Die Pflicht zur Annahme oder zum Antritt fällt fort, wenn der an sich bindende Vertrag nicht rechtsverbindlich aus der Person des Mieters oder Vermieters ist (§§ 2 ff., 5 ff.) oder wenn ein früherer Mieter dem späteren vorgeht und auf seinem Recht besteht (§§ 27, 28) oder wenn der Herrschaft oder endlich wenn dem Gesinde der Rücktritt vom Vertrage nach §§ 48, 52, 53 zusteht oder wenn das Gesinde kein Dienstbuch vorlegen kann (§ 4 der Ver. vom 23. IX. 1846, oben A. 1 zu § 5).

2. Der § 321 BGB., welcher lautet:

> Wer aus einem gegenseitigen Vertrage vorzuleisten verpflichtet ist, kann, wenn nach dem Abschlusse des Vertrages in den Vermögensverhältnissen des anderen Teiles eine wesentliche Verschlechterung eintritt, durch die der Anspruch auf die Gegenleistung gefährdet wird, die ihm obliegende Leistung verweigern, bis die Gegenleistung bewirkt oder Sicherheit für sie geleistet wird,

findet auch auf Gesindedienstverträge Anwendung. Das Gesinde kann hiernach den Antritt des Dienstes verweigern, wenn die Herrschaft in Vermögensverfall geraten ist und für den Lohn usw. nicht Sicherheit leistet.

§ 46. Weder der eine noch der andere Teil kann sich davon durch Ueberlassung oder Zurückgabe des Mietsgeldes losmachen.

Die auch in Berlin bei Herrschaft und Gesinde vielfach verbreitete Ansicht, daß binnen 24 Stunden oder 3 Tagen jeder Teil durch Rückgabe des Mietsgeldes sich vom Vertrage freimachen könne, ist also irrig. Ein entgegenstehendes Gewohnheitsrecht kann sich nicht bilden, da nach § 4 der Einleitung zum ALR. Observanzen nur insoweit Gültigkeit haben, als die Gesetze ein Rechtsverhältnis unentschieden gelassen haben. Diese Voraussetzung trifft hier aber nicht zu (KG. StrSen. v. 22. VI. 1905, DJZ. **1905** 1066).

§ 47. Weigert sich die Herrschaft, das Gesinde anzunehmen, so verliert sie das Mietsgeld und muß das Gesinde ebenso schadlos halten, wie auf den Fall, wenn das Gesinde unter der Zeit ohne rechtlichen Grund entlassen worden, unten verordnet wird (§§ 160 ff.).

Die Weigerung der Herrschaft, das Gesinde anzunehmen, gehört zu denjenigen Fällen, in denen zunächst die Polizei eine Regelung vornimmt (vgl. A. 2 zu § 10 GesO. und OTr. v. 27. I. 1867, E. 59 256, Rehbein, E. 4 708 ff.). Ueber die Befugnisse der Polizeibehörde spricht sich OVG. v. 26. X. 1889 (E. 18 420) dahin aus, daß die Polizei gemäß dem Reskript v. 17. IV. 1812 „die vorläufigen Bestimmungen zu erlassen und zu exekutieren" habe, welchen bis zur Entscheidung des Richters Folge zu geben sei. Demnach sei die Polizeibehörde berufen, das im Interesse der Ordnung und schleunigen Regelung der streitigen Verhältnisse Notwendige anzuordnen, wie dies den Aufgaben der Polizei im allgemeinen entspreche. Bei den Vermittlungen, die sie zunächst anzustellen habe, bleibe es ihr unbenommen, den Standpunkt anzudeuten, den sie einnehmen würde, wenn die Frage, ob polizeiliches Einschreiten im obigen Sinn angezeigt sei, an sie herantreten sollte. Hiernach wird sich das Verfahren folgendermaßen entwickeln: Die Polizei hat zunächst in einem Sühnetermin zu versuchen, die Parteien zu vergleichen. Gelingt dies nicht, so verweist sie die Parteien an den Richter, wobei es ihr freisteht, ihre Ansicht über die Rechtslage in einer Art von Vorentscheidung zu äußern, um dadurch vielleicht mittelbar auf die Regelung der Angelegenheit einzuwirken, zugleich hat sie dem Gesinde behufs Anstellung der Klage bei dem Richter ein polizeiliches Attest darüber auszustellen, daß der Sühneversuch stattgefunden hat, jedoch fruchtlos geblieben ist. Keineswegs aber hat die Polizei das Recht, etwa den Gesindedienstvertrag aufzulösen, auch Zwangsmaßregeln kann sie nicht anordnen. Höchstens kann sie, wenn ein öffentliches Interesse vorliegt, auf Grund ihrer allgemeinen Pflichten für die Unterbringung und den Unterhalt des Gesindes sorgen. Die Klage, der jedenfalls ein polizeilicher Sühneversuch vorausgegangen sein muß, kann nicht auf Annahme zum Gesindedienst, sondern nur auf Entschädigung (Lohn und Kost usw.) gehen (vgl. RG. 42 254).

§ 48. Doch kann die Herrschaft von dem Vertrage vor Antritt des Dienstes aus eben den Gründen abgehen, aus welchen sie berechtigt sein würde, das Gesinde vor Ablauf der Dienstzeit wieder zu entlassen (§§ 117 ff.).

Diese Bestimmung ist so aufzufassen, daß die neue Herrschaft auch dann zurücktreten kann, wenn sie vor Antritt des Dienstes erfährt, daß der bisherigen Herrschaft gegenüber Umstände vorliegen, auf Grund deren diese nach den §§ 117 ff. das Gesinde zu entlassen berechtigt sein würde.

§ 49. Auch ist sie dazu berechtigt, wenn das Gesinde zuerst den Dienst anzutreten sich geweigert hat.

§ 50. In beiderlei Fällen kann die Herrschaft das gegebene Mietsgeld zurückfordern.

§ 51. Weigert sich das Gesinde, den Dienst anzutreten,[1]) so muß es dazu von der Obrigkeit[2]) durch Zwangsmittel[3])[4]) angehalten werden. Bleiben diese fruchtlos,[5]) und ist die Herrschaft deshalb genötigt, einen andern Dienstboten zu mieten, so muß das Gesinde nicht allein den Schaden,[6]) welcher der Herrschaft hierdurch erwächst, ersetzen und das Mietsgeld zurückgeben, sondern es verfällt noch überdies in eine Strafe, die nach Maßgabe der Verschuldung auf 6 bis 30 Mk. oder bei Unvermögenden auf verhältnismäßige Haft festzusetzen ist.[7])

1. § 51 kommt nur zur Anwendung, wenn die Herrschaft von dem Rechte, vom Vertrage abzugehen und das Mietsgeld zurückzufordern (§§ 49, 50), keinen Gebrauch macht.

2. Unter Obrigkeit ist die Ortspolizeibehörde, also auf dem Lande der Amtsvorsteher, in den Städten der Bürgermeister oder die Königl. Polizeibehörde, zu verstehen. Zuständig ist die Polizeibehörde des Orts, wo der Dienst zu leisten ist (OVG. v. 2. V. 1901, MBlfiV. **1901** 174, wo in zutreffender Weise die Ansicht des KG. v. 25. IX. 1890, Jahrb. **11** 258 widerlegt wird). Die Polizeibehörde hat die Pflicht, zunächst zu prüfen, ob der Dienstvertrag zu Recht besteht und ob das Gesinde nicht etwa einen rechtlichen Grund hat, aus § 52 GesO. oder dem allgemeinen Grundsatze des § 320 BGB., daß die Vertragserfüllung wegen mangelnder Gegenleistung verweigert werden könne (z. B. wenn die Herrschaft dem Gesinde keinen Schlafraum oder kein Bett anweisen kann), den Dienst nicht anzutreten. Ist dies der Fall, so hat sie ihre Mitwirkung zu verweigern (OVG. v. 21. VI. 1891, E. **21** 418). Ist dies zweifelhaft, so wird die Polizei ihr Einschreiten abzulehnen und die Herrschaft auf den Rechtsweg zu verweisen haben.

3. Es sind Zweifel darüber entstanden, ob die polizeilichen Zwangsmittel der §§ 51 und 167 GesO. noch angewendet werden dürfen, nachdem § 888 Abs. 2 ZPO. angeordnet hat, daß dem Dienstschuldner die Leistung von Diensten aus einem Dienstvertrage nicht im Wege der Zwangsvollstreckung abgezwungen werden dürfe. Das OVG. hat in einer E. v. 29. XI. 1901 (MBlfiV. **1902** 56) zutreffend ausgeführt, daß § 888 ZPO. die polizeilichen Befugnisse nicht beschränke. Der Staat stehe in Ausübung seiner Polizeihoheit dem Publikum nicht als Rechtssubjekt, sondern als Obrigkeit gegenüber. Der Verwaltungszwang der mit obrigkeitlichen Befugnissen ausgestatteten Behörden sei eine ausschließlich öffentlich-rechtliche Einrichtung und werde nicht von den bürgerlichen Gerichten mit den Formen und den Mitteln des Zivilprozeßrechts zur Durchführung gebracht, habe vielmehr in Tit. V des LVG. eine spezialgesetzliche Regelung erhalten. So auch schon vorher Nußbaum im Verw.Arch. **1900** 336, der aber mit Recht darauf hinweist, daß, wenn bereits ein richterliches Urteil ergangen ist, das Gesinde nicht durch die Polizei zur Erfüllung seiner Pflicht

angehalten werden könne, da anderenfalls die Polizei die zwangsweise Vollstreckung des Urteils entgegen dem § 888 ZPO. herbeiführen würde.

4. Die Anwendung der Zwangsmittel ist von seiten der Polizei hier ebenso wie im Falle des § 167 GesO. lediglich in den Vorschriften des öffentlichen Rechts begründet; die Polizei beschränkt sich darauf, die ohne gesetzmäßigen Grund durch einseitige Aufhebung eines bestehenden Dienstvertrages verursachte Störung der öffentlichen Ordnung dadurch zu beseitigen, daß sie den eigenmächtig und widerrechtlich handelnden Dienstboten zum Antritt des Dienstes anhält. Weiter gehen ihre Befugnisse nicht, insbesondere hat sie nicht durch Resolut über die Dienstantrittspflicht selbst zu entscheiden. Wenn also ein Dienstbote sich weigert, den Dienst anzutreten und die Herrschaft will sich das nicht gefallen lassen, so muß sie die Ortspolizei anrufen; von selbst schreitet diese nicht ein. Der Antrag muß bestimmt sein. Einen alternativen Antrag auf Zuführung und im Weigerungsfalle Bestrafung hält das Polizeipräsidium in Berlin (Verf. v. 20. X. 1882) für unzulässig. Die Polizei hat, wenn sie angerufen worden, das Gesinde vorzuladen, zu vernehmen und zweckmäßigerweise zunächst in einem Sühnetermin, zu dem die Parteien in Berlin stets schriftlich geladen werden sollen, eine gütliche Einigung zwischen den Parteien zu versuchen. Eine zwangsweise Vorführung des Gesindes kann nur bei Fluchtverdacht, wenn Gefahr im Verzuge ist, oder dringender Verdacht einer strafbaren Handlung vorliegt, erfolgen (§§ 112, 127 StPO.). Bleibt dieser Versuch ohne Erfolg, so muß die Polizei, da sie doch Zwangsmittel anwenden soll, **stets** die Schuldfrage untersuchen, d. h. sie muß summarisch untersuchen, ob der Dienstbote einen gesetzmäßigen Grund hatte, den Dienst nicht anzutreten (OVG. v. 29. XI. 1901, MBlfiV. **1902** 56). Stellt sich z. B. heraus, daß das Gesinde zur Zeit, wo es in den neuen Dienst eintreten sollte, sein bisheriges Verhältnis noch nicht gelöst hatte, so kann es nicht zum Antritt des neuen Dienstes durch Zwangsmittel angehalten werden (OVG. v. 28. II. 1877, Rönne, Erg. zu § 51 GesO.). Die Polizeiverwaltung darf bei Anstellung ihrer Ermittlungen auch Auskunftspersonen unter Strafandrohung vorladen (OVG. v. 28. I. 1902, PrVerwBl. **24** 218). Ueber das Ergebnis der Untersuchung hat sie einen schriftlichen Beschluß zu erlassen, der den Parteien von Amts wegen zuzustellen ist, da sie ein Rechtsmittel dagegen haben. Wenn die Polizei

A. die Schuldfrage zugunsten des Dienstboten auffaßt, so weist sie den Antrag auf Zuführung in den Dienst oder Bestrafung ab (OVG. v. 6. I. 1903, **42** 392). Gegen diese Verfügung hat die Herrschaft sowohl den Rechtsweg als die Verwaltungsrechtsmittel, nämlich die Beschwerde oder die Verwaltungsklage (s. A. 3 zu § 10).

B. die Schuldfrage zuungunsten des Dienstboten auffaßt, also annimmt, daß er keinen gesetzlichen Grund zur Weigerung den Dienst anzutreten hatte, so hat sie dies in einer aktenkundig zu machenden Verfügung den Beteiligten gegenüber auszusprechen und dabei zugleich die für den Fall des Ungehorsams anzuwendenden Zwangsmittel anzugeben. Das Gesinde hat hiergegen den Rechtsweg oder die Rechtsmittel im Verwaltungswege (s. bei A). Die Polizei kann die ihr zustehenden Zwangsmittel anwenden, um den Dienstboten zum Antritt des Dienstes zu bewegen. Die polizeilichen Zwangsmittel bestehen nach § 132 LVG. v. 30. VII. 1883 in

a) der Ausführung der Dienstarbeiten durch einen Dritten auf Kosten des Dienstboten, oder in
b) der Androhung, Festsetzung und Einziehung von Geld-, im Unvermögensfalle Haftstrafe, oder in
c) unmittelbarem Zwange, also zwangsweiser Zurückführung in den Dienst.

Gegen die „Androhung" eines Zwangsmittels finden der Rechtsweg und die Berufung auf die Verwaltungsrechtsmittel statt (s. bei A). Gegen „Festsetzung und Ausführung" eines Zwangsmittels findet nur die Beschwerde im Aufsichtswege innerhalb 2 Wochen statt (§ 133 G. v. 30. VII. 1883). Vgl. über die Zwangsmittel das Zirkular des Min. des Innern v. 16. XI. 1883 an die Oberpräsidenten betr. Maßregeln gegen Auswanderer in bezug auf die Erfüllung der öffentlichen und privatrechtlichen Verpflichtungen, und das beigefügte Promemoria des Justizministers v. 4. X. 1883 (MBlfiV. **1883** Nr. 11 255, auch Schlickau im VerwArch. **1907** 508). In dem Promemoria werden neben dem Zwangsverfahren aus § 68 OrgGes. (jetzt § 132 LVG.) Anträge auf Bestrafung aus dem G. v. 24. IV. 1854 (das aber im Falle des § 51 GesO. nicht zur Anwendung kommen kann; s. unten A. 5) und die energische Verfolgung des Entschädigungsanspruchs eventuell durch Arrestschlag usw. (§§ 916 ff. ZPO.) für zweckmäßig erklärt. Eine zweimalige Festsetzung von Geldstrafen oder eine Straffestsetzung und daneben eine Strafandrohung erscheint nicht zulässig (vgl. Zürn im PrVerwBl. **1908** 48). Auch ist Klage auf Erfüllung des Dienstvertrages nach §§ 611 ff., 628 BGB. möglich (vgl. Leske, BGB. 256, 257 A. 5). Nur so lange, als kein rechtskräftiges gerichtliches Urteil vorliegt, können die Entscheidungen der Verwaltungsbehörde vollstreckt werden (OVG. v. 14. III. 1877, 2 387). Die Geldstrafe als Zwangsmittel ist nicht festzusetzen und die etwa schon festgesetzte nicht einzuziehen, wenn das Gesinde nach Androhung oder nach Festsetzung der Strafe sich fügt und in den Dienst tritt (OVG. v. 9. VI. 1877, 2 413 und Selbstv. **1887** 400), ebenso dann nicht, wenn der Dienstherr vor der Vollstreckung auf den Dienst verzichtet oder das Dienstverhältnis sonst sein Ende erreicht. Denn die Zwangsstrafe ist keine Geldstrafe im eigentlichen Sinne, sondern lediglich ein Zwangsmittel, das den Zweck verfolgt den Dienstboten zum Dienstantritt anzuhalten. Dieser Zweck ist nicht mehr erreichbar, wenn das Dienstverhältnis vor Vollstreckung der Strafe beendet wird (Zürn a. a. O.). Man wird auch dann, wenn nach der Länge der inzwischen verstrichenen Zeit anzunehmen ist, daß die Herrschaft kein Interesse mehr an dem Antritt zum Dienst (§ 51) oder dem Wiedereintritt in den Dienst (§ 167) habe, von Durchführung der Zwangsmittel absehen müssen (vgl. Büren im PrVerwBl. 30 568). Bei der Festsetzung von Strafen gegen Jugendliche im Alter bis zu 18 Jahren soll darauf Rücksicht genommen werden, daß nach Möglichkeit die Strafe, wenn auch in Raten, bezahlt werden kann und daß nicht durch die Vollstreckung der für den Fall des Unvermögens festgesetzten Freiheitsstrafe eine schwere moralische Gefährdung der Jugendlichen eintritt (Verf. des Min. des Innern v. 9. VII. 1906, MBlfiV. 236 und v. 17. XII. 1911, noch nicht abgedruckt). Hält das Gesinde sich aus einem der Gründe der §§ 136—142 GesO. für berechtigt zum Verlassen des Dienstes, so sind der Antrag und das Vernehmungsprotokoll an die Polizeiverwaltung, bei der der Antrag gestellt war, zurückzusenden, um zunächst über die Einwendungen Entscheidung zu treffen. In dieser Weise geht auch das Berliner Polizeipräsidium vor (Mitt. v. 6. IX. 1908). Ein Recht zur Anwendung persönlichen Zwanges hat die Herrschaft selbst nicht (RG. v. 16. V. 1890, JW. 1890 229). Unmittelbarer Zwang darf nur angewendet werden, wenn die Anordnung ohne einen solchen unausführbar ist; da aber gegen Dienstboten Geldstrafen wegen ihres Unvermögens und auch Haftstrafen meistens wirkungslos sein werden, so wird bei ihnen die zwangsweise Zuführung zur Herrschaft die Regel bilden. Der Anwendung der Zwangsmittel braucht nicht deren Androhung vorauszugehen. Läuft der Dienstbote nach der Zuführung alsbald wieder fort, so ist die Polizeibehörde im Falle des § 51 GesO. (im Gegensatz zu § 167) nicht berechtigt, ihn abermals zuzuführen (KG. v. 12. XII. 1889, Jahrb. 10 225, wo diese Auslegung besonders auf die Worte „bleiben diese fruchtlos" gestützt wird; a. M. Jacobi A. 6 zu § 51 und Koehne in Polizei 6 1), vielmehr muß der Dienstbote dann in die zu Ende des § 51 GesO. angedrohte Strafe (die verhältnismäßige Haft beträgt 1—30 Tage) genommen werden. Hat jedoch der zwangsweise zugeführte Dienstbote den Dienst durch Verrichtung von Dienstleistungen aufgenommen, und entläuft demnächst wieder, so liegt eine Dienstverlassung im Sinne des G. v. 24. IV. 1854 und des § 167 GesO. vor (s. auch Zürn in PrVerwBl. 1908 47). Eine Verpflichtung der Polizeibehörden, auf Ersuchen anderer Polizeibehörden die Zuführung vorzunehmen, wird jetzt allgemein angenommen (vgl. Bescheid des Min. des Innern v. 6. VI. 1888, MBlfiV. 124 und OVG. v. 14. V. 1901, MBlfiV. 1901 177). Diese gegenseitige Unterstützung, und zwar ohne sachliche Nachprüfung, ist aber auch durchaus notwendig; denn die nach A. 1 zuständige Polizeibehörde des Dienstorts wird die Zwangsmittel in den vielen Fällen nicht selbst durchführen können, in denen der Dienstbote, der sich weigert, den Dienst anzutreten, sich nicht am Dienstorte befindet. Dementsprechend waren auch der Polizeipräsident von Berlin und der Regierungspräsident von Potsdam im Jahre 1901 in einem Schriftwechsel dahin einig, daß die Polizeiverwaltungen dem Ersuchen anderer Polizeibehörden auf Zurückführung entlaufenen Gesindes (§ 167 GesO.) ohne Nachprüfung der Rechtmäßigkeit dieses Ersuchens nachzukommen haben. Dies muß natürlich auch für die Zwangsmittel des § 51 GesO. gelten (vgl. auch A. 3 zu § 10). In einem Erlaß des Min. des Innern

v. 13. V. 1892 II 3494 ist übrigens entschieden, daß die Transportkosten bei Zurückführungen usw. in dem Regierungsbezirk zahlbar zu machen sind, aus dem der Transportbegleiter gestellt wird. Ein Selbsthilferecht hat die Herrschaft nicht. Das zwangsweise zugeführte Gesinde kann gegen die Herrschaft im Rechtswege klagen mit dem Antrage, daß es berechtigt war, den Dienst nicht anzutreten. Diese Klage kann auch schon sofort angestellt werden, wenn die Herrschaft polizeiliche Hilfe zur Zuführung in Anspruch nimmt (Rehbein, E. **4** 730). Nur Zwangsmittel gegen das Gesinde sind es, die der Polizeibehörde zu Gebote stehen. Weder § 51 noch eine andere Vorschrift der GesO. bietet eine Handhabe dafür, daß der Dritte, bei dem das sich weigernde Gesinde sich aufhält, durch einen polizeilichen Zwang veranlaßt werden könnte, rechtliche Beziehungen aufzulösen, aus denen er einen Anspruch auf das Verweilen des Gesindes in seinem Hause herleitet. Die Polizei darf also nicht etwa gegen die Herrschaft einschreiten (OVG. v. 13. III. 1903, E. **43** 420).

5. Sind die polizeilichen Zwangsmittel fruchtlos (also selbst zwangsweise Zuführung, indem der Dienstbote alsbald wieder fortläuft, s. A. 4), so kommt der zweite Teil des § 51 zur Anwendung, dagegen nicht das G. v. 24. IV. 1854 (S. 80), da dieses nur das Versagen und Verlassen des Dienstes betrifft, also ein bereits tatsächlich bestehendes Dienstverhältnis voraussetzt (KG. v. 16. X. 1890, Jahrb. **11** 255, s. auch S. 82 A. 6). Ein öffentliches Interesse, die etwaige Höhe eines Schadensersatzes polizeilich festzustellen, liegt nicht vor, da dieser Anspruch der H e r r s c h a f t zukommt; die Polizei wird daher die Herrschaft wegen ihres Entschädigungsanspruchs auf den Rechtsweg verweisen. Die Klage auf Schadensersatz aus § 51 setzt aber ein polizeiliches Attest darüber voraus, daß die Polizei erfolglos angerufen ist (vgl. Selbstv. **1887** 400).

6. Der Schadensersatzanspruch kann nur auf das gehen, was die Herrschaft mehr hat aufwenden müssen, um für die gesetzliche oder vertragsmäßige Dauer die Dienste (durch Mieten eines anderen Dienstboten, Aushilfe usw.) zu erlangen (vgl. Rehbein, E. **4** 707). Eine hierüber hinausgehende Schadensersatzpflicht, die etwa die durch den Nichtantritt entstandenen Verluste der Herrschaft in ihrem landwirtschaftlichen usw. Betriebe zum Gegenstand hat, existiert für das Gesinde nicht (LG. Frankfurt a. O. v. 8. IV. 1909, BlfR. **1909** 64).

7. Diese Strafe setzt die Polizeibehörde fest, falls sie eine Geldstrafe oder drei Tage Haft für ausreichend erachtet; anderenfalls ist die Verfolgung dem Amtsanwalt zu überlassen (G. v. 23. IV. 1883, GS. 65, sowie A. 2 zu § 12).

8. Kosten, die der Ortspolizeibehörde durch Zuführung von Gesinde erwachsen sind, können von dem Dienstherrn nicht durch polizeiliche Zwangsverfügung eingezogen werden, vielmehr ist ein Streit über die Verpflichtung des Dienstherrn, diese Kosten zu tragen, von dem ordentlichen Richter zu entscheiden (OVG. vom 2. III. 1878, E. **4** 391). Nach der Verf. des Min. des Innern v. 19. IV. 1890 (MBliV. 79), sind diese Kosten, falls sie das

Gesinde nicht erlegen kann, nicht von der Dienstherrschaft, sondern von der Polizeiverwaltung des Wohnorts des Dienstherrn, aus welchem der Dienstbote entläuft, zu tragen, weil sie nicht allein im Interesse der Dienstherrschaft, sondern im Interesse der allgemeinen Ordnung entstanden sind.

§ 52. Kann jedoch das Gesinde nachweisen, daß die Herrschaft im letztverflossenen Dienstjahre sich solche Handlungen habe zuschulden kommen lassen, wodurch es nach §§ 136—140 zur Verlassung des Dienstes ohne Aufkündigung berechtigt werden würde, [1]) so kann dasselbe zum Antritt des Dienstes nicht gezwungen werden, [2]) sondern ist nur gehalten, das Mietsgeld zurückzuzahlen.

1. Dieses Recht hat das Gesinde selbst dann, wenn das frühere Gesinde von seinem Rechte, den Dienst zu verlassen, keinen Gebrauch gemacht hatte. Hat das Gesinde beim Abschluß des Mietsvertrages von den Handlungen Kenntnis gehabt, so kann es später nicht zurücktreten; ebensowenig kann es nach dem Antritt den Dienst wieder aufgeben, selbst wenn es von den Handlungen erst später Kenntnis erlangt hat (vgl. Zürn S. 35).

2. Die Polizei hat die Befugnis, wenn das Gesinde gegenüber dem Anspruche der Herrschaft auf Dienstantritt sich auf § 52 GesO. beruft, den Sachverhalt zu untersuchen. Sie muß aber, wenn nicht augenscheinlich ist, daß der Einwand unbegründet ist, die Herrschaft auf den Rechtsweg verweisen (s. auch Gerhard A. zu § 52).

§ 53. Wird das Gesinde durch Zufall ohne seine Schuld [1]) den Dienst anzutreten verhindert, so muß die Herrschaft mit Zurückgabe des Mietsgeldes sich begnügen. [2])

1. Mit „Zufall ohne seine Schuld" ist der reine Zufall gemeint. Der sogenannte casus mixtus, d. h. ein Ereignis, zu dem jemand auch nur mittelbar oder vorbereitend Anlaß gegeben hat, kommt also bei § 53 nicht in Betracht.

2. Durch § 616 BGB. (s. unten bei § 82 GesO.) wird die Anwendbarkeit des § 53 GesO. auf die Fälle beschränkt, in denen die Verhinderung sich nicht auf eine verhältnismäßig nicht erhebliche Zeit beschränkt. A. M. Gerhard A. 2 zu § 53, der annimmt, daß § 616 BGB. nicht Anwendung finden könne, da er sich nur auf bereits tatsächlich angefangene Dienstverhältnisse beziehe.

§ 54. Erhält weibliches Gesinde vor dem Antritte der Dienstzeit Gelegenheit zu heiraten, so steht demselben frei, eine andere taugliche Person zur Versehung des Dienstes an seiner Statt zu stellen.

Dies gilt nur für weibliches Gesinde; aber bei dem Gesinde, das den Dienst bereits angetreten hat, wird die Gelegenheit zur Heirat nach § 147 ohne Unterschied des Geschlechts berücksichtigt.

§ 55. Ist es dazu nicht imstande, so muß auch dergleichen Gesinde den Dienst in Städten auf ein Viertel- und bei Landwirtschaften auf ein halbes Jahr antreten.

Es ist hier das städtische und ländliche Gesinde gemeint (s. A. zu § 41).

d) Pflichten des Gesindes in seinen Diensten (§§ 56—69).

§ 56. Nur zu erlaubten Geschäften können Dienstboten gemietet werden.

Sonst ist der Vertrag von Anfang an nichtig; z. B. wenn Zolldefraudanten an der Landesgrenze Dienstboten zur Mithilfe bei ihren Defraudationen mieten (s §§ 134, 138 BGB.).

§ 57. Gemeines[1]) Gesinde, welches nicht ausschließend[2]) zu gewissen, bestimmten Geschäften gemietet worden, muß sich allen häuslichen[3]) Verrichtungen nach dem Willen der Herrschaft unterziehen.[4])

1. Jetzt jedes Gesinde (vgl. A. 1 am Schlusse zu § 1).

2. Das Gesinde muß ausdrücklich nur für bestimmte Dienste unter der Vereinbarung, daß es lediglich diese zu verrichten habe, gemietet sein. Ist ein Dienstmädchen als Köchin gemietet, ohne daß etwas anderes vereinbart ist, so kann sie nicht andere häusliche Verrichtungen außerhalb ihres Kochdienstes ablehnen.

3. Bei ländlichem Gesinde auch zu den landwirtschaftlichen Verrichtungen.

4. Die ganze Arbeitszeit und Arbeitskraft des Dienstboten steht also der Herrschaft zur Verfügung; ein besonderer Lohn kann daher selbst dann nicht gefordert werden, wenn der Dienstbote außergewöhnliche Dienste, z. B. bei Krankheiten, leistet (s. A. 5 zu § 32 sowie auch § 60). Allerdings muß jetzt nach § 616 BGB. (s. A. 10 zu § 86) die Dienstherrschaft in Ansehung der Arbeits- und Erholungszeit diejenigen Einrichtungen treffen, die mit Rücksicht auf die Gesundheit, Sittlichkeit und Religion des Verpflichteten erforderlich sind.

§ 58. Allen zur herrschaftlichen Familie gehörenden oder darin in bestimmten Verhältnissen oder bloß gastweise aufgenommenen Personen ist es diese Dienste zu leisten schuldig.

Die von diesen Personen dem Gesinde gegebenen Belohnungen (sogenannte Trinkgelder) gehören dem letzteren. Die Dienstherrschaft hat auch kein Recht, solche Vergütungen auf den Lohn in Abzug zu bringen.

§ 59. Dem Haupte der Familie kommt es zu, die Art und Ordnung zu bestimmen, in welcher die zur Familie Gehörigen, oder nach § 58 in ihr Aufgenommenen, diese Dienste gebrauchen sollen.

Das Haupt der Familie ist der Ehemann, oder, wenn dieser in der Familie nicht vorhanden ist, diejenige Person, die dem Hausstande vorsteht. Die Ehefrau hat nach § 1357 BGB. kraft ihrer Schlüsselgewalt das Recht, innerhalb ihres häuslichen Wirkungskreises die Geschäfte des Mannes für ihn zu besorgen und ihn zu vertreten (s. S. 13 ff.). Sie kann also auch die Bestimmungen aus § 59 treffen.

§ 60. Auch Gesinde, welches zu gewissen Arbeiten oder Diensten angenommen ist, muß dennoch auf Verlangen der Herrschaft andere häusliche Verrichtungen mit übernehmen, wenn das dazu bestimmte Nebengesinde durch Krankheit oder sonst auf eine Zeitlang daran verhindert wird.

§ 61. Wenn unter den Dienstboten Streit entsteht, welcher von ihnen diese oder jene Arbeit nach seiner Bestimmung zu verrichten schuldig sei, so entscheidet allein der Wille der Herrschaft.

§ 62. Das Gesinde ist ohne Erlaubnis der Herrschaft nicht berechtigt, sich in den ihm aufgetragenen Geschäften von anderen vertreten zu lassen.

Das Gesinde muß grundsätzlich seine Dienste persönlich leisten (ebenso § 613 BGB.). Erlaubt die Herrschaft eine Stellvertretung (z. B. wenn das Gesinde Urlaub nimmt), oder macht das Gesinde durch sein Verschulden die Stellvertretung notwendig, so muß das Gesinde die Kosten der Stellvertretung tragen. Anders zu beurteilen ist die Frage, wie es zu halten ist, wenn das Gesinde durch Zufall oder höhere Gewalt an der Verrichtung seiner Dienste gehindert ist, so daß die Herrschaft einen Stellvertreter nehmen muß. In diesen Fällen kann die Herrschaft Ersatz für die Kosten der Stellvertretung vom Gesinde nicht verlangen. Wegen des Lohnes in Krankheitsfällen s. §§ 88, 91 GesO., in kurzen unverschuldeten Behinderungsfällen s. § 616 BGB. bei § 82 GesO. Die Haftung für den vom Gesinde mit Erlaubnis der Herrschaft angenommenen Stellvertreter regelt § 278 BGB. (bei § 97 GesO.). Für die Folgen der unerlaubten Stellvertretung hat das Gesinde durchweg einzustehen.

§ 63. Hat das Gesinde der Herrschaft eine untaugliche oder verdächtige Person zu seiner Vertretung wissentlich vorgeschlagen, so muß es für den durch selbige verursachten Schaden haften.

Die Haftung für den Stellvertreter entscheidet jetzt der § 278 BGB. (s. unten A. zu § 98), durch den der § 63 GesO. gegenstandslos geworden ist s. A. zu § 62.

§ 64. Das Gesinde ist schuldig, seine Dienste treu, fleißig und aufmerksam zu verrichten. [1–8])

1. Zur Belohnung des Gesindes, welches treue Dienste längere Zeit hindurch geleistet hat, gibt es an manchen Orten Gesinde-Unterstützungs- und Belohnungs-Anstalten, die auf Grund der KabO. v. 9. VIII. 1827 gegründet sind. Für Berlin besteht eine solche Anstalt unter der Bezeichnung: „Belohnungs- und Unterstützungsanstalt für das Gesinde zu Berlin." Ein neues Statut dieser Anstalt, die für dienstunfähig gewordenes Gesinde ohne Unterschied der Religion bestimmt ist, ist durch KabO. vom 31. I. 1912 bestätigt. Der bisherige Beitrag von 50 Pfennigen, den jeder Dienstbote beim Antritt des ersten Dienstes oder beim Wechsel des Dienstes zu entrichten hatte, ist v. 1. IV. 1912 ab weggefallen, ebenso auch das Erbrecht auf die Insassen des der Anstalt gehörigen Altersheims, so daß die Anstalt jetzt eine reine Wohltätigkeitsanstalt ist. Aus ihren Fonds erhalten Dienstunfähige nach bestimmter Dienstzeit Aufnahme, Feuerung, Licht, Wäsche und ein Verpflegungsgeld bis 16 Mk. in dem Altersheim (Ecke Koppen- und Palisadenstraße); erst nach voller Besetzung des Altersheims können auch an frühere Dienstboten außerhalb des Altersheims Unterstützungen bis zur Höhe von 12 Mk. monatlich gezahlt werden. Ein Dienstbote, der der Wohltaten der Anstalt teilhaftig werden will, kann sich dazu bei der unter Aufsicht des Magistrats stehenden Deputation für die Verwaltung selbst melden, auch kann er von seiner Herrschaft oder einem Gemeindebeamten dazu vorgeschlagen werden.

2. Der Berliner Hausfrauenverein zahlt alljährlich am 20. XI. Prämien an Dienstboten solcher Herrschaften, die mindestens 5 Jahre Mitglieder sind und 5 Mk. zur Prämienkasse jährlich gezahlt haben; auch gibt er früheren Dienstboten seiner Mitglieder, wenn sie durch Alter dienstunfähig geworden sind, fortlaufende Unterstützungen. An gemeinnützigen Anstalten im Interesse der Dienstboten gibt es in Berlin noch die Mädchenbildungsschule und -Herberge Marthahof, die Mädchen zu Dienstboten ausbildet und von außerhalb kommenden oder stellungslosen Dienstmädchen Wohnung und Beköstigung gewährt, den Zentral-

verein für Arbeitsnachweis, das Amalienhaus, das Heimathaus für stellensuchende Mädchen und die drei Marienheime.

3. Dienstboten, die eine mindestens vierzigjährige ununterbrochene Dienstzeit in derselben Familie hinter sich haben, erhalten eine Auszeichnung (Kreuz und Diplom), die von der Kaiserin verliehen wird (Verf. des Min. des Innern v. 18. III. 1905 und 4. VI. 1905, MBlfiV. 51 und 82). Der Antrag auf Verleihung ist bei der Polizeibehörde zu stellen. Einzelne Vereine, insbesondere auch Sektionen des Vaterländischen Frauenvereins, verleihen den Dienstboten schon nach kürzerer Dienstzeit bei derselben Familie Auszeichnungen und Belohnungen.

§ 65. Fügt es der Herrschaft vorsätzlich oder aus grobem oder mäßigem Versehen Schaden zu, so muß es denselben ersetzen. [1–3])

1. Das BGB. unterscheidet, abweichend vom Allgem. Landrecht, nicht mehr die Haftung nach Graden des Versehens (grobes, mäßiges, geringes), stellt vielmehr im § 276 den Grundsatz auf, daß der Schuldner nur Vorsatz und Fahrlässigkeit zu vertreten hat, falls nichts anderes bestimmt ist. In gewissen Fällen wird grobe Fahrlässigkeit (s. A. 7 zu § 617 bei § 86 GesO.) erfordert. Da aber die Vorschriften des GesRechts nach Art. 95 EGzBGB., soweit sie nicht ausdrücklich aufgehoben sind, unberührt bleiben sollen, wird man auch in Zukunft auf die Grade des Versehens, die das ALR. aufstellt, zurückgehen müssen, um die Pflicht des Gesindes, den der Herrschaft zugefügten Schaden zu ersetzen, festzustellen. (A. M. Crusen-Müller, AGzBGB. 196, wo angenommen wird, daß die Abstufung des ALR. zufolge Art. 55 EG. und Art. 89 I AGzBGB. nicht mehr dem geltenden Recht angehöre und es daher jetzt dem Richter obliege, dasjenige Maß von Verschulden festzustellen, welches in den Fällen der verschärften Haftung dem „geringen“ Versehen des früheren Rechts entspricht; die Regeln des ALR. würden ihm dabei praktischerweise als Richtschnur dienen können.)

2. Ein grobes Versehen ist nach dem ALR. dasjenige, welches bei gewöhnlichen Fähigkeiten ohne Anstrengung der Aufmerksamkeit, ein mäßiges Versehen dasjenige, welches bei einem gewöhnlichen Grade von Aufmerksamkeit vermieden werden konnte, ein geringes dasjenige, welches nur bei vorzüglichen Fähigkeiten oder bei einer besonderen Kenntnis der Sache oder des Geschäfts oder durch eine ungewöhnliche Anstrengung der Aufmerksamkeit vermieden werden konnte (§§ 18, 20 u. 22 I 3 ALR.). Zu den Schadenszufügungen aus mäßigen Versehen, die das Gesinde vertreten muß, gehört z. B. das Zerschlagen des Geschirrs oder die Beschädigung von Möbeln bei deren Reinigen aus Unachtsamkeit, das Verlieren einer dem Gesinde anvertrauten Sache usw. Vgl. auch §§ 71, 72. Die Fälle des § 65 unterliegen nur der gerichtlichen Entscheidung.

3. Nach § 828 BGB., der jedenfalls auch auf das Gesinderecht Anwendung findet, ist derjenige, der das 7. Lebensjahr noch nicht vollendet hat, für den Schaden, den er einem anderen zufügt,

nicht verantwortlich. Wer das 7., aber noch nicht das 18. Lebensjahr vollendet hat, ist für den einem anderen zugefügten Schaden nicht verantwortlich, wenn er bei Begehung der schädigenden Handlung nicht die zur Erkenntnis der Verantwortlichkeit erforderliche Einsicht gehabt hat.

§ 66. Wegen geringer Versehen ist ein Dienstbote nur alsdann zum Schadenersatze verpflichtet, wenn er wider den ausdrücklichen Befehl der Herrschaft gehandelt hat.

Wegen des Begriffes der geringen Versehens vgl. A. 2 zu § 65. Auch die Fälle der §§ 66, 67 unterliegen nur der gerichtlichen Entscheidung.

§ 67. Desgleichen, wenn er sich zu solchen Arten der Geschäfte hat annehmen lassen, die einen vorzüglichen Grad von Aufmerksamkeit oder Geschicklichkeit voraussetzen.

§ 68. Wegen der Entschädigung, zu welcher ein Dienstbote verpflichtet ist, kann die Herrschaft an den Lohn desselben sich halten.

Dazu Art. 14 § 1 Abs. 3 des AGzBGB.:

Der Dienstberechtigte kann seine Entschädigungsansprüche wegen Verletzung der dem Gesinde aus dem Dienstverhältnis obliegenden Verpflichtungen gegen dessen Lohnforderung aufrechnen.

Der Abs. 3 ist erst in der Komm. des AbgHauses eingefügt, um unzweifelhaft festzustellen, daß § 394 BGB. auf die Schadensersatzansprüche der Herrschaft keine Anwendung findet (s. A. 5 zu § 82). Die Herrschaft kann sich also wegen eines Schadens, den das Gesinde nach §§ 65 ff. zu tragen hat, nicht aber wegen anderer Ansprüche an dessen Lohn halten (vgl. DJZ. **1899** 59 in richtiger Erwiderung gegen ebenda **1898** 345, auch Bornhak in VerwArch. **1900** 37); sie kann also den Betrag des Schadens von dem Lohne bei dessen Fälligkeit abrechnen, so daß nur der überschießende Teil zur Verfügung des Dienstboten bleibt und der Beschlagnahme seitens der Gläubiger unterliegt. Haben die Gläubiger fälligen, noch nicht erhobenen Lohn mit Beschlag belegt, so geht das dadurch entstandene Pfandrecht dem Anspruche der Herrschaft auf Ersatz des durch eine spätere Handlung des Gesindes entstandenen Schadens vor (s. Zürn S. 55).

Die Fälle des § 68 unterliegen nur der gerichtlichen Entscheidung.

§ 69. Kann der Schade weder aus rückständigem Lohne noch aus anderen Habseligkeiten des Dienstboten ersetzt werden, so muß er denselben durch unentgeltliche Dienstleistung auf eine verhältnismäßige Zeit vergüten.[1—3])

1. Es ist zweifelhaft, ob dem § 69 zu entnehmen ist, daß der Herrschaft ein Zurückbehaltungsrecht an dem Lohne und den anderen Habseligkeiten des Gesindes zusteht. Zürn S. 57 ff. ist der Meinung, daß die GesO. bezüglich des Lohnes nur ein Aufrechnungsrecht, kein Zurückbehaltungsrecht feststellt, und daß man aus der beiläufigen Erwähnung der „anderen Habseligkeiten" nicht schließen könne, daß der Gesetzgeber ein von den allgemeinen Grundsätzen des Zurückbehaltungsrechts so erheblich abweichendes Recht habe schaffen wollen. Demgegenüber ist aber doch darauf hinzuweisen, daß die Erwähnung der Habseligkeiten im Gesetze irgendeinen Zweck haben muß. Der Gesetzgeber ist dabei augenscheinlich von der Ansicht ausgegangen, daß sich die Herrschaft nicht nur an den Lohn, sondern auch an die sonstigen Habseligkeiten, natürlich nur an die, welche die Herrschaft im Gewahrsam hat, durch Zurückbehaltung halten könne und hat dieser Auffassung einen bindenden Ausdruck gegeben. Die Herrschaft hat also (vgl. auch § 273 BGB.) wegen des ihr nach §§ 65—67 zustehenden Ersatzes eines ihr vom Dienstboten zugefügten Schadens und auch im Falle der §§ 169, 170 GesO., nicht aber allgemein wegen eines jeden Schadens, den das Gesinde, sei es im Dienste, sei es außerhalb desselben der Herrschaft zufügt, also auch nicht wegen des durch Verlassen des Dienstes entstandenen (KG. v. 23. 1906 2 U 6927. 05 und LG. Görlitz v. 8. XII. 1908, Zeitschr. der Anwaltskammer f. d. OLGBez. Breslau 1909 64) ein Zurückbehaltungsrecht an dem rückständigen Lohne und an den anderen Habseligkeiten, nicht aber an Gegenständen, die keinen Vermögenswert haben, z. B. Gesindebuch und Quittungskarten, Zeugnisse (KG. v. 25. V. 1906, GoltdArch. 54 311, ebenso Rehbein, E. 4 617). A. M. ist Gerhard, der annimmt, der Wortlaut des § 69 zwinge nicht zur Annahme eines Zurückbehaltungsrechts an den Habseligkeiten; es könne auch ein Ersatz im Wege der Zwangsvollstreckung gemeint sein. Ein Zurückbehaltungsrecht an den Sachen eines widerrechtlich aus dem Dienste gegangenen Dienstboten lediglich zu dem Zwecke, um denselben zur Fortsetzung des Dienstes zu zwingen, hat die Herrschaft nicht (RG. v. 9. XII. 1892, E. in Str. 23 356). Das Zurückbehaltungsrecht kann sich nur erstrecken auf diejenigen Sachen, die sich im Besitz der Herrschaft befinden, nicht auf diejenigen, die das Gesinde in den Räumen der Herrschaft in eigenem Gewahrsam hat. Gibt das Gesinde der Herrschaft Sachen z. B. ein Sparkassenbuch zur Aufbewahrung, so liegt ein Verwahrungsvertrag im Sinne des § 688 BGB. vor und die Herrschaft hat alsdann kein Zurückbehaltungsrecht (LG. Prenzlau v. 27. X. 1905, O 398/05, bestätigt v. KG. 23. III. 1906; vgl. auch Gerhard A. 1 zu § 69).

2. Die **Polizeibehörden** sind nicht befugt, bei Streitigkeiten zwischen **Herrschaft** und **Gesinde** zwangsweise einzuschreiten, um die erstere an der Ausübung eines vermeintlichen Zurückbehaltungsrechts an den Habseligkeiten des Gesindes zu hindern (OVG. v. 26. III. 1881, 7 375).

3. Ein gerichtlicher oder polizeilicher Zwang zum Abdienen des Schadens findet nicht statt (vgl. § 888 Abs. 2 ZPO.).

e) Pflichten des Gesindes außer seinen Diensten. (§§ 70—81.)

§ 70. Auch außer seinen Diensten ist das Gesinde schuldig, der Herrschaft Bestes zu befördern, Schaden und Nachteil aber, soviel an ihm ist, abzuwenden.

§ 71. Bemerkte Untreue des Nebengesindes ist es der Herrschaft anzuzeigen verbunden.

§ 72. Verschweigt es dieselbe, so muß es für allen Schaden, welcher durch die Anzeige hätte verhütet werden können, bei dem Unvermögen des Hauptschuldners selbst haften.

§ 73. Allen häuslichen Einrichtungen und Anordnungen der Herrschaft muß das Gesinde sich unterwerfen.

Zuwiderhandlungen können auf Grund des G. v. 24. IV. 1854 (s. bei § 80) bestraft werden.

§ 74. Ohne Vorwissen und Genehmigung der Herrschaft darf es sich auch in eigenen Angelegenheiten vom Hause nicht entfernen. [1] [2]

1. Die Herrschaft kann den Dienstboten, wenn die Voraussetzungen der §§ 125, 129 vorliegen, ohne Kündigung entlassen, auch kann sie die Bestrafung des Gesindes auf Grund des G. v. 24. IV. 1854 (s. bei § 80) herbeiführen.

2. Nach § 629 BGB. muß der Dienstberechtigte dem Verpflichteten nach Kündigung des Dienstverhältnisses auf Verlangen angemessene Zeit zum Aufsuchen eines anderen Dienstes gewähren. Man wird diese Vorschrift auch für das Gesinderecht anwenden müssen, da sie dem § 74 GesO. nicht direkt widerspricht. Denn sie setzt Vorwissen und Genehmigung der Herrschaft voraus und bestimmt nur, daß die Herrschaft die Genehmigung zwecks neuer Vermietung zu erteilen hat. (Ebenso Möllmann, Dienstzeugnis S. 28.) Ein Recht, sich gegen den Willen der Herrschaft zwecks Aufsuchens eines neuen Dienstes vom Hause zu entfernen, erlangt das Gesinde dadurch nicht, es muß sich vielmehr dem Verbot fügen und kann nur auf die Erteilung der Genehmigung klagen. Die Herrschaft aber macht sich für allen Schaden, der dem Gesinde aus der Versagung der Genehmigung erwächst, haftbar, z. B. wenn das Gesinde infolge der Verweigerung keinen neuen Dienst erhält. Wegen des Gottesdienstes vgl. § 84 GesO. und im allgemeinen § 618 BGB. (bei § 82 GesO.), der unter Umständen dazu führen kann, die Vorschrift des § 74 GesO. einzuschränken. Was eine „angemessene Zeit" im Sinne des § 629 BGB. ist, wird vornehm=

lich die Vertragssitte (§ 242) entscheiden. In Berlin ist die Gestattung eines dreimaligen Ausgehens zwecks Aufsuchens eines anderen Dienstes üblich. Die Bestimmung der Zeit hängt von der Herrschaft ab (Verf. des PolPräs. v. 17. XII. 1887).

§ 75. Die dazu von der Herrschaft gegebene Erlaubnis darf nicht überschritten werden.

§ 76. Die Befehle der Herrschaft und ihre Verweise muß das Gesinde mit Ehrerbietung und Bescheidenheit annehmen.

§ 77. Reizt das Gesinde die Herrschaft durch ungebührliches Betragen zum Zorn und wird in selbigem von ihr mit Scheltworten oder geringen Tätlichkeiten behandelt, so kann es dafür keine gerichtliche Genugtuung fordern.[1—6])

1. Es war seit Einführung des deutschen Strafgesetzbuchs streitig, ob der § 77 noch Gültigkeit habe. In der Theorie hat man vielfach angenommen (s. die Zusammenstellung bei Kähler, Gesindewesen und Gesinderecht S. 157, sowie Bornhak in Selbstv. **1886** 57, Olshausen A. 13 zu § 223 StGB., Gerhard A. 2 zu § 77 und Nußbaum in Zeitschr. f. d. ges. Strafrechtswiss. **20** 413, auch Staudinger EGzBGB. Art. 95 A. 2a), daß § 77 in die vom Strafgesetzbuch geregelten Materien des Strafantrags, der Strafausschließung, sowie der Körperverletzung eingreife und daher durch § 2 des EGzStGB. außer Kraft gesetzt sei. Demgegenüber hat die Praxis stets daran festgehalten (vgl. besonders OTr. v. 18. X. 1872, E. **67** 64, RG. v. 12. IV. 1880, E. in Strafs. **2** 7, KG. v. 10. I. 1887, Selbstv. **1887** 237, und OLG. Marienwerder v. 22. I. 1901 in JurMonschr. f. Posen **1901** 170), daß der § 77 durch das Strafgesetzbuch weder aufgehoben noch geändert ist (ebenso auch Rehbein, E. **4** 710). In neuerer Zeit ist der Kampf um die Frage, ob § 77 auch nach der Einführung des BGB. noch Gültigkeit hat, viel stärker entbrannt infolge nachstehender Vorschrift des Art. 95 des EGzBGB.

Ein Züchtigungsrecht steht dem Dienstberechtigten dem Gesinde gegenüber nicht zu.

Dieser Satz ist von der Reichstagskomm. eingefügt, nachdem schon bei Beratung der Bestimmungen des BGB. über den Dienstvertrag die Aufnahme eines entsprechenden Zusatzes beantragt, aber wieder aufgegeben war, weil nur einzelne Gesindeordnungen ein Züchtigungsrecht der Herrschaft gesetzlich anerkannten, es also genügte, wenn ein derartiger Zusatz lediglich bei dem das Gesinderecht regelnden EG. gemacht würde (s. KommBer. S. 90). Hiernach sollte also nur das in einzelnen Gesindeordnungen bisher gesetzlich anerkannte Züchtigungsrecht von der Aufhebung betroffen sein. Nun hat aber in der Theorie und Praxis (vgl. insbes. die oben zitierte E. des RG. v. 12. IV. 1880) niemals ein Zweifel darüber bestanden, daß nach § 77 GesO. die Herrschaft kein Züchtigungsrecht hat. Der gesetzgeberische Gedanke war der, daß die Dienstherrschaft, die im Zustande einer durch Ungebührlichkeiten des Gesindes hervorgerufenen Aufregung sich zu Rügen und leichten Tätlichkeiten hinreißen läßt, dieserhalb entschuldigt und von gerichtlicher Ahndung befreit sein solle. Wenn dieser Jahrzehnte hindurch anerkannten Ansicht gegenüber jetzt, um den § 77 zu beseitigen, behauptet wird, dieser Paragraph enthalte ein „beschränktes doppelt bedingtes" Züchtigungsrecht (Brettner in DJZ. **1899** 293) oder ein „mittelbares Züchtigungsrecht" (Fuld im Arch. f. öff. Recht **14** 109), so sind diese Konstruktionen unhaltbar. Das Gesetz gibt der Herrschaft weder ein beschränktes noch bedingtes, noch mittelbares Züchtigungsrecht, erkennt vielmehr an, daß die Herrschaft nicht berechtigt ist, das Gesinde zu züchtigen und will ihr nur im Fall des begründeten Affekts die Straflosigkeit sichern. Der § 77 betrifft also, wie Rehbein, E. **4** 710 sagt, lediglich die gerichtliche Verfolgung (vgl. auch für Weiterbestehen der Vorschrift: Jastrow in SozPrax. **6** 1234, Delius im PrVerwBl. **1898** 89 und Bornhak in VerwArch. **7** 37; gegen das Fortbestehen noch Weißler in DJZ. **1899** 18 und Niedner EG. Art. 95 A. 2 b). Der Min. des Innern nimmt in einer Allg. Verf. v. 11. VIII. 1898 (MBlfiV. 201) an, daß der § 77 GesO. bestehen bleibe; auch das Polizeipräsidium in Berlin steht auf diesem Standpunkte (Bek. v. 11. XII. 1899, Amtl. Nachr. Nr. 295). Die höheren Gerichte haben es, soweit bekannt, stets verneint, daß § 95 EG. den § 77 GesO. beseitigt habe.

2. Das Gesetz will nicht, daß das Gesinde für leichte Schläge usw. unbedingt Genugtuung fordern könne; es soll ihm kein begründetes Klagerecht zustehen, wenn die Herrschaft im Zorn geschlagen hat und durch ungebührliches Betragen dazu gereizt worden ist. Der Dienstbote kann aber, wenn er Schläge erhalten hat, Strafantrag stellen oder Privatklage einreichen, ohne begründen zu müssen, daß ein Fall des § 77 nicht vorliege. Es ist Sache der Prüfung des Gerichts, ob § 77 der Herrschaft zugute kommt, wobei naturgemäß die Angaben der beschuldigten Herrschaft und die von derselben angebotenen Beweise zu berücksichtigen sind.

3. Der § 77 kommt nur der Herrschaft selbst, also dem Dienstherrn und der Dienstherrin zu statten, aber weder den Mitgliedern der Familie der Herrschaft, z. B. nicht dem erwachsenen Haussohne (OTr. v. 7. X. 1844, Oppenhoff, Rechtspr. **15** 625), auch nicht einem Vorsteher der Wirtschaft, z. B. dem Inspektor, Gutsverwalter u. dgl. m. (OTr. v. 3. VI. 1853, StriethA. **10** 72). Wirtschaftsinspektoren, Gutsverwalter usw. aber, welche die Dienstverträge mit dem Gesinde in eigenem Namen abschließen, sind bei Klagen des Gesindes im Sinne des § 77 als Herrschaft zu betrachten (OTr. v. 8. VI. 1859, StriethA. **35** 34). Wenn das OTr. in demselben Erk. annimmt, daß auch solche Wirtschaftsinspektoren, die wegen nicht stattfindender Kommunikation zwischen Herrschaft und Gesinde aus-

schließlich die Wirtschaftsbehörde für das Gesinde darstellen, als Herrschaft im Sinne des § 77 anzusehen sind, so kann ihm darin nicht beigestimmt werden (s. Rehbein, E. 4 710).

4. Das Gesetz will durch § 77 der Herrschaft die Möglichkeit gewähren, ungebührliches Betragen des Gesindes gebührend zurückzuweisen. Was als „ungebührliches Betragen" zu erachten sei, ist in jedem einzelnen Falle nach dem Ermessen des Richters besonders zu beurteilen und eine bestimmte Grenze dafür läßt sich nicht ziehen. Es ist dieser Ausdruck aber nicht auf Verletzung der Ehrerbietung und Bescheidenheit zu beschränken, sondern auch erhebliche Vernachlässigung der Dienstpflichten, namentlich auch die Nichtbeachtung wiederholt gegebener Anweisungen kann sehr wohl ein ungebührliches Betragen darstellen (OTr. v. 12. IX. 1862, Arch. f. Strafr. 10 769). Das ungebührliche Betragen braucht der Züchtigung nicht unmittelbar vorangegangen zu sein, entscheidend ist vielmehr nur, ob der durch das ungebührliche Benehmen erregte Zorn der Herrschaft noch im Augenblick der zugefügten Tätlichkeit gerechtfertigt oder entschuldbar war (KG. v. 10. I. 1887, Selbstv. 1887 238).

5. Als Scheltworte im Sinne dieses § gelten nur alle einfachen Beleidigungen des § 185 StGB. (nicht Verleumdungen und üble Nachreden; vgl. auch § 97), als geringe Tätlichkeiten alle tätlichen Beleidigungen, aber nicht alle einfachen Körperverletzungen des § 223 StGB. Ob eine Tätlichkeit der Herrschaft als gering anzusehen und deshalb straffrei zu lassen ist, unterliegt in jedem Falle der richterlichen Beurteilung (RG. v. 5. VI. 1891, JW. 1891 373; vgl. auch Bornhak in Selbstv. 1886 57). Eine Behandlung des Gesindes mit Fäusten ist nicht als eine geringe Tätlichkeit anzusehen (KG. v. 31. VIII. 1893, Groschuff A. 7 zu § 77). Zur Stellung des Antrages auf Bestrafung ihrer Herrschaften sind Dienstboten, die das 18. Lebensjahr vollendet haben, berechtigt. Für Personen unter 18 Jahren muß der Antrag von dem Vater oder Vormund gestellt werden. Für alle minderjährigen Personen kann der gesetzliche Vertreter, unabhängig vom Willen des Verletzten, den Antrag stellen (§ 65 StGB.). Wer berechtigt ist, selbständig einen Strafantrag zu stellen, ist auch zur Anstellung der Privatklage berechtigt (StPO. § 414 Abs. 2).

6. Nach § 1631 Abs. 2 BGB. kann der Vater kraft seines Erziehungsrechts angemessene Zuchtmittel gegen das Kind anwenden. Bei der Beratung der BGB. ist die Ansicht hervorgetreten, daß der Vater dieses Züchtigungsrecht auf die Dienstherrschaft seines minderjährigen Kindes übertragen könne. Das erscheint nicht richtig. In Uebereinstimmung mit den Ergebnissen der Verhandlung in der Kommission der I. sächsischen Kammer (Sächs. Archiv, Beilageheft 11 zu 8) ist anzunehmen, daß dieses Recht als ein Ausfluß der elterlichen Gewalt gemäß § 1665 BGB. höchstens durch das Vormundschaftsgericht auf die Dienstherrschaft übertragen werden könnte. A. M. Staudinger (EGzBGB. Art. 95, A. 2a), der der Ansicht ist, daß eine Uebertragung des Züchtigungsrechts auf den Dienstherrn nicht ausgeschlossen sein dürfte.

(§ 78. Auch solche Ausdrücke oder Handlungen, die zwischen anderen Personen als Zeichen der Geringschätzung anerkannt sind, begründet gegen die Herrschaft noch nicht die Vermutung, daß sie die Ehre des Gesindes dadurch habe kränken wollen.)

§ 78 muß als aufgehoben gelten; er sollte nur eine Ausnahme von dem längst nicht mehr gültigen § 545 II 20 ALR. bilden (ebenso Rehbein E. 4 711, Bornhak Selbstv. 1886 57 ff.; Zürn S. 65, Kähler S. 157, Nußbaum S. 39 und Gerhard A. 1 zu § 78). A. M. OTr. v. 1. III. 1877, zit. bei Dernburg PrPrivR. § 196 A. 14.

(§ 79. Außer dem Falle, wo das Leben oder die Gesundheit des Dienstboten durch Mißhandlungen der Herrschaft in gegenwärtige und unvermeidliche Gefahr gerät, darf er sich der Herrschaft nicht tätlich widersetzen.)

Da das Strafgesetzbuch in § 53 den Begriff der Notwehr regelt, ist § 79 GesO. als beseitigt anzusehen. Rehbein E. 4 710 mißt dem § 79 noch mit Rücksicht auf § 117 Bedeutung bei, doch widerspricht dem die Stellung des § 79 unter den lediglich die strafrechtlichen Handlungen des Gesindes betreffenden Bestimmungen der GesO.

§ 80. Vergehungen des Gesindes gegen die Herrschaft müssen nach den Grundsätzen des Kriminalrechts geahndet werden.

Maßgebend für die Bestrafung des Gesindes ist das **G. v. 24. April 1854** (GS. S. 214), das wir hier seiner Wichtigkeit wegen wörtlich wiedergeben:

§ 1. Gesinde,[1]) welches hartnäckigen[2]) Ungehorsam[3]) oder Widerspenstigkeit[4]) gegen die Befehle der Herrschaft[5]) oder der zu seiner Aufsicht bestellten Personen sich zuschulden kommen läßt, oder ohne gesetzmäßige Ursache den Dienst versagt oder verläßt,[6]) hat auf den Antrag der Herrschaft, unbeschadet deren Rechts zu seiner Entlassung oder Beibehaltung, Geldstrafe bis zu fünf Talern oder Gefängnis[7]) bis zu drei Tagen verwirkt.

Dieser Antrag kann nur innerhalb vierzehn Tagen seit Verübung der Uebertretung, oder, falls die Herrschaft wegen der letzteren das Gesinde vor Ablauf der Dienstzeit entläßt, vor dieser Entlassung gemacht[8]) werden.

Den Antrag[9]) auf Grund des Gesetzes vom 14. Mai 1852 bei der Lokalpolizeibehörde anzubringen, ist nur dann zulässig, wenn weder die Herrschaft noch ein von ihr bestellter Stellvertreter oder ein Beamter der Herrschaft die Lokalpolizei verwaltet. An Stelle der Lokalpolizei tritt in diesem Falle der Landrat.

Bis zum Anfang der Vollstreckung der Strafe ist die Zurücknahme des Antrags zulässig.[10])

§ 2. Die Bestimmungen des § 1 finden auch Anwendung:

a) auf die bei Stromschiffern in Dienst stehenden Schiffsknechte (G. v. 23. IX. 1835, GS. 222);

b) auf das Verhältnis zwischen den Personen, welche von den zu Diensten verpflichteten bäuerlichen Besitzern zur Verrichtung dieser Dienste gestellt werden, und den Dienstberechtigten oder den von ihnen bestellten Aufsehern;

c) auf das Verhältnis zwischen dem Besitzer eines Landgutes oder einer anderen Acker- oder Forstwirtschaft, sowie den von ihm zur Aufsicht über die Wirtschaftsarbeiten bestellten Personen und solchen Dienstleuten, welche gegen Gewährung einer Wohnung in den ihm gehörigen oder auf dem Gute befindlichen Gebäuden und gegen einen im voraus bestimmten Lohn behufs der Bewirtschaftung angenommen sind (Instleute, herrschaftliche Tagelöhner, Einlieger, Katenleute u. dgl.);

d) auf das Verhältnis zwischen solchen Handarbeitern, welche sich zu bestimmten land- oder forstwirtschaftlichen Arbeiten, wie z. B. Erntearbeiten auf Acker und Wiese, Meliorationsarbeiten, Holzschlagen usw. verdungen haben, und dem Arbeitsgeber oder den von ihm bestellten Aufsehern.[11])

§ 3. Gesinde, (Schiffsknechte,) Dienstleute oder Handarbeiter der § 2 a, b, c, d bezeichneten Art, welche die Arbeitsgeber oder die Obrigkeit zu gewissen Handlungen oder Zugeständnissen dadurch zu bestimmen suchen, daß sie die Einstellung der Arbeit oder die Verhinderung derselben bei einzelnen oder mehreren Arbeitsgebern verabreden, oder zu einer solchen Verabredung andere auffordern,[12]) haben Gefängnisstrafe bis zu einem Jahre verwirkt.

(§ 4. Hausoffizianten sind den Strafvorschriften dieses Gesetzes nicht unterworfen.)[13])

§ 5. Die festgesetzten Geldstrafen fließen zur Ortsarmenkasse.

1. Die Anwendung dieses Gesetzes hat ein nicht nur tatsächliches, bereits angetretenes, sondern auch rechtsgültiges Gesindedienstverhältnis zur Voraussetzung. Zur Begründung des letzteren

ist ein rechtsverbindlicher Vertrag erforderlich (KG. v. 8. XI. 1888, Jahrb. **9** 221).

2. Der Begriff der Hartnäckigkeit erfordert eine Handlung, die entweder die Intensität des Willens, sich nicht der Herrschaft unterordnen zu wollen, kundgibt, oder die es der Herrschaft unmöglich macht, diejenigen Dienste von dem Gesinde zu verlangen, die sie zu fordern berechtigt ist (KG. v. 13. II. 1896, DJZ. 264, vgl. auch KG. v. 6. VII. 1893, Arch. f. Str. **41** 319).

3. Ungehorsam des Gesindes, dem die Vornahme gesetzwidriger Handlungen (z. B. Erntearbeiten am Sonntage) befohlen ist, bleibt straffrei (KG. v. 4. II. 1889, Arch. f. Str. **37** 461 und Jahrb. **9** 223). Gibt sich der hartnäckige Ungehorsam durch einzelne Ungehorsamsakte kund, so stellen alle zusammen die im § 1 mit Strafe bedrohte Uebertretung dar; es ist daher unstatthaft, wegen jedes einzelnen Aktes die Strafe zu verhängen; es sei denn, daß nach einmal erfolgter Verurteiluug der Ungehorsam wiederholt wird (OTr. v. 4. I. 1866, Oppenhoff, Rechtspr. **5** 115). Eine Mehrzahl solcher Ungehorsamsakte ist zum Begriff des hartnäckigen Ungehorsams nicht erforderlich; dieser liegt z. B. vor, wenn ein Dienstbote sich auf die Aufforderung der Herrschaft aus der dem Gesinde zum Aufenthalt angewiesenen Gesindestube nicht entfernt (OTr. v. 7. I. 1876, Oppenhoff, R. **7** 11, und KGStrafs. v. 28. III. 1907, Polizei **4** 30, sowie A. 6 zu § 82 und A. 3 zu § 117). Das Gesinde muß sich der Widerrechtlichkeit seiner Handlungsweise bewußt sein (KG. v. 6. VII. 1893, Arch. f. Str. **41** 319).

4. Widerspenstigkeit ist mehr als Ungehorsam, nicht ein bloßes Nichtbefolgen eines Befehls, sondern Handeln gegen den Befehl mit der Absicht, dem Willen der Herrschaft den eigenen Willen entgegenzusetzen. Hartnäckigkeit ist bei der Widerspenstigkeit nicht erforderlich. Zur Widerspenstigkeit gehört z. B. die Weigerung des Gesindes in ein Krankenhaus zu gehen, sowie ein Hausfriedensbruch des Gesindes.

5. Unter Herrschaft ist sowohl der Dienstherr als die Dienstherrin zu verstehen. Hiernach ist auch die Dienstherrin berechtigt, den Strafantrag wegen Verlassens des Dienstes zu stellen (KG. v. 2. V. 1892, Arch. f. Str. **40** 209, jetzt vom Gesichtspunkte der Schlüsselgewalt aus nach § 1357 BGB., S. 13 zu beurteilen). Auch ein durch Generalvollmacht des Gutsherrn zur selbständigen Bewirtschaftung des Gutes sowie zur Annahme und Entlassung des Gesindes ermächtigter Gutsinspektor ist zur Stellung des Strafantrags berechtigt (KG. v. 5. X. 1891, Jahrb. **12** 209 und v. 21. XII. 1908, Selbstv. **1909** 166, dagegen nicht der Administrator (RG. v. 2. X. 1905, Selbstv. **1906** 214).

6. Ein Verlassen des Dienstes liegt erst dann vor, wenn der Dienstbote alle dienstvertraglichen Beziehungen abbricht und durch seine Entfernung aus dem Machtbereich der Herrschaft diese außer Stand setzt über seine Dienste zu verfügen (KG. Strafs. v. 1. II. 1906, DJZ. 490). Nicht nur das dauernde, sondern auch das vorübergehende unbefugte Verlassen des Gesindedienstes ist nach § 1 strafbar (KG. v. 19. III. 1888, Jahrb. **8** 185 und v. 8. X. 1906,

Selbstv. **1907** 385). Auch ein nur auf Probe für eine bestimmte Zeit angestellter Dienstbote ist aus § 1 strafbar, wenn er ohne vorherige gesetzmäßige Kündigung den Dienst verläßt (KG. v. 26. XII. 1894, Jahrb. **15** 347, s. A. 1 zu § 111). Wenn das Gesinde nach Verlassen des Dienstes zwangsweise zurückgeführt und aus dem G. v. 24. IV. 1854 bestraft ist (§ 167 GesO.), so macht es sich, wenn es wiederum fortläuft, abermals strafbar (KG. v. 12. XII. 1889, Jahrb. **10** 225). Dagegen ist das G. v. 25. IV. 1854 nicht anwendbar auf die unter § 51 GesO. fallende Weigerung des Dienstantritts ohne gesetzmäßige Ursache; es verlangt vielmehr ein Dienstversagen nach Antritt des Dienstes (KG. v. 16. X. 1890, Arch. f. Str. **38** 467 und Jahrb. **11** 256, und v. 13. VII. 1893, Arch. f. Str. **41** 320). Aus dem G. v. 24. IV. 1854 kann auch jemand bestraft werden, der das Gesinde zum widerrechtlichen Verlassen des Dienstes anstiftet (RG. in Strafs. **6** 414). Ueber die gesetzmäßigen Gründe zum Verlassen des Dienstes vgl. §§ 136 bis 142, 145—147, 149 GesO.

7. An die Stelle des Gefängnisses tritt jetzt Haft, da das Gesetz in Abs. 2 die strafbare Handlung selbst als Uebertretung bezeichnet (RG. v. 27. XI. 1885, E. in Strafs. **13** 93). Bei Bestrafung noch nicht 18 Jahre alter Personen ist die Vorschrift des § 57 Abs. 1 Nr. 3 StGB. zu beachten; es darf also die Geldstrafe den Betrag von 7 Mk. 50 Pfg. und die Haftstrafe die Dauer von einem Tage nicht überschreiten (Verf. des Min. des Innern vom 29. III. 1902, MBlfiV. **1902** 77 und KG. v. 10. VI. 1909, Selbstv. **1909** 647).

8. Gemacht, d. i. bei der zuständigen Behörde eingegangen (gestellt), nicht etwa geschrieben und abgesandt (KG. v. 9. IV. 1908, DJZ. 650).

9. Die ganze Vorschrift des Abs. 3 ist veraltet, da die neuere Organisation der Polizeibehörden maßgebend ist (s. A. 2 zu § 10). Der Antrag auf Bestrafung aus § 1 ist bei der Ortspolizeibehörde zu stellen, welche die Strafe festsetzt. Verwaltet die zum Antrag berechtigte Herrschaft selbst die Ortspolizei, so ist der Antrag beim Stellvertreter zu stellen. Gegen diese Festsetzung ist nur die Berufung auf gerichtliche Entscheidung binnen einer Woche zulässig (StPO. §§ 453 ff.). Das polizeiliche Strafverfahren ist aber nicht notwendige Voraussetzung des gerichtlichen Verfahrens, vielmehr ist letzteres von ersterem unabhängig (KG. v. 16. I. 1898, Jahrb. 8 137).

10. Die besondere Bestimmung, daß der Antrag bis zum Anfang der Vollstreckung der Strafe zurückgenommen werden kann, besteht trotz § 64 StGB. weiter, da das G. v. 24. IV. 1854 zu den im § 2 des EGzStGB. vorbehaltenen Materien gehört (so auch jetzt Jacobi). Wenn, wie Gerhard und Nußbaum meinen, der Abs. 4 des § 1 des G. v. 24. IV. 1854 durch die allgemeinen Bestimmungen des StGB. über den Strafantrag beseitigt wäre, so müßte auch die 14tägige Frist des Abs. 2 durch die dreimonatige des § 61 StGB. ersetzt sein.

11. Die Ansicht, daß ein zu den im § 2 genannten Personen

Gehörender infolge dieser Zugehörigkeit der Gesindeordnung untersteht, ist rechtsirrig. (KG. v. 23. XII. 1909, nicht veröffentlicht.)

12. § 3 enthält eine Ausdehnung der Vorschrift des § 182 der Preuß. GewO. v. 17. I. 1845 auf das Gesinde usw. Der zit. § 182 ist zwar durch § 152 der Reichs-GewO. beseitigt, nicht aber auch § 3 des G. v. 24. IV. 1854. Der § 152 der Reichs-GewO. bezieht sich seinem deutlichen Wortlaute nach nicht auf Gesinde und landwirtschaftliche Arbeiter. Nicht die Aufforderung zur Arbeitseinstellung, sondern die Aufforderung zur Verabredung der Arbeitseinstellung ist strafbar. Wie KG. v. 13. II. 1895 (Jahrb. 17 454) sagt, könnte allerdings der Zweck des § 3, gänzliches Verbot der Koalition des Gesindes usw., erst in vollem Umfange erreicht werden, wenn schon die Aufforderung zur Arbeitseinstellung mit Strafe bedroht wäre. Doch sei dies nur eine Erwägung de lege ferenda, die bei Auslegung des Gesetzes nicht maßgebend sein dürfe. Die Schiffsknechte unterstehen der Gewerbeordnung und haben gemäß § 152 derselben Koalitionsfreiheit.

13. § 4 ist gegenstandslos geworden, da der Begriff des Hausoffizianten dem jetzigen Recht unbekannt ist (s. S. 6 ff.).

§ 81. Auf die Zeit, durch welche das Gesinde wegen Erleidung solcher Strafen seine Dienste nicht verrichten kann, ist die Herrschaft befugt, dieselben durch Andere auf dessen Kosten besorgen zu lassen.

Vgl. hierzu § 132. Der § 616 BGB. (s. unten S. 86 ff.) hat die Spezialvorschrift des § 81 nicht abgeändert, da er nicht zu den §§ des BGB. gehört, die nach Art. 95 EG. den Bestimmungen der Gesindeordnung vorgehen. Die Kosten der Stellvertretung hat das Gesinde zu tragen (vgl. A. zu § 62).

7. Rechte und Pflichten der Herrschaft. (§§ 82—98.)

§ 82.[1]) Die Herrschaft ist schuldig, dem Gesinde Lohn und Kleidung zu den bestimmten Zeiten ungesäumt zu entrichten.[2–6])

1. Die Vorschriften des § 82 GesO. sind ergänzt durch die §§ 614 und 616 BGB., die hinter § 82 aufgeführt und erläutert werden.

2. Entsteht Streit über die Höhe des Lohnes, weil solche nicht vereinbart ist, so hat nach § 33 GesO. die Ortspolizeibehörde darüber Festsetzungen zu treffen. Im übrigen findet wegen Lohnstreitigkeiten eine Einmischung der Polizei nicht statt, vielmehr haben darüber die Gerichte zu entscheiden (vgl. Verf. des Min. des Innern v. 13. II. 1890, MBliV. 1890 34).

3. Nach § 196 Nr. 8 BGB. verjähren die Ansprüche des Gesindes an Lohn und anderen Dienstbezügen in 2 Jahren. Die

Verjährung beginnt nach § 201 BGB. am letzten Dezember desjenigen Jahres, in welchem der Lohn fällig ist; also z. B. für den am 1. VII. 1912 fälligen Lohn beginnt die Verjährung am 31. XII. 1912 und ist am 31. XII. 1914 nachts 12 Uhr vollendet. Hat das Gesinde der Herrschaft den Lohn gestundet, so wird durch diese Stundung die Verjährung gehemmt (§ 202 BGB.). Unterbrochen wird die Verjährung nach der ZPO. § 496 Abs. 3 in Amtsgerichtsprozessen durch die Einreichung der Klage bei Gericht. Die Verjährung in zwei Jahren tritt auch dann ein, wenn die Höhe des Lohnes nicht ausdrücklich verabredet war, sondern erst nach § 33 der GesO. festgestellt werden muß (OTr. v. 14. XI. 1864, E. 53 64). Schadensersatzforderungen z. B. aus § 618 BGB. (s. A. hinter § 86 GesO.) verjähren erst in 30 Jahren. Alle Verjährungen werden unterbrochen durch Abschlagszahlungen, Zinszahlungen, Sicherheitsleistung, Klageerhebung, Zustellung des Zahlungsbefehls, Anmeldung im Konkurse, nicht aber durch Mahnung (§§ 208 ff. BGB.).

4. Der Lohn kann von einem Gläubiger des Gesindes, außer wenn es sich um Unterhaltsansprüche von Verwandten, Ehegatten und unehelichen Kindern, sowie um Steuern handelt, erst dann mit Beschlag belegt (gepfändet) werden, wenn der Tag, an dem der verdiente Lohn fällig war, abgelaufen ist, ohne daß das Gesinde ihn eingefordert hat (RGes. v. 21. VI. 1869, BGBl. 242 und 29. III. 1897, RGBl. 159, sowie § 850 Nr. 1 ZPO.). Ferner ist nach dem G. v. 17. V. 1898 (RGBl. 332) die Beschlagnahme zulässig, soweit der Gesamtbetrag der Entschädigung 1500 Mk. übersteigt.

5. Nach § 394 Abs. 1 BGB. soll, soweit eine Forderung der Pfändung nicht unterworfen ist, auch eine Aufrechnung gegen diese Forderung nicht stattfinden. Der Dienstherr darf also die Forderungen, die er gegen das Gesinde hat, gegen dessen Lohnforderung am Tage der Fälligkeit nicht aufrechnen; an jedem späteren Tage aber darf er es, wenn das Gesinde den Lohn nicht rechtzeitig erhoben hat. Auf Schadensersatzansprüche der Herrschaft aber ist § 394 Abs. 1 nicht anwendbar, s. A. 1 zu § 68.

6. Die Herrschaft muß dem Gesinde auch angemessene Wohnung und Schlafstätte gewähren (vgl. RG. v. 17. XI. 1891, JW. 1892 6). Nach § 618 BGB. (s. unten hinter § 86 GesO.) muß die Herrschaft jetzt überhaupt in Ansehung des Wohn- und Schlafraums, der Verpflegung sowie der Arbeits- und Erholungszeit diejenigen Einrichtungen und Anordnungen treffen, die mit Rücksicht auf die Gesundheit, die Sittlichkeit und die Religion des Verpflichteten erforderlich sind. Das Gesindeverhältnis gibt dem Gesinde das Recht, sich in den Räumlichkeiten und auf dem Grundstücke der Dienstherrschaft aufzuhalten; doch erstreckt dieser Aufenthalt sich nicht auf alle Teile der Wohnung, sondern nur auf die Räumlichkeiten, welche dem Gesinde nach der bei Vermietung getroffenen Uebereinkunft, nach der Natur der vertragsmäßigen Leistungen und nach den innerhalb dieser Grenzen von der Dienstherrschaft getroffenen Anordnungen zur Benutzung übergeben sind (RG. v. 22. XII. 1885, E. in Str. 13 189). Das Gesinde ist sogar berechtigt, in den

Räumen unbefugten Dritten gegenüber als Stellvertreter des Wohnungsinhabers dessen Hausrecht auszuüben (RG. v. 16. IV. 1885, E. in Str. 12 132). Andererseits aber hat der Dienstbote die Pflicht, der Aufforderung der Herrschaft, sich aus bestimmten Räumen, sogar aus der Gesindestube zu entfernen, Folge zu leisten. Tut er das nicht, so macht er sich zwar nicht des Hausfriedensbruchs, aber unter Umständen einer Uebertretung des G. v. 24. IV. 1854 schuldig (s. A. 3 zum G. v. 24. IV. 1854 hinter § 80 sowie A. 3 zu § 117).

BGB. § 614. Die Vergütung ist nach der Leistung der Dienste zu entrichten.[1]) Ist die Vergütung nach Zeitabschnittten bemessen, so ist sie nach dem Ablaufe der einzelnen Zeitabschnitte zu entrichten.[2])

1. Der in diesem § aufgestellte Grundsatz, daß der Dienstpflichtige zur Vorleistung verpflichtet ist, war bisher schon als für das Gesindedienstverhältnis gültig angenommen worden. Doch kann auch vorherige Zahlung ausdrücklich oder stillschweigend vereinbart sein. Als stillschweigend vereinbart wird die Vorausbezahlung, ebenso auch die Zahlung zu anderen Zeitabschnitten (2. Satz) dann anzusehen sein, wenn sie der bestehenden Übung oder der Verkehrssitte entspricht (vgl. Planck Note zu § 614). An manchen Orten ist es üblich, dem Gesinde den Lohn in kleineren Beträgen nach Bedarf im voraus zu zahlen.

2. Das wochen- und monatsweise gemietete Gesinde kann also seinen Lohn auch wöchentlich oder monatlich fordern. Bei dem auf ein Vierteljahr oder länger gemieteten Gesinde wird sich wohl überall ein Ortsgebrauch herausgebildet haben, der dann entscheidend ist (s. A. 1); anderenfalls ist auch hier der Lohn nur vierteljährlich usw. zu zahlen.

BGB. § 616. Der zur Dienstleistung Verpflichtete wird des Anspruchs auf die Vergütung[1]) nicht dadurch verlustig, daß er für eine verhältnismäßig nicht erhebliche Zeit[2]) durch einen in seiner Person liegenden Grund[3]) ohne sein Verschulden an der Dienstleistung verhindert[4]) wird. Er muß sich jedoch den Betrag anrechnen lassen, welcher ihm für die Zeit der Verhinderung aus einer auf Grund gesetzlicher Verpflichtung bestehenden Kranken- oder Unfallversicherung zukommt.[5])

1. Der § 616, dessen Anwendbarkeit auf das Gesinderecht ausdrücklich im Art. 14 des AGzBGB. angeordnet ist, beruht auf Erwägungen der Billigkeit. Man ist davon ausgegangen, daß der Dienstherr mit verhältnismäßig geringfügigen Unterbrechungen der Dienste von vornherein rechnen müsse. Es handelt sich hier nur um die in natura erfolgende Weiterleistung der gewöhnlichen Vergütung (Lohn, Kost usw.), während § 617 über die außergewöhnlichen Ansprüche (Verpflegung, ärztliche Behandlung), die den Dienstboten bei Erkrankung zustehen, Bestimmungen trifft

(vgl. auch § 87 GesO.). Die Bestimmungen des § 616 können durch ausdrückliche oder stillschweigende Vereinbarung abgeändert oder ausgeschlossen werden. Wenn der Dienstbote Kost in dem Haushalt des Dienstherrn erhält, so wird regelmäßig eine stillschweigende Vereinbarung dahin anzunehmen sein, daß der Dienstbote den Anspruch auf diesen Teil der Vergütung verlieren soll, falls er gezwungen ist, die häusliche Gemeinschaft vorübergehend aufzugeben (Planck A. 4 zu § 616).

2. Was eine verhältnismäßig nicht erhebliche Zeit ist, muß unter Würdigung der Umstände des einzelnen Falles vom Richter entschieden werden. Als Maßstab ist das Verhältnis der Zeit der Unterbrechung zur Gesamtdauer des Mietsverhältnisses anzunehmen (KG. v. 10. II. 1904, Recht **1904** 251).

3. Zu denken ist namentlich an Erkrankungen des Gesindes, an kurze militärische Dienstleistungen, gerichtliche Termine, Todesfälle in der Familie. Erforderlich ist aber, daß dadurch wirklich eine Verhinderung des Verpflichteten herbeigeführt ist. Teilnahme an Hochzeiten, Kindtaufen usw. werden keinen ausreichenden Grund bilden.

4. Die Verhinderung und das Fehlen eines Verschuldens hat das Gesinde zu beweisen.

5. Die soziale Fürsorge für das Gesinde wird jetzt durch die Reichsversicherungsordnung v. 19. VII. 1911 (RGBl. 509) geregelt, von deren materiellen Vorschriften allerdings bisher nur das vierte Buch, das die Invaliden- und Hinterbliebenenversicherung regelt, am 1. I. 1912 in Kraft getreten ist (§ 2 des EG. v. 19. VII. 1911, RGBl. 839). Hinsichtlich der Krankenversicherung und der Unfallversicherung gelten einstweilen noch die bisherigen Vorschriften. Der gegenwärtige Rechtszustand ist hiernach folgender:

a) Die **Krankenversicherung**, die durch das ReichsG. v. 15. VI. 1883, abgeändert durch G. v. 10. IV. 1892 (RGBl. S. 379 und 417) eingeführt ist, findet an sich auf Dienstboten keine Anwendung, auch nicht auf die in der Landwirtschaft beschäftigten (vgl. OVG. v. 30. IV. 1888, E. **16** 364). Jedoch sind Dienstboten, die dauernd, nicht nur vorübergehend, außer mit den die Hauswirtschaft betreffenden Arbeiten in nicht ganz unerheblicher Weise noch mit gewerblichen Arbeiten, z. B. in einem Restaurationsgeschäft mit Reinigung des Lokals, der Gerätschaften und Geschirre beschäftigt werden, nach der in dieser Hinsicht immer mehr zugunsten der Versicherungspflicht hinneigenden Rechtsprechung versicherungspflichtig. Abgesehen hiervon sind nun aber nach § 4 Abs. 2 des KrankenversGes. alle Dienstboten berechtigt, der Gemeindekrankenversicherung der Gemeinde, in deren Bezirk sie beschäftigt sind, beim Gemeindevorstande beizutreten. Tun sie dies, so haben sie bei einer Erkrankung die Wahl, ob sie sich an die Gemeindekrankenversicherung oder an die Herrschaft, falls ihnen gegen letztere ein Anspruch aus §§ 86 ff. GesO. zusteht, halten wollen. Hält der Dienstbote sich an die Gemeindekrankenversicherung, so geht sein eigener Anspruch an die Herrschaft auf die Krankenkasse über. Hält sich der Dienstbote an die Herrschaft, so hat diese im Falle des Vorliegens der §§ 88 ff. GesO., nicht aber im Falle des § 86, einen Ersatzanspruch an die Gemeindekrankenversicherung. Die Leistungen zur Kasse haben die Dienstboten bei freiwilliger Versicherung allein zu tragen; dagegen muß, wenn das Gesinde wegen der Mithilfe im Gewerbe versicherungspflichtig ist, die Herrschaft die Anmeldung und Beitragsleistung bewirken.

Mit dem Inkrafttreten des zweiten die Krankenversicherung behandelnden Buches der Reichsversicherungsordnung werden alle Dienstboten für den Fall der Krankheit versichert sein. Es wird alsdann folgender Zustand eintreten, soweit sich dies mangels Vorliegens der Ausführungsverfügungen bisher beurteilen läßt: Alle Dienstboten sind für den Fall der Krankheit bei einer Krankenkasse versichert (§§ 3, 165). Gegenstand der Versicherung sind die Leistungen an Krankenhilfe, Wochengeld und Sterbegeld (§ 179). Die Krankenhilfe umfaßt Krankenpflege (ärztliche Behandlung, Arznei und andere Heilmittel) und Krankengeld in der Höhe des halben Grundlohnes für jeden Arbeitstag vom vierten Krankentage ab. Die Krankenhilfe endet spätestens mit dem Ablauf der 26. Woche von Beginn der Krankheit ab (§§ 182, 183). Durch Satzungen können die Bestimmungen über Krankenhilfe in wesentlichen Punkten abgeändert werden. Das Wochengeld, das nur bei einer mindestens sechs Monate dauernden Versicherung beansprucht werden kann, wird für 8 Wochen, von denen 6 in die Zeit nach der Niederkunft fallen müssen, in Höhe des Krankengeldes gewährt (§ 195). Sterbegeld wird in Höhe des 20fachen Betrages des Grundlohnes gezahlt (§ 201). Die Herrschaft hat jeden Dienstboten binnen 3 Tagen nach Beginn und Ende der Beschäftigung bei der zuständigen Meldestelle zu melden (§§ 317, 319). Die Mittel für die Krankenversicherung sind von der Herrschaft und den Dienstboten aufzubringen; sie werden in Hundertteilen des Grundlohns festgesetzt. Die Herrschaft hat 1/3, der Dienstbote 2/3 zu zahlen (§§ 380, 381, 385). Die Herrschaft hat die gesamten Beiträge an bestimmten Tagen an die Kassenstelle abzuführen und darf den Beitragsanteil des Dienstboten diesem vom Lohne abziehen (§§ 393, 394). Die Herrschaft kann auf ihren Antrag von der Versicherungspflicht befreit werden, wenn sie sich verpflichtet, die volle Unterstützung in Krankheitsfällen aus eigenen Mitteln zu decken, wenn ferner ihre Leistungsfähigkeit sicher ist und wenn sie den Antrag hinsichtlich aller ihrer Dienstboten stellt (§§ 418, 435). In der Stadt wird die Herrschaft das große Risiko der eigenen Versicherung kaum eingehen, auf dem Lande, wenn viel Dienstboten vorhanden sind, eher. Für Dienstboten kann auch durch die Krankenkassen die sog. erweiterte Krankenpflege eingeführt werden, bei der statt der Krankenpflege und des Krankengeldes Kur und Verpflegung in einem Krankenhause oder in einer ähnlichen Heilanstalt gewährt werden (§§ 426 ff., 435). Versicherungsvereine auf Gegenseitigkeit können als Ersatzkassen zugelassen werden; sie übernehmen dann sämtliche gesetzliche Verpflichtungen der Krankenkassen (§§ 503 ff.). Das

Nähere s. bei § 90 GesO. Wer die Anmeldung des zuziehenden Dienstboten vorsätzlich unterläßt, wird mit Geldstrafe bis zu 300 Mk., wer dies fahrlässig tut, mit Geldstrafe bis 150 Mk. bestraft; sonstige Verletzungen der Vorschriften über Meldung usw. werden mit Geldstrafe bis 20 Mk. belegt (§ 530). Wer den Dienstboten höhere Beiträge als vorgeschrieben abzieht, wird mit Geldstrafe bis 300 Mk. oder mit Haft bestraft (§ 532). Alle auf Gesetz und Vertrag beruhenden Pflichten zur Fürsorge für die nach der RVO. Versicherten bleiben bestehen (§ 1527). Hieraus sich ergebende Schadensersatzansprüche gehen auf die Krankenkasse insoweit über, als diese dem Dienstboten nach der RVO. Leistungen zu gewähren hat (§ 1542 RVO). Auf Grund dieser zuletzt aufgeführten Bestimmungen, die übrigens auch für die Unfall- und Invaliditätsversicherung gelten, werden die Vorschriften der GesO. und des BGB. über die Pflichten der Herrschaft bei Krankheiten des Gesindes (s. §§ 86 ff.) zum größten Teil auch noch weiter von Wichtigkeit bleiben.

b) Das die **Unfallversicherung** betreffende G. v. 6. VII. 1884 in der Fassung des G. v. 30. VI. 1900 berücksichtigt in seinem § 1 zunächst ebenfalls die Dienstboten nicht; es gehören aber, wie die Motive ausdrücklich feststellen, zu den nach diesem § zu versichernden Arbeitern auch die Dienstboten, sobald sie (wenn auch nur ausnahmsweise vorübergehend) in einem versicherungspflichtigen Betriebe beschäftigt sind. Werden die in den Betrieben beschäftigten Personen nebenbei zu häuslichen Diensten herangezogen, so erstreckt sich die Versicherung auch auf die in diesen häuslichen Diensten erfolgten Unfälle. Durch die Ausdehnung der Unfallversicherung auf die im landwirtschaftlichen Betriebe beschäftigten Personen, welche durch G. v. 5. V. 1886 (jetzt zum Teil abgeändert durch G. v. 30. VI. 1900) erfolgt ist, ist das in der Landwirtschaft, wenn auch nur vorübergehend, beschäftigte Gesinde gegen die Folgen der bei dem Landwirtschaftsbetrieb sich ereignenden Unfälle versichert. Eine besondere Anmeldung des einzelnen Arbeiters ist hierbei nicht nötig. Die Beiträge hat die Herrschaft allein aufzubringen. Von einem Unfalle, durch den eine im Betriebe beschäftigte Person eine Körperverletzung erleidet, welche eine Arbeitsunfähigkeit von mehr als 3 Tagen zur Folge hat, ist durch den Betriebsunternehmer der Ortspolizeibehörde binnen 3 Tagen Anzeige zu machen. Der Schadenersatz, den der Verletzte erhält, besteht neben den Kosten des Heilverfahrens in einer vom Beginne der 14. Woche ab für die Dauer der Erwerbsunfähigkeit zu gewährenden Rente, die nach dem Jahresarbeitsverdienst als Teil desselben (nicht über $^2/_3$) berechnet wird (§ 8). Während der ersten 13 Wochen muß die Gemeinde die Kosten des Heilverfahrens tragen, falls die Dienstherrschaft sie nicht gewährt; die Gemeinde hat aber den Ersatzanspruch an die Herrschaft. Auch das BauunfallG. v. 11. VII. 1887 in der Fassung des G. v. 30. VI. 1900 kann auf Dienstboten Anwendung finden, die bei Bauarbeiten verwendet werden. Dazu rechnet das Reichsvers.Amt die Anbringung von Fensterläden und Wetterrouleaux, nicht aber von Gardinen und Vorhängen.

Auch hier wird das Inkrafttreten des die Unfallversicherung betreffenden Teils der RVO. (Drittes Buch, §§ 537—1227) wesentliche Aenderungen bringen. Für die Dienstboten bleibt es allerdings bei dem Grundsatze, daß sie an sich der Unfallversicherung nicht unterliegen und nur dadurch, daß sie nebenbei in einem versicherungspflichtigen Betriebe gewerblich oder landwirtschaftlich tätig sind, in die Unfallversicherung hineinbezogen werden. Da Herrschaften, deren Gesinde auf diese Weise versicherungspflichtig wird, mit sehr geringen Ausnahmen auch Arbeiter beschäftigen werden, die an sich versicherungspflichtig sind, so daß sie über ihre eigenen Pflichten unterrichtet sein werden, erübrigt sich hier ein genaues Eingehen auf die weiteren Bestimmungen der RVO. Es sei nur bemerkt, daß Träger der Unfallversicherung die Berufsgenossenschaften sind, daß die Höhe des Ersatzes im Falle des Schadens, der Körperverletzung oder der Tötung ungefähr dieselbe ist, wie nach der bisherigen Gesetzgebung und daß die von den Arbeitgebern aufzubringenden Mitgliederbeiträge, aus denen die Mittel für die Verpflichtungen der Berufsgenossenschaften entnommen werden, nach dem Arbeitslohn oder Ortslohn sowie nach dem Gefahrentarife jährlich umgelegt werden. Für die landwirtschaftliche Unfallversicherung sind besondere Bestimmungen (§§ 915 ff.) ergangen, die zum Teil nicht unwesentlich abweichen von den für die Gewerbeunfallversicherung erlassenen (§§ 537 ff.). Den Satzungen der einzelnen Berufsgenossenschaften sind vielfach die näheren Anordnungen überlassen.

c) Die **Invalidenversicherung** zusammen mit der neueingeführten **Hinterbliebenenversicherung** ist durch das am 1. I. 1912 in Kraft getretene vierte Buch der Reichsversicherungsordnung (§§ 1226—1500) v. 19. VII. 1911 (RGBl. S. 509) neu geregelt. Danach erhalten alle über 16 Jahre alten Dienstboten im Falle der dauernden Invalidität eine Invalidenrente oder bei zurückgelegtem 70. Lebensjahre ohne Rücksicht auf das Vorhandensein einer Invalidität eine Altersrente. Eine Invalidenrente erhält auch der nicht dauernd invalide Versicherte, der während 26 Wochen ununterbrochen invalide gewesen ist oder der nach Wegfall des Krankengeldes invalide ist, für die weitere Dauer seiner Invalidität (Krankenrente). Als invalide gilt, wer nicht mehr imstande ist, ein Drittel dessen zu erwerben, was gesunde Personen derselben Art mit ähnlicher Ausbildung durch Arbeit zu verdienen pflegen. Ferner ist durch die RVO. neu eingeführt die Hinterbliebenenfürsorge, auf Grund deren den Hinterbliebenen eines Versicherungspflichtigen Rente, Witwengeld und Waisenaussteuer gewährt wird. Da Gesinde nur in seltenen Fällen Hinterbliebene zurücklassen wird, können hier die Bestimmungen der RVO., soweit die Hinterbliebenenfürsorge in Betracht kommt, außer Betracht bleiben. Im übrigen ist die Voraussetzung für die Erlangung des Anspruchs auf die Rente die Zurücklegung einer Wartezeit, die bei der Invalidenrente, wenn mindestens 100 Beiträge auf Grund der Versicherungspflicht geleistet sind, 200 Beitragswochen, andernfalls 500 Beitragswochen, bei der Altersrente 1200 Beitragswochen beträgt, sowie die Leistung von Beiträgen, welche je zur Hälfte von den Arbeitgebern (Dienstherren) und von den Versicherten (Dienstboten) aufgebracht werden sollen. Die Höhe der Beiträge richtet sich nach der Höhe des Jahresarbeitsverdienstes, nach welcher die Versicherten in 5 Lohnklassen eingeteilt sind. Hierbei sind bestimmte Durchschnittslöhne für große Kategorien von Arbeitern usw. maßgebend. Die wöchentlichen Beiträge sind bis auf weiteres auf 16 Pfg. bei Lohnklasse I, 24 Pfg. bei Lohnklasse II, 32 Pfg. bei Lohnklasse III, 40 Pfg. bei IV und 48 Pfg. bei Lohnklasse V festgesetzt. In Berlin werden Dienstboten gewöhnlich zur Lohnklasse III (550—850 Mk.) gerechnet. Bei vorübergehendem ländlichen Sommeraufenthalt müssen die Marken des gewöhnlichen Wohnsitzes der Herrschaft weiter geklebt werden. (E. d. ReichsversAmts v. 17. IV. 1907, Polizei 4 156). Die Beiträge werden in der Art erhoben, daß ein nach der Beschäftigungsdauer und der Lohnklasse zu berechnender Betrag von Marken, welche bei den Postanstalten käuflich zu haben sind, in eine von der Polizeibehörde auszustellende Quittungskarte des Versicherten eingeklebt wird. Das Einkleben der Marken, das bei jeder Lohnzahlung erfolgen muß, liegt dem Arbeitgeber (der Herrschaft) ob. Den Dienstherren, die es unterlassen, Marken in ausreichender Höhe und in vorschriftsmäßiger Beschaffenheit rechtzeitig zu verwenden, können bis zu 300 Mk. Geldstrafe auferlegt werden. Ist die für 52 Wochen eingerichtete Quittungskarte voll, so wird sie bei der Polizeibehörde gegen eine neue umgetauscht; über den Inhalt der ersten Karte erhält der Inhaber zugleich eine Bescheinigung. Eine Quittungskarte verliert ihre Gültigkeit, wenn sie nicht innerhalb 2 Jahren nach dem auf der Karte verzeichneten Ausstellungstage zum Umtausch eingereicht ist. Da nach der bestimmten Gesetzesvorschrift der Dienstherr die Hälfte der verauslagten Beiträge von dem Versicherten erstattet verlangen kann, ist der Anspruch der Dienstboten, daß die Herrschaft die ganzen Beiträge zahlt, durchaus unberechtigt.

§ 83.[1]) Ist auch Kost versprochen worden, so muß selbige bis zur Sättigung gegeben werden. Offenbar der Gesundheit nachteilige und ekelhafte Speisen kann das Gesinde anzunehmen nicht gezwungen werden. In Fällen, wo über die Beköstigung Streit entsteht, entscheidet in Ermangelung bestimmter Verabredung die Polizeiobrigkeit wie § 33 über die Menge und Beschaffenheit derselben.[2]) [3])

1. Die Pflichten, welche die §§ 83 und 84 GesO. der Herrschaft auferlegen, werden jetzt verallgemeinert durch § 618 BGB. (siehe S. 99), nach dem die Herrschaft alle im Interesse der Gesundheit, Sittlichkeit und Religion des Gesindes erforderlichen Einrichtungen und Anordnungen zu treffen hat.
2. Wegen der Befugnisse der Polizei s. A. 1 zu § 33.
3. Verweigerung der notdürftigen Kost oder gänzliche Vor-

enthaltung des Kostgeldes (§ 32, 33) gibt nach § 140 GesO. dem Dienstboten ein Recht auf sofortigen Austritt aus dem Dienste.

§ 84. Die Herrschaft muß dem Gesinde die nötige Zeit zur Abwartung des öffentlichen Gottesdienstes lassen und dasselbe dazu fleißig anhalten.

Hierzu § 618 BGB. (s. S. 99).

(**§ 85.** Sie muß ihm nicht mehrere noch schwerere Dienste zumuten, als das Gesinde nach seiner Leibesbeschaffenheit und seinen Kräften ohne Verlust seiner Gesundheit bestreiten kann.)

Nach der Begründung des AGzBGB. S. 22 ist dieser Paragraph durch § 618 BGB. (s. S. 99) gänzlich beseitigt.

§ 86. Zieht ein Dienstbote sich durch den Dienst oder bei Gelegenheit desselben [1]) eine Krankheit zu,[2]) so ist die Herrschaft schuldig,[3]) für seine Kur und Verpflegung [4]) zu sorgen.[5])

§ 86 ist ebenso wie die §§ 87—95 GesO. wesentlich geändert, zum Teil ganz aufgehoben durch die Bestimmungen der §§ 617—619 BGB., welche Seite 93—102 angeführt und im einzelnen behandelt sind. Hier sei unter Hinweis auf die A. 1 zu § 617 vorweg bemerkt, daß § 86 GesO. nur noch auf die sechs Wochen übersteigende Dauer der Erkrankung Anwendung findet, wenn das Dienstverhältnis noch weiter fortdauert. Ueber den Einfluß, den die neue RVO. auf die Fürsorge in Krankheitsfällen haben wird, s. A. 5a zu § 82 und A. 6 zu § 86.

1. Der Dienstbote muß beweisen, daß er sich die Krankheit durch den Dienst oder bei Gelegenheit des Dienstes zugezogen hat. Der erste Fall würde z. B. vorliegen, wenn der Dienstbote einen Kranken zu pflegen hatte und von diesem hierbei angesteckt wird. „Bei Gelegenheit" des Dienstes würde die Erkrankung erfolgt sein, wenn z. B. ein Dienstmädchen Vieh treibt und von einem Ochsen verletzt wird, oder wenn ein Knecht Holz haut und sich hierbei verwundet u. dgl. m. Zwischen der Erkrankung des Dienstboten und der Ausrichtung des Dienstauftrags muß ein ursächlicher Zusammenhang stattgefunden haben, also wenn z. B. ein Knecht während des Holzhauens die Cholera bekommt, so geschieht dies zwar während des Dienstes, aber nicht durch den Dienst, denn es fehlt dabei jeder Zusammenhang zwischen Dienst als Ursache und Krankheit als Folge (vgl. Bornhak in Selbstv. 1887 235).

2. Das Gesinde kann aus § 86 und auch aus §§ 88, 89 GesO. keine Ansprüche erheben, wenn es seine Erkrankung durch Vorsatz oder grobe Fahrlässigkeit selbst herbeigeführt hat (§ 617

BGB.). Wenn also z. B. das durch den Ochsen verletzte Mädchen dem Ochsen nicht auswich, obwohl es denselben auf sich zukommen sah, oder der Knecht das Holzhauen verrichtete, obwohl das dazu erforderliche Tageslicht fehlte (s. A. 1), dann kann der § 86 nicht zur Anwendung kommen, weil sich der Dienstbote dann eine grobe Fahrlässigkeit zuschulden kommen ließ. Dasselbe gilt, wenn der Dienstbote sich dadurch eine Krankheit bei Gelegenheit des Dienstes zuzog, daß er gegen die Anweisung des Dienstherrn handelte (OTr. v. 26. IV. 1844, JW. 1844 619). Hat sich das Gesinde durch außerehelichen Geschlechtsverkehr eine Erkrankung zugezogen, so wird immer ein die Pflichten der Herrschaft ausschließendes Verschulden anzunehmen sein (Planck A. 4e und Staudinger A. IV 1 b zu § 617 BGB.). Die Herrschaft, welche den krank gewordenen Dienstboten auf ihre Kosten nicht verpflegen will, hat zu beweisen, daß der Dienstbote sich eines Vorsatzes oder einer groben Fahrlässigkeit schuldig gemacht oder gegen die ausdrückliche Anweisung gehandelt hat. Ein Verschulden der Herrschaft wird zur Anwendung des § 86 GesO. nicht erfordert.

3. Die sich aus § 86 GesO. ergebende, erst 6 Wochen nach der Erkrankung beginnende Pflicht der Herrschaft, für den erkrankten Dienstboten zu sorgen, hört unter allen Umständen mit dem Ende der Dienstzeit auf (§ 92 GesO.). Die Herrschaft, die sich zu keiner besonderen Rücksichtnahme gegen den Dienstboten moralisch verpflichtet fühlt, wird daher bei eintretender, voraussichtlich langwieriger Krankheit des Dienstboten diesem, sobald dies statthaft (s. §§ 110—116), kündigen (vgl. das Weitere A. 6 zu § 617 BGB. S. 97).

4. Ueber den Umfang der Verpflichtungen der Herrschaft vgl. unten A. 1 zu § 617 BGB.

5. Das Gesinde kann seine Ansprüche aus § 86 nur im Wege der gerichtlichen Klage verfolgen. Eine Befugnis, auf Antrag einer Partei eine Vermittlung zu versuchen, wird man der Polizei nicht absprechen können; ein Entscheidungs- und Zwangsrecht hat die Polizei keinesfalls.

6. Durch die Einführung der die Krankenversicherung betreffenden Vorschriften der RVO. werden die §§ 86—97 GesO. erheblich modifiziert werden, zumal wenn die betr. Krankenkasse die sogenannte erweiterte Krankenpflege (RVO. §§ 420 ff. und A. 5 a zu § 82) eingerichtet hat, da alsdann die Krankenkasse die Vorsorge für das erkrankte Gesinde übernimmt und sich wegen ihrer Aufwendungen an die Herrschaft oder im Falle der §§ 88 ff. an die leistungsfähigen Verwandten und, wenn solche nicht vorhanden sind, an die Herrschaft halten kann. Die erste Hilfe bei Erkrankungen zu bringen und den Dienstboten zu pflegen, bis die Krankenkasseneinrichtung sich seiner annimmt, wird allerdings nach wie vor Pflicht der Herrschaft sein.

BGB. § 617. [1]) **Ist bei einem dauernden [2]) Dienstverhältnisse, welches die Erwerbstätigkeit des Verpflichteten vollständig oder hauptsächlich in Anspruch nimmt, der Ver-**

pflichtete in die häusliche Gemeinschaft [3]) aufgenommen, so hat der Dienstberechtigte ihm im Falle der Erkrankung [4]) die erforderliche Verpflegung und ärztliche Behandlung [5]) bis zur Dauer von sechs Wochen, jedoch nicht über die Beendigung des Dienstverhältnisses hinaus, [6]) zu gewähren, sofern nicht die Erkrankung von dem Verpflichteten vorsätzlich oder durch grobe Fahrlässigkeit [7]) herbeigeführt worden ist. Die Verpflegung und ärztliche Behandlung kann durch Aufnahme des Verpflichteten in eine Krankenanstalt gewährt werden. [8]) Die Kosten können auf die für die Zeit der Erkrankung geschuldete Vergütung [9]) angerechnet werden. Wird das Dienstverhältnis wegen der Erkrankung von dem Dienstberechtigten nach § 626 [10]) gekündigt, so bleibt die dadurch herbeigeführte Beendigung des Dienstverhältnisses außer Betracht.

Die Verpflichtung des Dienstberechtigten tritt nicht ein, wenn für die Verpflegung und ärztliche Behandlung durch eine Versicherung oder durch eine Einrichtung der öffentlichen Krankenpflege Vorsorge getroffen ist. [11])

Hierzu:

EGzBGB. Art. 95 Abs. 2. Die Vorschriften der §§ . . . 617 bis 619 . . . des BGB. finden (auf das Gesinderecht) Anwendung, die Vorschriften des § 617 jedoch nur insoweit, als die Landesgesetze dem Gesinde nicht weitergehende Ansprüche gewähren.

1. Der § 617 BGB. beruht auf dem Gedanken, daß bei einer Reihe von Dienstverträgen durch die Aufnahme des Dienstpflichtigen in die häusliche Gemeinschaft ein familiäres Verhältnis begründet werde, das nach der herrschenden Anschauung für den Dienstherrn die Verpflichtung mit sich bringt, bei Krankheiten für den Dienstpflichtigen ebenso wie für andere Familienmitglieder zu sorgen. Das Gesetz glaubt aber die Regelung dieses Verhältnisses nicht der Sitte und der Vereinbarung der Parteien überlassen zu können, sondern hat es für notwendig gehalten, die sittliche Pflicht zu einer absoluten Rechtspflicht zu erheben (Planck A. 2 zu § 617). Da aber einzelne Gesindeordnungen in ihrer Fürsorge für das erkrankte Gesinde noch weiter gingen als das BGB., wurde bei der Beratung des Einführungsgesetzes im Reichstage der Zusatz gemacht (s. oben Art. 95), daß die Vorschriften der Landesgesetze, wenn sie dem Gesinde weitergehende Ansprüche als § 617 gewähren, auch in Zukunft Anwendung finden sollten (vgl. auch Schultzenstein im PrVerwBl. 28 148). Durch diese Gestaltung der Gesetzgebung wird man gezwungen, bei Prüfung jeder einzelnen Vorschrift zu untersuchen, ob das Reichsrecht oder das Landesrecht dem Gesinde günstiger ist. Bei dieser Untersuchung und bei der Vergleichung der Verpflichtungen der Dienstberechtigten kommt es lediglich auf die gesetzlichen Bestimmungen als solche und nicht darauf an, wie sie bei den einzelnen Dienstverhältnissen nach den dafür über die Höhe der Vergütung der Dienste usw. getroffenen besonderen Vereinbarungen wirken (OVG. v. 27. X. 1902, E. 42 318). Die Be-

stimmungen der GesO. über die Pflichten der Herrschaft bei Erkrankung des Gesindes sind ziemlich verwickelt und haben zu vielen Zweifeln Anlaß gegeben. Es sind 3 Fälle zu unterscheiden:

a) Das Gesinde erkrankt im Dienst der Herrschaft, d. h. während seiner Dienstzeit. Alsdann hat die Herrschaft für das Gesinde nur zu sorgen, wenn keine Verwandten in der Nähe sind oder die Verwandten ihre Pflicht nicht erfüllen können oder wollen (§§ 88, 89). Diese schweren Pflichten werden durch die Vorschriften der §§ 90—93 (Unterbringung in öffentliche Anstalten, Abzug der Kurkosten vom Lohn, Beschränkung der Verpflichtung auf die Dienstzeit) und durch die Erstattungspflicht der Verwandten etwas gemildert. Löst das Gesinde den Vertrag gemäß § 142 GesO. auf, so fällt die Fürsorgepflicht der Herrschaft fort.

b) Das Gesinde erkrankt nicht nur im Dienste, sondern durch den Dienst (causa) oder bei Gelegenheit desselben (occasione). Hier liegt ebenfalls der Herrschaft die Fürsorge für die Dauer der Dienstzeit ob, aber vor den Verwandten und ohne Lohnabzug (§§ 86, 87). Ein Verschulden der Herrschaft ist nicht erforderlich.

c) Das Gesinde erkrankt durch geringes Versehen der Herrschaft oder in Ausführung einer bestimmten Vorschrift der Herrschaft durch Zufall. Dann hat die Herrschaft die Kurkosten und den notdürftigen Unterhalt des Gesindes solange, bis dasselbe wieder arbeitsfähig wird, also über die Dienstzeit hinaus, zu erstatten (§§ 94, 95).

Dem gegenüber spricht das BGB. in § 617 eine allgemeine Verpflichtung der Herrschaft aus, dem Gesinde bei Erkrankung Verpflegung und ärztliche Behandlung zu gewähren, beschränkt aber (vgl. auch den Aufsatz des RA. Gerhard in den BlfR. 1897 93) diese Verpflichtung in 4 Punkten:

a) sie fällt fort, wenn auf seiten des Gesindes Vorsatz oder grobe Nachlässigkeit vorliegt;
b) sie erstreckt sich auf höchstens 6 Wochen;
c) sie läßt eine Erstattung durch Anrechnung auf den geschuldeten Lohn zu;
d) sie wird ersetzt durch eine Versicherung oder die Einrichtung der öffentlichen Krankenpflege.

Durch den § 617 BGB. würde hiernach das Gesinde nach mehreren Richtungen schlechter gestellt, als es nach der GesO. stand, so daß man in jedem einzelnen Falle prüfen muß, ob man nicht statt des BGB. das für das Gesinde günstigere alte Recht anzuwenden hat.

Zunächst ist stets festzustellen:

a) wann die Dienstzeit aufhört, ob vor oder nach 6 Wochen seit der Erkrankung. Ist dies nach 6 Wochen der Fall, so kommen für die Zeit der Erkrankung, die 42 Tage übersteigt, die Bestimmungen der GesO. zur Anwendung, da diese eine Einschränkung auf 6 Wochen nicht kennt, vielmehr die Dauer der Verpflichtung der Herrschaft auf die ganze Dienstzeit ausdehnt (§ 92);

b) ob die Erkrankung durch den Dienst (oder bei Gelegenheit desselben) erfolgt ist (§ 86) oder ob sie im Dienste (§ 88) erfolgt ist. Im Falle des § 86 stellt die GesO. das Gesinde günstiger als das BGB., indem sie den Abzug der Kosten vom Lohne ausschließt (§ 87). Auch kann, wenn die Erkrankung nur im Dienst (§ 88) erfolgt ist, die Herrschaft für die 6 Wochen übersteigende Krankheitszeit sich an die Verwandten des Gesindes halten;

c) ob die Erkrankung durch Vorsatz oder grobe Fahrlässigkeit veranlaßt worden ist. Ist dies nicht der Fall, so kommt § 617 des BGB. zur Anwendung (soweit nicht nach Nr. a oder b die GesO. anzuwenden ist), weil dieser dem Gesinde weitergehende Ansprüche gewährt als §§ 88—91 GesO. Liegt aber Vorsatz oder grobe Fahrlässigkeit vor, so muß die GesO. angewendet werden, weil sie dem Gesinde in diesem Falle Ansprüche gibt, die das BGB. ihm versagt. Die Begründung des Ausführungsgesetzes S. 20 will bei Vorsatz oder grober Fahrlässigkeit den Anspruch des Gesindes auf den Fall beschränken, daß die Erkrankung im Dienst (nicht durch den Dienst oder bei Gelegenheit desselben) erfolgt ist. Dieser Ansicht aber ist nicht beizupflichten, weil unter dem „außerdem" des § 88 auch diejenigen Fälle zu verstehen sind, in denen der durch den Dienst usw. verletzte Dienstbote beim Vorliegen eigenen Verschuldens von den weitergehenden Rechten des § 86 GesO. keinen Gebrauch machen kann. Dem § 88 liegt der Gedanke zugrunde, daß ein erkrankter Dienstbote, auch wenn die Herrschaft an sich keine Verpflichtung hat, für seine Kur und Verpflegung (§ 86) zu sorgen, von der Herrschaft nicht hilflos im Stich gelassen werden darf (s. OVG. v. 10. III. 1904, DJZ. 870). Sie muß für ihn „Vorsorge" treffen, wenn keine Verwandten in der Nähe sind und er selbst kein Vermögen hat usw. Diese subsidiäre Verpflichtung kann durch ein Verschulden des Gesindes nicht beseitigt werden. Wollte man hier den Unterschied zwischen dem durch den Dienst und dem im Dienst erkrankten Gesinde machen, so würde das im Dienst mit eigener Schuld erkrankte Gesinde besser stehen als das durch den Dienst mit eigener Schuld erkrankte. Und das hat der Gesetzgeber zweifellos nicht beabsichtigt (vgl. auch Zürn § 14 I 2);

d) ob die Erkrankung durch Schuld der Herrschaft verursacht ist, die alsdann auf vollen Schadenersatz haftet (s. das Weitere A. 5 zu § 618 BGB. S. 100).

2. Was ein dauerndes Dienstverhältnis ist, sagt das BGB. nicht. Es ist in jedem einzelnen Falle zu prüfen, ob nicht der Dienstpflichtige vorübergehend, zur Aushilfe usw. angenommen ist (vgl. § 40 A. 1).

3. Ueber den Begriff der häuslichen Gemeinschaft vgl. die Vorbemerkung S. 4 f. und die A. zu § 1 GesO.

4. Die Erkrankung muß nach der Aufnahme in die häusliche Gemeinschaft erfolgt sein. Bestand die Krankheit schon vorher, so ist die Dienstherrschaft nicht zur Pflege verpflichtet. Zweifelhaft ist die Frage bei chronischen Krankheiten und bei einer schon vor der Aufnahme in die häusliche Gemeinschaft vorhandenen Disposition zur Krankheit. Die neuere Judikatur neigt sehr dazu, die Dienstverpflichteten hinsichtlich ihrer Rechte aus § 617 BGB. günstig zu stellen. Das OLG. Colmar sagt in einer E. v. 16. II. 1905 (Recht 134), daß es gleichgültig sei, ob der Keim der Erkrankung schon in der Zeit vor Beginn des Dienstverhältnisses entstanden sei. Das OLG. Frankfurt nimmt in einer E. v. 9. XI. 1903 (Rechtsspr. 9 289) aus sozialpolitischen Erwägungen an, daß § 617 auch Anwendung finde, wenn die Krankheit schon vor dem Dienstantritte ausgebrochen (zutage getreten) war. Diese Entscheidung läßt sich kaum aufrecht erhalten.

5. Zur ärztlichen Behandlung gehört die Beschaffung von Medizin und von ärztlichen Hilfsmitteln, wie Brillen und Bruchbändern (vgl. § 182 RVO.). Das Gesinde hat kein Recht, wegen einer leichten Erkrankung, zu deren Heilung ärztliche Behandlung nicht erforderlich erscheint, die Zuziehung eines Arztes zu beanspruchen (Planck, A. 5 a und Staudinger A. IV 2 c). Die Behandlung durch einen sog. Naturarzt braucht sich das Gesinde nicht gefallen zu lassen (Neumann, A. 2). Bei der Verpflegung muß sich das Gesinde mit der Krankenpflege begnügen, die nach der Einrichtung des Hauswesens möglich erscheint.

6. Die Zeit von 6 Wochen bezeichnet also die Maximalzeit (falls nicht das Dienstverhältnis länger dauert, s. oben A. 1). Erlischt das Dienstverhältnis früher, so hört auch die Verpflichtung der Herrschaft auf. Bei Eintritt oder im Verlauf der Krankheit kann also die Herrschaft unter Innehaltung der gesetzlichen Kündigungsfrist (§§ 112 ff. GesO.) kündigen (s. A. 3 zu § 86 GesO.). Aus der Krankheit selbst kann die Herrschaft einen sofortigen Kündigungsgrund außer bei ansteckender und ekelhafter Krankheit, die sich das Gesinde durch liederliche Aufführung zugezogen hat (§ 128 GesO.), nicht herleiten (s. A. 10). Das Gesinde seinerseits kann, wenn es durch Krankheit zur Fortsetzung des Dienstes unvermögend wird, auf Grund des § 142 GesO. den Dienst ohne Kündigung verlassen.

7. Fahrlässig handelt nach § 276 BGB., wer die im Verkehr erforderliche Sorgfalt außer acht läßt. Den Begriff der groben Fahrlässigkeit setzt das BGB. nicht fest, es heißt aber in den Motiven I 280/281, daß grobe Fahrlässigkeit vorliegt, wenn die Sorgfalt in besonders schwerer Weise vernachlässigt wird (Beispiele s. A. 2 zu § 86 GesO.). Die Beweislast für das Verschulden des Dienstboten trifft die Herrschaft.

8. Dieser Satz hat für das Gesinde keine Gültigkeit, da § 90 GesO., der nur eine Aufnahme in öffentliche Krankenanstalten vorsieht, dem Gesinde weitergehende Ansprüche gewährt.

9. Ob die vertragsmäßige Vergütung geschuldet wird, bestimmt sich nach den allgemeinen Grundsätzen und nach den Vorschriften des § 616 BGB. (s. oben 86). Ist dies der Fall, so können die durch die Verpflegung und ärztliche Behandlung entstandenen Kosten angerechnet werden, gleichviel ob der kranke Dienstbote im Hause behandelt oder in eine Krankenanstalt gebracht ist (vgl. Planck A. 5d zu § 617).

10. § 626 BGB. lautet:

Das Dienstverhältnis kann von jedem Teile ohne Einhaltung einer Kündigungsfrist gekündigt werden, wenn ein wichtiger Grund vorliegt.

Diese Bestimmung kann auf das Gesinderecht keine Anwendung finden, so daß die Herrschaft bei Erkrankungen, abgesehen von den Fällen der §§ 128 und 133, dem Gesinde nur unter Einhaltung der gesetzlichen oder vertragsmäßigen Fristen kündigen kann. Die Gesindeordnung bestimmt in den §§ 117—142 die Fälle ganz genau, in denen die Herrschaft oder das Gesinde ohne Aufkündigung den Dienstvertrag lösen kann. Für die Annahme, daß diese Fälle nur Beispiele sein sollten, fehlt jeder Anhalt. Vielmehr ist anzunehmen, daß die GesO. in ihrem Streben, überall möglichst genau zu sein, alle nur denkbaren Gründe für die sofortige Vertragsaufhebung hat aufführen und erschöpfen wollen. Es sollten durch diese speziellen Grundsätze die allgemeinen Bestimmungen über die Vertragsaufhebung für das Gesinderecht beseitigt sein (a. M. Rehbein, E. 4 723, 724, DJZ. 1899 59, Jacobi Note VI zu § 135 GesO., Hedemann in DJZ. 1906 Sp. 1338, und Zürn im PrVerwBl. 29. 670). Die Bestimmungen des Handelsgesetzbuchs §§ 70ff. und der Gewerbeordnung § 133 b, wonach ebenfalls wichtige Gründe zur sofortigen Vertragsauflösung führen, kann man zur Analogie nicht heranziehen, denn diese Gesetze ordnen die Rechtsverhältnisse von Personen, auf die die Besonderheiten des Gesindedienstverhältnisses, besonders dessen familienrechtliche Natur, keine Anwendung finden. Der Gesetzgeber wollte gerade durch die strenge Umschreibung der Entlassungsgründe usw. verhüten, daß das feste Band zwischen Herrschaft und Gesinde aus Gründen, die einer der Parteien vielleicht augenblicklich eine Auflösung wünschenswert erscheinen ließen, zerrissen werden solle. Hat die neuere Zeit, in der das patriarchalische Verhältnis zwischen Herrschaft und Gesinde mehr in den Hintergrund getreten und teilweise ganz beseitigt ist, ein Bedürfnis geschaffen, das Gesindedienstverhältnis weniger fest zu knüpfen und den Parteien eine leichtere Möglichkeit der Auflösung zu geben, so muß eben die Gesetzgebung geändert werden. Solange aber die Gesindeordnung noch besteht, wird man nur annehmen können, daß nicht alle „wichtigen Gründe" eine sofortige Lösung des Dienstvertrages ermöglichen, daß vielmehr die Gründe für eine sofortige Aufhebung in der GesO. einzeln erschöpfend aufgezählt sind (vgl. auch Niedner, EG. A. 1b γ zu Art. 95, Delius im PrVerwBl. 1898 87 und Gerhard 145). Hätte der Gesetzgeber den § 626

BGB. auf das Gesinderecht angewendet wissen wollen, so hätte er zweifellos im Art. 95 des EG. oder Art. 14 des AG., ebenso wie es mit anderen §§ des Titels im Dienstvertrage geschehen ist, diesen § 626 als auf das Gesinderecht anwendbar erklärt (s. auch die Kritik des jetzigen Rechtszustandes, der für das Gesinderecht durch die Nichtanwendbarkeit des § 626 BGB. geschaffen ist, in dem Aufsatze von Fuld im Arch. für öff. Recht 14 102). Auf dem hier vertretenen Standpunkt steht auch das Ober-VerwGericht, indem es sagt, daß auf die Dienstverhältnisse des Instmanns (S. 12) § 626 BGB. Anwendung finde, da die Instleute kein Gesinde, sondern nur hinsichtlich einzelner Rechtsverhältnisse dem Gesinde gleichgestellt seien (E. vom 18. X. 1904, 46 412). Das OLG. Celle hat durch Beschluß vom 5. XI. 1901 (Rechtspr. 4 45) ausgesprochen, daß der § 626 BGB. neben der hannoverschen Dienstbotenordnung keine Anwendung finde.

11. Über die Krankenversicherung s. A. 5 zu § 616 BGB. S. 87.

BGB. § 618.[1]) Der Dienstberechtigte hat Räume,[2]) Vorrichtungen oder Gerätschaften, die er zur Verrichtung der Dienste zu beschaffen hat, so einzurichten und zu unterhalten und Dienstleistungen,[3]) die unter seiner Anordnung oder seiner Leitung vorzunehmen sind, so zu regeln, daß der Verpflichtete gegen Gefahr für Leben und Gesundheit so weit geschützt ist, als die Natur der Dienstleistung es gestattet.

Ist der Verpflichtete in die häusliche Gemeinschaft aufgenommen, so hat der Dienstberechtigte in Ansehung des Wohn- und Schlafraums, der Verpflegung sowie der Arbeits- und Erholungszeit diejenigen Einrichtungen und Anordnungen zu treffen, welche mit Rücksicht auf die Gesundheit, die Sittlichkeit und die Religion des Verpflichteten erforderlich sind.[4])

Erfüllt der Dienstberechtigte die ihm in Ansehung des Lebens und der Gesundheit des Verpflichteten obliegenden Verpflichtungen nicht, so finden auf seine Verpflichtung zum Schadensersatze die für unerlaubte Handlungen geltenden Vorschriften der §§ 842—846 entsprechende Anwendung.[5])[6])

1. Der § 618, der dem § 120a—c der GewO. nachgebildet ist, legt dem Dienstherrn gewisse Verpflichtungen hinsichtlich der Sorge für das Leben, die Gesundheit, die Sittlichkeit und die Religion des Dienstverpflichteten auf. Für das Gesinde kommt besonders Abs. 2, den die Reichstagskommission hinzugefügt hat, in Betracht, aber auch Abs. 1 und 3 gelten für das Gesindedienstverhältnis, da das EG. in Art. 95 ausdrücklich ihre Anwendbarkeit ausgesprochen hat. Im allgemeinen regelt der § 618 nur das nach einzelnen Richtungen hin, was § 242 BGB. im allgemeinen ausspricht, daß nämlich die Leistungen so zu bewirken sind, wie Treu und Glauben mit Rücksicht auf die Verkehrssitte es erfordern. Dieser allgemeine Grundsatz des § 242 wird bei allen Zweifelsfällen, die sich über die Anwendung des § 618 ergeben, im Auge zu behalten sein.

2. Zu den Räumen gehören auch die Zugänge, insbesondere die Treppen (RG. v. 26. XI. 1903, Recht 1904 503) und die Flure (RG. v. 21. I. 1908, Recht Beilage 2 S. 123), auch die Höfe (RG. v. 12. V. 1902, DJZ. 1902 369).

3. Bei der Anordnung von Dienstleistungen ist die Herrschaft nicht für Schaden verantwortlich, wenn dem Dienstverpflichteten die gewöhnlich vorausgesetzten körperlichen Eigenschaften fehlen. Wenn sich ein Dienstbote durch Uebernahme der Dienste zur Verrichtung der herkömmlichen Arbeiten bereit erklärt, so hat er, falls er sich um besonderer körperlicher Eigenschaften willen, z. B. wegen Neigung zu Schwindelanfällen, zu gewissen Diensten, z. B. Fensterputzen, nicht eignet, davon der Herrschaft Mitteilung zu machen; andernfalls ist diese nicht für einen Schaden verantwortlich (RG. v. 11. IV. 1904, JW. 290).

4. Ueber den Begriff der häuslichen Gemeinschaft vgl. die Vorbemerkung S. 4 f. und die Anmerkungen zu § 1 GesO. Ueber den Umfang der Verpflichtungen der Herrschaft aus Absatz 2 entscheidet wieder nach § 242 BGB. Treu und Glauben mit Rücksicht auf die Verkehrssitte (vgl. übrigens §§ 74, 84, 85 GesO).

5. Die Dienstherrschaft handelt vertragswidrig, wenn sie den fraglichen Verpflichtungen nicht nachkommt, und ist deshalb nach allgemeinen Grundsätzen zum Schadensersatz verpflichtet, wenn sie ein Verschulden trifft. Ein Recht zum Austritt aus dem Dienst gibt die Nichtbefolgung der Vorschriften des § 618 dem Gesinde nicht, da die Gründe für den sofortigen Austritt in den §§ 136 bis 142 GesO. beschränkt sind (vgl. A. 10 zu § 617 BGB. S. 98, sowie Fuld im Arch. f. öff. Recht **14** 101, Jastrow in Soz. Praxis **6** 1254 und Nußbaum in DJZ. **1899** 358). Artet die Nichtbefolgung der Vorschriften des § 618 in „ausschweifende und ungewöhnliche Härte" aus, so hat das Gesinde allerdings ein Recht auf Verlassen des Dienstes (§ 137 GesO.). Es kommt bei Feststellung eines Verschuldens immer darauf an, ob diejenige Sorgfalt beobachtet worden ist, die nach der Verkehrssitte in denjenigen Verhältnissen, um welche es sich handelt, für erforderlich und genügend erachtet wird. Nicht die Sorgfalt wird erfordert, die in jedem einzelnen Falle notwendig ist, um einen Schaden abzuwenden, sondern die Sorgfalt, die nach der Auffassung des Verkehrs in dem betr. Verhältnisse erforderlich scheint (s. A. 3). Andererseits ist es, um die Dienstherrschaft verantwortlich zu machen, nicht erforderlich, daß sie die konkrete Art und Weise des eingetretenen Erfolges habe voraussehen können (RG. v. 9. III. 1903, JW. **1903**, Beil. S. 57). Dabei soll aber nicht jede in den tatsächlichen Verkehr eingerissene Nachlässigkeit und Unsitte berücksichtigt, sondern der normale und gesunde Verkehr zugrunde gelegt werden (Planck A. 5a zu § 618). Trifft den Dienstboten ein konkurrierendes Verschulden, so kann unter Umständen die Herrschaft aus § 254 BGB. nur zur Tragung eines Teils des entstandenen Schadens verurteilt werden (RG. v. 21. II. 1907, DJZ. 538). Soweit die Versicherungsanstalten dem Erkrankten oder durch Unfall Verletzten Unterstützungen oder Renten gewähren, gehen die Er-

satzansprüche der Versicherten gegen Dritte auf die Versicherungsanstalten über, so daß die Versicherten sie selbst nicht geltend machen können. (Bisher § 57 Abs. 4 KrankenversicherungsG. u. § 54 InvalidenversicherungsG., jetzt § 1542 RVO.) — Der Abs. 3 erweitert den Umfang der Schadensersatzpflicht durch Verweisung auf die §§ 842—846, welche im wesentlichen folgenden Inhalt haben:

BGB. § 842. Die Verpflichtung zum Schadensersatze wegen einer gegen die Person gerichteten unerlaubten Handlung erstreckt sich auf die Nachteile, welche die Handlung für den Erwerb oder das Fortkommen des Verletzten herbeiführt.

§ 843. Wird infolge einer Verletzung des Körpers oder der Gesundheit die Erwerbsfähigkeit des Verletzten aufgehoben oder gemindert oder tritt eine Vermehrung seiner Bedürfnisse ein, so ist dem Verletzten durch Entrichtung einer Geldrente Schadensersatz zu leisten. Statt der Rente kann der Verletzte eine Abfindung in Kapital verlangen, wenn ein wichtiger Grund vorliegt. Der Anspruch wird nicht dadurch ausgeschlossen, daß ein Anderer dem Verletzten Unterhalt zu gewähren hat.

§ 844. Im Falle der Tötung hat der Ersatzpflichtige die Kosten der Beerdigung demjenigen zu ersetzen, welchem die Verpflichtung obliegt, diese Kosten zu tragen; auch hat er nach besonderen Vorschriften diejenigen Personen zu entschädigen, denen gegenüber der Getötete unterhaltungspflichtig war.

§ 845. Im Falle der Tötung, Verletzung, sowie der Freiheitsentziehung hat der Ersatzpflichtige, wenn der Verletzte kraft des Gesetzes einem Dritten zur Leistung von Diensten verpflichtet war, dem Dritten für die entgehenden Dienste durch Entrichtung einer Geldrente Ersatz zu leisten.

§ 846. Hat in den Fällen der §§ 844, 845 bei der Entstehung des Schadens, den der Dritte erleidet, ein Verschulden des Verletzten mitgewirkt, so finden auf den Anspruch des Dritten die Vorschriften des § 254 Anwendung, wonach die Verpflichtung zum Ersatze und der Umfang des Ersatzes von den Umständen, insbesondere davon abhängt, inwieweit der Schaden vorwiegend von dem einen oder dem anderen Teile verursacht worden ist.

6. Ob die Polizei berechtigt ist, auf Befolgung der im § 618 der Herrschaft auferlegten Pflichten hinzuwirken, ist zweifelhaft. Nach § 10 II 17 ALR., der durch das AGzBGB. nicht aufgehoben ist, hat die Polizei die nötigen Anstalten zur Erhaltung der öffentlichen Ruhe, Sicherheit und Ordnung und zur Abwendung der dem Publikum oder einzelnen Mitgliedern desselben bevorstehenden Gefahr zu treffen. Nach § 6 f des G. v. 11. III. 1850 gehört zu den Gegenständen der ortspolizeilichen Vorschriften die Sorge

für Leben und Gesundheit. Man wird diese gesetzlichen Bestimmungen kaum darauf ausdehnen können, daß die Polizei jetzt auf Grund des § 618 BGB. etwa berechtigt sei, Vorschriften über die Größe der dem Gesinde zu gewährenden Räume, über die Beschaffenheit und Menge der Kost, über die Maximalarbeitszeit und die Erholungszeit zu treffen, oder gar im einzelnen Falle einzugreifen, um einem Dienstboten zu seinen berechtigten Forderungen zu verhelfen. Die Vorschrift des § 618 ist lediglich privatrechtlicher Natur (so auch Staudinger A. Va) und hat mit den öffentlichrechtlichen Befugnissen der Polizei nichts zu tun (a. M. Nußbaum in DJZ. 1899 358).

BGB. § 619. Die dem Dienstberechtigten nach den §§ 617, 618 obliegenden Verpflichtungen können nicht im voraus durch Vertrag aufgehoben oder beschränkt werden.

Es soll also die Schadensersatzpflicht der Herrschaft nicht vor der Entstehung des Schadens durch Vertrag beseitigt oder vermindert werden können; ist aber der Schaden entstanden, so kann das Gesinde auf die ihm zustehenden Ersatzansprüche ganz oder teilweise, insbesondere durch Vergleich, verzichten, wobei es gleichgültig ist, ob das Dienstverhältnis inzwischen völlig abgelaufen ist (Staudinger A. Vb).

§ 87.[1]) Dafür darf dem Gesinde an seinem Lohne nichts abgezogen werden.[2])

1. Dieser § ist für die nach § 86 zu beurteilenden Erkrankungen bestehen geblieben, da er das Gesinde besser stellt als § 617 BGB., der einen Abzug auf die für die Zeit der Erkrankung geschuldete Vergütung gestattet (s. A. 1 zu § 617, S. 94).

2. Auch von dem sonstigen Vermögen, das etwa der Dienstbote hat, darf ihm ebensowenig etwas abgezogen werden, wie von dem Lohne, von dem der § 87 ausdrücklich spricht, denn das Gesetz legt im § 86 der Herrschaft eine besondere Pflicht auf. Die Herrschaft erfüllt also durch Zahlung der Kur- und Pflegekosten nur eine eigene, gesetzlich ihr auferlegte Verbindlichkeit; von einer Ersatzpflicht des Dienstboten, auch wenn dieser etwa Krankengeld erhält, kann demnach keine Rede sein.

§ 88.[1]) Außerdem[2]) ist die Herrschaft zur Vorsorge für kranke Dienstboten nur alsdann verpflichtet, wenn dieselben keine Verwandten[3]) in der Nähe[4]) haben, die sich ihrer anzunehmen vermögend und nach den Gesetzen schuldig sind.[5–7])

1. Dieser § ist nach Einführung des BGB. in Kraft geblieben in den Fällen, in denen die Krankheit weder durch den Dienst noch bei Gelegenheit desselben entstanden ist, aber nur für die 6 Wochen übersteigende Zeit (s. oben A. 1 zu § 617 S. 94). Ueber den Einfluß der RVO. s. A. 5a zu § 82 und A. 6 zu § 86.

2. „Außerdem“ bedeutet: Wenn der Dienstbote sich seine Krankheit weder durch den Dienst noch bei Gelegenheit desselben zugezogen hat. Das Nähere s. A. 1 zu § 617 S. 94. Wegen des Ersatzanspruchs der Herrschaft s. A. 6 und § 91.

3. Nach dem BGB. §§ 1360, 1578, 1601, 1608, 1708 sind gegenseitig zum Unterhalt verpflichtet: Ehegatten (auch der geschiedene, wenn er für den allein schuldigen Teil erklärt ist), Verwandte in aufsteigender Linie (Eltern, auch Adoptiveltern, Großeltern usw.), Verwandte in absteigender Linie (Kinder, Enkel usw.), auch der Vater des unehelichen Kindes diesem gegenüber bis zur Vollendung des 16. Lebensjahres; darüber hinaus nur, wenn das Kind infolge Gebrechen außerstande ist, sich selbst zu unterhalten. Der Vater ist dem Kinde und dessen Abkömmlingen vor der Mutter und den mütterlichen Verwandten zur Gewährung des Unterhalts verpflichtet. Seitenverwandte, insbesondere Geschwister, sind nach dem BGB. nicht mehr zum Unterhalt verpflichtet.

4. Was man unter „in der Nähe“ zu verstehen hat, ist Frage des einzelnen Falles. Zweifellos ist darunter das Wohnen an einem und demselben Orte zu verstehen; im übrigen entspricht es der Absicht des Gesetzgebers, die „Nähe“ dann anzunehmen, wenn die Verwandten so leicht erreicht werden können, daß der Dienstbote in der Zwischenzeit nicht ohne Hilfe ist (Bornhak in Selbstv. 1887 135).

5. Besitzt der Dienstbote eigenes Vermögen, so können zunächst hieraus im Falle des § 88 die Kur- und Pflegekosten bestritten werden.

6. Der Dienstbote, der sich im Falle des § 88 befindet, kann zwar für die Dauer der Krankheit seinen vollen Lohn fordern, aber die Herrschaft kann die von ihr verauslagten Kurkosten auf diesen Lohn anrechnen (§ 617 BGB. und A. 9 dazu S. 98).

7. Die Verpflichtung der Herrschaft aus § 88 ist allein an die Tatsache der Erkrankung des Dienstboten während bestehenden Dienstes geknüpft und nicht davon abhängig, daß das Gesinde ein ausdrückliches Verlangen nach der Vorsorge stellt (OTr. v. 15. III. 1872, StriethA. 85 51).

§ 89. Weigern sich die Verwandten dieser Pflicht, so muß die Herrschaft dieselbe einstweilen, und bis zum Austrage der Sache mit Vorbehalt ihres Rechts übernehmen.[1]) [2])

1. Im Falle des § 88, d. h. also, wenn der Dienstbote in erster Reihe die Kur- und Pflegekosten zu tragen hat, muß die Herrschaft doch

a) während der Dienstzeit vorläufig selbst den Dienstboten in Kur und Pflege bis zur Genesung behalten oder auf ihre Kosten in eine Krankenanstalt bringen lassen, ausgenommen, wenn Verwandte desselben in der Nähe und diese zur Unterhaltung verpflichtet und vermögend sind; im letzteren Falle muß von diesen der erkrankte Dienstbote aufgenommen werden. Liegt dieser Fall nicht vor, so kann die Herrschaft die aufgewendeten Kosten von dem Dienstboten — wobei sie den Lohn für die Zeit der Erkrankung verwenden kann (§ 617 BGB.) —, oder wenn dieser unvermögend ist, von den etwa vorhandenen, aber entfernt wohnenden unterhaltspflichtigen vermögenden Verwandten erstattet verlangen; wenn aber auch solche nicht vorhanden sind, dann hat die Herrschaft die Kur- und Pflegekosten während der Dienstzeit selbst zu tragen (OTr. v. 24. II. 1854, E. 27 160). Vom Ortsarmenverband kann sie vor Ablauf der Dienstzeit die Uebernahme des erkrankten Gesindes nicht fordern.

b) Mit Ablauf der Dienstzeit hört jede juristische Verbindlichkeit der Herrschaft zur Sorge für den erkrankten Dienstboten auf, und die Polizei muß von da ab für die anderweitige Unterbringung des Gesindes gegebenenfalls im Wege der Ortsarmenpflege sorgen. Hat die Herrschaft das Gesinde weiter über die Dienstzeit hinaus verpflegt, so kann sie sich an den Ortsarmenverband halten. Eine vorsichtige Herrschaft wird daher bei der Erkrankung eines Dienstboten, wenn letztere voraussichtlich von längerer Dauer sein wird, den Dienstvertrag unter Innehaltung der gesetzlichen Kündigungsfrist kündigen (vgl. A. 3 zu § 86). Mit dem Einwande, es hätte der Vertrag gekündigt werden können, dringt die Herrschaft nicht durch (OTr. v. 15. III. 1872, StriethA. 85 52). Daß die Erkrankung selbst (außer im Falle des § 128 GesO.) keinen sofortigen Kündigungs- oder Entlassungsgrund bildet, ist schon oben bei § 617 BGB. A. 6 (S. 97) erörtert.

2. Die Pflichten der Ortsarmenverbände gegenüber dem Gesinde sind in dem G. v. 6. VI. 1870, abgeändert durch G. v. 12. III. 1894 (RGBl. 262), geregelt. Danach hat der Ortsarmenverband des Dienstorts die Verpflichtung, dem am Orte des Dienstverhältnisses erkrankten und dadurch hilfsbedürftig gewordenen Gesinde Kur und Verpflegung zu gewähren (§ 29). Der Armenverband, der einen Hilfsbedürftigen unterstützt hat, ist befugt, Ersatz der Leistungen, zu denen die Dienstherrschaft verpflichtet ist, von dieser zu fordern. Dasselbe Recht hat übrigens auch jeder andere, also auch die Krankenanstalt (§ 90), die das Gesinde während der Dauer des Dienstvertrags in Kur und Pflege gehabt hat (OTr. v. 24. II. 1854, E. 27 160).

§ 90. Sind öffentliche [1]) Anstalten vorhanden, wo dergleichen Kranke aufgenommen werden, so muß das Gesinde es sich gefallen lassen, wenn die Herrschaft seine Unterbringung daselbst veranstaltet. [2]) [3])

1. Die Aufnahme in eine Privatanstalt braucht sich das Gesinde nicht gefallen zu lassen, s. A. 8 zu § 617 BGB. (S. 97). Für die Zukunft entscheidet § 184 RVO., wonach die Krankenkasse erweiterte Krankenpflege im Krankenhause usw. gewähren kann. Einer Zustimmung des Gesindes bedarf es dabei nicht.

2. Die Dienstherrschaft ist berechtigt, aber nicht verpflichtet, den erkrankten Dienstboten in eine Krankenanstalt aufnehmen zu lassen; der Dienstbote dagegen ist verpflichtet, sich auf Anordnung der Herrschaft in eine derartige Anstalt aufnehmen zu lassen. Wenn sich das Gesinde weigert, in das Krankenhaus zu gehen, so erlischt für die Herrschaft jegliche Verbindlichkeit aus §§ 86, 88 und 89, denn die Herrschaft ist zu einer anderen Fürsorge nicht verpflichtet; überdies kann sie das Gesinde aus § 118 GesO. wegen beharrlichen Ungehorsams entlassen.

3. Für Berlin und viele andere größere Städte ist in den meisten Krankenhäusern ein Abonnement für die Dienstherrschaft bezüglich ihrer Dienstboten im Falle einer Erkrankung derselben eingerichtet, z. B. in Berlin in Bethanien und im kathol. Hedwigs-krankenhause; auch befindet sich in Berlin ein großer Verein, der die Pflicht, für erkrankte Dienstboten zu sorgen, übernimmt. Das Recht auf Aufnahme in ein Krankenhaus setzt aber voraus, daß ein Krankheitsfall zur Zeit der Anmeldung nicht vorgelegen hat, und beginnt erst einige Zeit nach der Anmeldung. Das Abonnement gibt kein Recht auf freie Beerdigung. Ausgeschlossen sind von der Aufnahme: Geisteskranke, Epileptische, Pockenkranke, Unheilbare, Syphilitische und Krätzkranke. Zur Aufnahme übersendet die Herrschaft ein Attest des Hausarztes mit Angabe der Krankheit (§ 89). Den Transport in das Krankenhaus hat die Herrschaft zu besorgen. Ob nach Einführung des Buches 2 der RVO (s. A. 5a zu § 82) derartige Vereine weiter bestehen bleiben können und als Ersatzkassen im Sinne des § 503 RVO. die Rechte und Pflichten der Träger der Krankenversicherung werden übernehmen können, wird von ihren Satzungen, von ihrer Mitgliederzahl usw. abhängen.

§ 91. In dem § 88 bestimmten Falle kann die Herrschaft die Kurkosten von dem auf diesen Zeitraum fallenden Lohne des kranken Dienstboten abziehen.

Dieser § stimmt dem Sinne nach überein mit dem dritten Satze des § 617 BGB. (s. oben S. 94 und A. 9 S. 98) und ist in Kraft geblieben. Unter dem „auf diesen Zeitraum fallenden Lohn" ist jetzt gemäß dem Wortlaute des § 617 BGB. jedenfalls nur der für die Zeit der Erkrankung geschuldete Lohn zu verstehen.

§ 92. Dauert eine solche Krankheit über die Dienstzeit hinaus, so hört mit dieser die äußere Verbindlichkeit der Herrschaft auf, für die Kur und Pflege des kranken Dienstboten zu sorgen.

Dieser § gibt dem Gesinde weitere Rechte als § 617 BGB., nach dem die Herrschaft dem Dienstboten Verpflegung nur bis zur Dauer von 6 Wochen (jedoch nicht über die Beendigung der Dienstzeit hinaus) zu gewähren hat. Er bleibt also bei allen Erkrankungen für die 6 Wochen übersteigende Dauer in Kraft (§ 617 A. 1 S. 94).

§ 93. Doch muß sie davon der Obrigkeit des Orts in Zeiten Anzeige machen, damit diese für das Unterkommen eines dergleichen verlassenen Kranken sorgen könne.

Unterbleibt die Anzeige an die Polizei, so kann die Herrschaft für die über die Dienstdauer hinaus gewährte Kur und Pflege nur aus der nützlichen Verwendung Erstattung von dem zur Kur und Pflege Verpflichteten fordern, sei dies der Dienstbote selbst oder ein zu dessen Unterhaltung verpflichteter Verwandter oder der Ortsarmenverband (s. A. 3 zu § 89).

(**§ 94.** Unter den Umständen, wo ein Machtgeber einen dem Bevollmächtigten bei Ausrichtung der Geschäfte durch Zufall zugestoßenen Schaden vergüten muß, ist auch die Herrschaft schuldig, für das in ihrem Dienste oder bei Gelegenheit desselben zu Schaden gekommene Gesinde auch über die Dienstzeit hinaus zu sorgen (Teil I Titel 13 §§ 80—81).)

(**§ 95.** Diese Pflicht erstreckt sich jedoch nur auf die Kurkosten und auf den notdürftigen Unterhalt des Gesindes, so lange bis dasselbe sich sein Brot selbst zu verdienen wieder in den Stand kommt.)

Der § 94, der lediglich auf die Bestimmungen des ALR. verweist, und mit ihm der § 95, ist mit Einführung des BGB. in Fortfall gekommen; denn an die Stelle der angezogenen Vorschriften über die Haftung des Machtgebers für einen dem Bevollmächtigten bei Ausrichtung der Geschäfte durch Zufall zugestoßenen Schaden sind jetzt die Bestimmungen des BGB. über den Dienstvertrag (§§ 611 ff.) getreten, die eine Haftung des Dienstberechtigten für Zufall nicht kennen (s. Begründung des AGzBGB S. 20, sowie Gerhard in BlfR. **1897** 96 und LG. Breslau v. 9. IV. **1902** in Zeitschr. der Anwaltsk. Breslau **1902** 58; auch Jacobi A. zu § 95). Gerhard ist jetzt in seiner GesO. (A. 2 zu § 94) der Ansicht, daß die §§ 94, 95 GesO. noch in Kraft seien, weil ein Fall der sog. unechten Verweisung vorliege; auch das LG. Bromberg geht in einem Beschlusse v. 9. IX. 1904 (JurMonschr. Posen **1904** 171) von der Ansicht aus, daß die §§ 94, 95 noch zu Recht beständen. Der Ansicht Jacobis, daß §§ 94, 95 durch Art. 14 § 1 Abs. 2 des EGzBGB. beseitigt seien, ist nicht beizutreten, da diese Bestimmung nur von dem einem Dritten widerrechtlich zugefügtem Schaden handelt.

§ 96. Ist aber der Dienstbote durch Mißhandlungen der Herrschaft ohne sein grobes Verschulden an seiner Gesundheit beschädigt worden, so hat er von ihr vollständige Schadloshaltung nach den allgemeinen Vorschriften der Gesetze zu fordern.[1] [2])

1. Wegen der Tätlichkeiten der Herrschaft gegen das Gesinde s. im allgemeinen § 77.

2. Mißhandlungen, welche die Gesundheit des Gesindes schädigen, kann die Herrschaft straflos und ohne zivilrechtliche Haftbarkeit nur dann verüben, wenn sie sich im Falle der Notwehr befindet. Liegt solch ein Fall nicht vor, so muß sie Bestrafung wegen Körperverletzung (§§ 223 und 223a StGB.) gewärtigen und das Gesinde nach den allgemeinen Regeln vom Schadenersatz (§§ 823 ff. BGB.) vollständig schadlos halten (vgl. die in A. 4 zu § 618 zitierten Vorschriften des BGB., S. 100). Ein Dienstherr, der ein Dienstmädchen unter Mißbrauch ihres Abhängigkeitsverhältnisses zur Gestattung des außerehelichen Beischlafs bestimmt, ist ihr zum Ersatz des daraus entstehenden Schadens verpflichtet, muß ihr insbesondere alle Nachteile ersetzen, die für ihren Erwerb oder ihr Fortkommen erwachsen (§§ 825, 842 BGB.).

§ 97. Auch für solche Beschimpfungen und üble Nachreden, wodurch dem Gesinde sein künftiges Fortkommen erschwert wird, gebührt demselben gerichtliche Genugtuung.

Nach § 188 StGB. kann bei Beleidigungen und Verleumdungen auf Verlangen des Beleidigten, wenn die Beleidigung nachteilige Folgen für Vermögensverhältnisse, Erwerb oder Fortkommen des Beleidigten mit sich bringt, neben der Strafe auf eine an den Beleidigten zu zahlende Buße bis zum Betrage von 6000 Mk. erkannt werden. Die Buße schließt die Geltendmachung eines weiteren Entschädigungsanspruches aus (vgl. auch § 78).

(§ 98. Inwiefern eine Herrschaft durch Handlungen des Gesindes in oder außer seinem Dienste verantwortlich werde, ist gehörigen Orts bestimmt (Teil I Titel 6 §§ 60 ff.).)

Dieser § ist aufgehoben durch die nach § 95 des EGzBGB. für das Gesinderecht gültigen §§ 278, 831 und 840 Abs. 2 BGB.,[1]) die folgendermaßen lauten:

BGB. § 278. Der Schuldner hat ein Verschulden seines gesetzlichen Vertreters und der Personen, deren er sich zur Erfüllung seiner Verbindlichkeit bedient, in gleichem Umfange zu vertreten, wie eigenes Verschulden. Die Vorschrift des § 276 Abs. 2 findet keine Anwendung.[2])

BGB. § 831. Wer einen Anderen zu einer Verrichtung bestellt, ist zum Ersatz des Schadens verpflichtet, den der Andere in Ausführung der Verrichtung[3]) einem Dritten widerrechtlich[4]) zufügt. Die Ersatzpflicht tritt nicht ein, wenn der Geschäftsherr bei der Auswahl[5]) der bestellten Person und, sofern er Vorrichtungen oder Gerätschaften zu beschaffen oder die Ausführung der Verrichtung zu leiten hat, bei der Beschaffung oder der Leitung die im Verkehr erforderliche Sorgfalt[6]) beobachtet oder wenn der Schaden auch bei Anwendung dieser Sorgfalt entstanden sein würde.[7])

Die gleiche Verantwortlichkeit trifft denjenigen, welcher für den Geschäftsherrn die Besorgung eines der im Abs. 1 Satz 2 bezeichneten Geschäfte durch Vertrag übernimmt.

BGB. § 840 Abs. 2. Ist neben demjenigen, welcher nach den §§ 831, 832 zum Ersatze des von einem Anderen verursachten Schadens verpflichtet ist, auch der Andere für den Schaden verantwortlich, so ist in ihrem Verhältnisse zueinander der Andere allein, im Falle des § 829 der Aufsichtspflichtige allein verpflichtet.[8])

Dazu AGzBGB. Art. 14 § 1 Abs. 2:

Die Vorschriften der Gesindeordnungen, nach welchen der Dienstberechtigte für den von dem Gesinde einem Dritten widerrechtlich zugefügten Schaden in weiterem Umfang als nach den Vorschriften des Bürgerlichen Gesetzbuchs verantwortlich ist, treten außer Kraft.[9]) [10])

1. § 278 ist (vgl. Nußbaum, Haftung für Hilfspersonen S. 72 A. 1) eine besondere, lediglich auf den Fall eines zwischen Prinzipal und Verletztem bestehenden obligatorischen Bandes berechnete Norm gegenüber der allgemeinen Bestimmung des § 831. Der § 278 geht daher dem § 831 BGB. vor. Der Prinzipal kann sich also dem Verletzten gegenüber nicht auf eigene Schuldlosigkeit nach Maßgabe des § 831 BGB. berufen, falls die Voraussetzungen für die Anwendung des § 278 gegeben sind. § 278 geht von der Tatsache aus, daß man sich gegenwärtig bei Erfüllung der Verbindlichkeiten fast regelmäßig in irgendeiner Beziehung der Hilfe dritter Personen bedient, und daß andererseits durch die moderne Entwicklung der Arbeits- und Dienstverhältnisse die schuldhafte Verantwortlichkeit für die Auswahl und Ueberwachung der Arbeiter (culpa in eligendo und custodiendo) ihrer praktischen Wirksamkeit entkleidet ist. Die Haftung aus § 278 stellt sich hiernach als eine kraft Gesetzes eintretende Erweiterung einer schon bestehenden Verbindlichkeit, dagegen nicht als eine gleichsam auf einer Schuld beruhende Verantwortlichkeit des Herrn für schuldhaftes Verhalten seines Dienstpersonals dar. Auf diesen § kann sich nur der bestimmte Gläubiger, dem gegenüber der Dienstherr eine Verbindlichkeit zu erfüllen hatte und durch den Dienstboten erfüllt hat, nicht aber eine dritte Person berufen. Schon die Stellung des § im Titel über die Verpflichtung zur Leistung weist darauf hin, daß die Verbindlichkeit aus § 278 sich auf die Fälle beschränkt, in denen die Dienstherrschaft aus einer privatrechtlichen Verpflichtung eine Handlung vornehmen mußte und sich dabei eines Dienstboten usw. bediente. Wenn der Dienstbote unmittelbar bei der Ausführung der Verpflichtung seines Dienstherrn eine schädigende Handlung begeht, so soll der geschädigte Gläubiger nicht unter dem allgemeinen Verschuldungsprinzip leiden, das ihm bei der so häufig gewordenen Gehilfenzuziehung keine ausreichende Gewähr für die

ordnungsmäßige Herstellung des von ihm erstrebten ökonomischen Effekts bietet, vielmehr wird dem Schuldner, also dem Dienstherrn, die Garantie dafür auferlegt, daß seine Gehilfen die Leistung mit aller durch die Umstände gebotenen Sorgfalt ausführen (s. Nußbaum a. a. O. S. 73).

Dieser besonderen, lediglich auf den Fall eines zwischen Prinzipal und Verletzten bestehenden obligatorischen Bandes berechneten Bestimmung gegenüber gibt § 831 die allgemeine Norm. Er verneint die unbedingte Verantwortlichkeit der Herrschaft für außerkontraktliches Verschulden des Gesindes usw. Die Herrschaft haftet danach für den Schaden, den das Gesinde einem Dritten, zu dem die Herrschaft nicht nach § 278 BGB. in einem besonderen obligatorischen Verhältnis steht, widerrechtlich zugefügt hat, nur, wenn sie bei der Auswahl der Person, bei der Beaufsichtigung und Beschaffung der Gerätschaften usw. nicht die im Verkehr erforderliche Sorgfalt beobachtet hat. Selbst bei Außerachtlassung dieser Sorgfalt tritt eine Haftung nicht ein, wenn der Schaden auch bei Anwendung der Sorgfalt entstanden sein würde. Diese Vorschrift, die die Dienstherrschaft weit günstiger stellt als § 278 BGB., steht im wesentlichen auf dem Standpunkte des früheren preußischen Rechts. Es wird in der Praxis oft schwer sein, festzustellen, ob die Herrschaft aus § 278 oder aus § 831 BGB. haftet; im allgemeinen aber wird man gut tun, die Anwendung des § 278 möglichst einzuschränken, indem man daran festhält, daß stets eine nachweisbar bestimmte Beziehung zwischen der Verpflichtung der Dienstherrschaft und der schädigenden Handlung des Gesindes obwalten muß (vgl. auch Schultzenstein im VerwArch. **1906** 15).

2. § 276 Abs. 2 BGB. lautet: „Die Haftung wegen Vorsatzes kann dem Schuldner nicht im voraus erlassen werden.“ Diese Bestimmung soll im Falle des § 278 keine Anwendung finden. Es kann also für fahrlässige und vorsätzliche schadenstiftende Handlungen von Gesinde usw. die Haftung vertraglich ausgeschlossen werden.

3. Der Dienstherr haftet nur für die in Ausführung, nicht für die bei Gelegenheit der Verrichtung begangene unerlaubte Handlung des Dienstboten (über diese Unterschiede s. § 86 A. 1).

4. Es ist nur objektive Widerrechtlichkeit erforderlich; schuldhaft braucht der Täter nicht gehandelt zu haben (RG. v. 30. XII. 1901, E. **50** 60).

5. Der Beweis dafür, daß man bei der Auswahl berechtigten Grund hatte, die Angestellten für ordentliche und vorsichtige Leute zu halten, wird nicht durch ihr späteres unvorsichtiges Verhalten abgeschnitten (RG. v. 14. IV. 1905, JW. 340).

6. Es genügt die Sorgfalt, die in dem vernünftigen und normalen Verkehr für erforderlich und genügend gehalten wird (RG. v. 5. VI. 1902, DJZ. 461 und v. 4. XII. 1902, JW. Beil. S. 17). Die Prüfung der schriftlichen Zeugnisse in Verbindung mit persönlicher Umfrage bei der letzten und vorletzten Dienstherrschaft oder gelegentliche eigene Beobachtung wird im allgemeinen hin-

reichen (RG. v. 18. XII. 1905, Recht **1906** 241). Die Beweislast für die Sorgfalt und dafür, daß der Schaden bei deren Anwendung auch eingetreten wäre, hat die Dienstherrschaft (RG. v. 23. VI. 1904, JW. **1904** 471).

7. Eine sich auf jede einzelne Tätigkeit erstreckende Pflicht der Ueberwachung des Dienstboten ist keineswegs geboten, vielmehr ist auf Grund der Lage des einzelnen Falls zu prüfen, ob die Herrschaft Anlaß hatte, an der gehörigen Ausführung ihres Auftrags zu zweifeln. Dabei sind die Persönlichkeit des Dienstboten und etwaige frühere Unregelmäßigkeiten in Betracht zu ziehen (RG. vom 2. III. 1903, JurMonschr. für Posen **1904 22**; vgl. auch RG. vom 4. XII. 1902, DJZ. **1903** 106). **Es** ist z. B. bei einem auf günstige Zeugnisse hin angenommenen 18 jährigen Dienstmädchen die Herrschaft nicht verpflichtet, bei einer ganz alltäglichen ungefährlichen Verrichtung es vor jeder möglichen Vergeßlichkeit oder Unvorsichtigkeit zu warnen, die dem Mädchen selbst als solche erkennbar war. (RG. v. 16. VI. 1908, Recht 2. Beil. S. 125.)

8. Die Haftung des Dienstherrn ist nicht, wie dies früher nach ALR. der Fall war, davon abhängig, daß der beschädigende Dienstbote selbst zum Ersatz unvermögend ist, vielmehr kann sich der Geschädigte sofort an den Dienstherrn halten, neben dem ihm auch der Dienstbote verhaftet ist. Der Dienstherr aber kann sich seinerseits, und dies ist eine auf Billigkeitsgründen beruhende Ausnahme von § 426 BGB., wonach Gesamtschuldner im Verhältnis zueinander zu gleichen Anteilen verpflichtet sind, an den Dienstboten halten, der der Herrschaft ersatzpflichtig ist für das, was diese infolge der Schadenszufügung des Gesindes dem Dritten hat zahlen oder leisten müssen (vgl. auch § 68 GesO.).

9. Die Bestimmung, daß alle Vorschriften der Gesindeordnungen, die die Herrschaft bei Schadenszufügungen des Gesindes in ihrer Verantwortlichkeit schlechter stellen als das BGB., aufgehoben sein sollen, ist in das AG. aufgenommen, um es als unzweifelhaft hinzustellen, daß die zahlreichen Vorschriften der Gesindeordnungen, nach denen die Herrschaft in weiterem Umfange haftet, als nach dem BGB., insbes. auch § 98 GesO. und die dazu zitierten Vorschriften des ALR., nicht mehr in Kraft sind. Dagegen bleiben, wie die Begründung des AG. S. 22 ausdrücklich hervorhebt, unberührt die eine erweiterte Haftung der Dienstherrschaft vorsehenden Bestimmungen, die sich in vorbehaltenen besonderen Landesgesetzen befinden. Danach haftet die Herrschaft für ihr Gesinde bei

a) Feld- und Forstpolizeiübertretungen des unvermögenden Gesindes, wenn nicht festgestellt wird, daß die Tat nicht mit Wissen der Herrschaft verübt ist, oder von ihr nicht verhindert werden konnte. An Stelle der Geldstrafe tritt im Falle des Unvermögens der Herrschaft eine Freiheitsstrafe gegen dieselbe nicht (Feld- u. ForstpolG. v. 1. IV. 1880 § 5);
b) Holzdiebstählen, unter derselben Maßgabe, wie bei **a** (ForstdiebstahlsG. v. 15. IV. 1878 § 11);

c) Uebertretungen der Jagdordnung, unter derselben Maßgabe (JagdO. v. 15. VII. 1907 § 80);
d) Uebertretungen des FischereiG., wenn sich die Herrschaft ihrer Dienstboten als Teilnehmer oder Gehilfen bedient und diese nicht zahlungsfähig sind (FischereiG. v. 30. V. 1874 § 52).

Ferner wird nach § 361 Nr. 9 StGB. die Herrschaft, die ihr Gesinde von der Begehung von Diebstählen sowie von der Begehung strafbarer Verletzungen der Zoll- und Steuergesetze oder der Gesetze zum Schutze der Forsten, der Feldfrucht, der Jagd oder der Fischerei abzuhalten unterläßt, mit Haft oder mit Geldstrafe bis zu 150 Mk. bestraft.

Vgl. wegen der Haftung der Herrschaft für das wider besseres Wissen empfohlene Gesinde die §§ 19, 174, 175 GesO.

8. **Aufhebung des Vertrages.** (§§ 99—149).

a) durch den Tod. (§§ 99—106.)

aa) des Dienstboten. (§§ 99—100.)

§ 99. Stirbt ein Dienstbote,[1]) so können seine Erben[2]) Lohn und Kostgeld nur so weit fordern, als selbiges nach Verhältnis der Zeit bis zum Krankenlager rückständig ist.[3])

1. Der Todesfall muß spätestens am nächsten Werktage nach dem Todestage dem Standesbeamten des Bezirks, in welchem der Tod erfolgt ist, bei Vermeidung einer Geldstrafe bis 150 Mk. oder Haftstrafe angezeigt werden (§§ 56 und 68 des ReichsG. v. 6. II. 1875, RGBl. 13).

2. Die Erben haben also nicht dasselbe Recht, wie der wiedergenesene Dienstbote, der auch den ganzen Lohn während der Krankheit fordern kann, allerdings sich aber dann im Falle des § 88 (nicht im Falle des § 86) die von der Herrschaft ausgelegten Kurkosten abziehen lassen muß (§ 87 A. 2).

3. Hat die Herrschaft den Tod des Dienstboten vorsätzlich oder fahrlässig verschuldet, so haftet sie den Erben nach den allgemeinen gesetzlichen Vorschriften (§§ 823 ff. BGB.) für den Schaden und muß ihnen auch den bis zum Tode rückständigen Lohn auszahlen.

§ 100. Begräbniskosten ist die Herrschaft für das Gesinde zu bezahlen in keinem Falle schuldig.

Die Herrschaft braucht die Kosten des Begräbnisses auch nicht vorzuschießen, kann sich vielmehr wegen der Besorgung der Beerdigung, wenn der Nachlaß des Dienstboten dazu nicht ausreicht oder sie sich mit dem Begräbnisse überhaupt nicht selbst befassen will, an die Ortspolizeibehörde wenden, die wieder den Ortsarmenverband zur Besorgung des Begräbnisses veranlaßt. Hat die Herrschaft die Begräbniskosten verauslagt, so kann sie sich an den zunächst zur Tragung dieser Kosten verpflichteten Erben (§ 1968 BGB.) oder, wenn von diesem Bezahlung nicht zu erlangen ist, gemäß § 1615 Abs. 2 BGB. an die Unterhaltsverpflichteten (s. A. 3 zu § 88) oder endlich an den Ortsarmenverband halten.

bb) der Dienstherrschaft. (§§ 101—106.)

§ 101. Stirbt das Haupt der Familie, so sind die Erben [1]) nicht gehalten, das Gesinde länger als bis zur nächsten gesetzlichen [2]) Ziehzeit (§§ 42, 43, 44) [3]) zu behalten, wenn auch durch besonderen Vertrag eine längere Dienstzeit festgesetzt wäre. [4])

1. Die §§ 101—103 geben nur den Erben der Herrschaft ein Recht auf Abkürzung der vertragsmäßigen Dienstzeit; von dem Gesinde muß die letztere eingehalten werden, wenn die Erben von ihrem Rechte der Kündigung keinen Gebrauch machen. Die Erben können aber nicht ihre Rechte aus dem Gesindedienstvertrag ohne Einwilligung des Dienstboten an einen Dritten übertragen, dies selbst nicht bei ländlichem Gesinde an den Gutserwerber. Ebensowenig kann auch das Gesinde von dem Gutserwerber verlangen, daß er es beibehält (Rehbein, E. 4 721 und Selbstv. 1887 264). Dagegen kann hier § 163 GesO. Anwendung finden. Wenn also das Gesinde mit Einwilligung der Erben in einen anderweiten Dienst tritt, so erstreckt sich die Vergütungsverbindlichkeit der Erben nur bis zu diesem Zeitpunkte und weiter hinaus nur insofern, als das Gesinde sich in dem neuen Dienste mit einem geringeren Lohn hat begnügen müssen (vgl. auch §§ 144, 148).

2. oder vertraglichen Ziehzeit, falls diese kürzer ist als die gesetzliche.

3. Der Text der GesO. zitiert hier die §§ 32, 33, 34; es ist dies aber ein augenscheinliches Versehen, und sind die §§ 42, 43, 44 gemeint.

4. Ist dem Dienstboten von einem Mitgliede des Hausstandes, welchem er angehört, im Wege der Erbschaft etwas hinterlassen worden, so ist der Anfall steuerfrei, insofern er den Betrag von 3000 Mk. nicht übersteigt; bei einem Betrage bis zu 20 000 Mk. beträgt die Erbschaftssteuer 10 v. H., bei einem höheren Betrage steigt sie bis zu 25 v. H. (ErbschaftssteuerG. v. 3. VI. 1906, RGBl. 654).

§ 102. Erfolgt jedoch der Todesfall nach der Kündigungsfrist, so muß Gesinde, welches bloß zu häuslichen Verrichtungen bestimmt ist, den baren Lohn, doch ohne Kost oder Kostgeld [1]) für das nächstfolgende Vierteljahr noch überdies, statt Entschädigung für die verspätete Kündigung erhalten; Gesinde aber, das zur Landwirtschaft gebraucht wird, noch für das nächstfolgende Jahr beibehalten werden, falls keine andere freiwillige Abkunft getroffen werden kann.[2]) [3])

1. Die Anwendung dieser Vorschrift setzt natürlich voraus, daß das Gesinde entlassen wird. Bleibt es im Haushalt, so hat es auch Kost oder Kostgeld zu erhalten (Rehbein, E. 4 721).

2. Hier ist der Unterschied zwischen städtischem und ländlichem Gesinde gemeint (s. A. zu § 41). Stirbt also ein Dienstherr am 2. III. 1913 so kann

a) das städtische Gesinde zwar am 2. IV. 1913 — als dem nächsten gesetzlichen Ziehtermine — entlassen werden, muß jedoch dann, da die gesetzliche Kündigungsfrist von 6 Wochen (§ 112) am 2. III. schon vorüber war, den baren Lohn bis zum 2. VII. erhalten; war eine kürzere Kündigungsfrist als die gesetzliche vereinbart, so gilt natürlich die erstere;

b) ländliches Gesinde kann dagegen erst am 2. IV. 1914, dann aber ohne alle Entschädigung entlassen werden, falls nicht etwa eine kürzere Kündigungsfrist als die gesetzliche von 3 Monaten (§ 112) vereinbart war, und der Todesfall vor Ablauf dieser Frist eintrat.

3. Stirbt der Hausherr **vor Antritt** des Dienstes, so gelten dieselben Grundsätze analog (Rehbein, E. 4 721, ebenso Jacobi A. 8 zu § 102, vgl. auch §§ 48 u. 144 GesO.).

§ 103. Sind Dienstboten zur besonderen Bedienung einzelner Mitglieder der Familie angenommen, so können bei dem Absterben derselben die Bestimmungen des vorstehenden Paragraphen auch auf sie angewendet werden.

Stirbt also z. B. ein Kind, so kann dessen Amme oder Wärterin nach §§ 101, 102 entlassen werden; d. h. stirbt das Kind am 2. März, so kann die Amme usw., falls keine kürzere als die gesetzliche Kündigungsfrist vereinbart war, am 2. April entlassen werden, muß aber ihren baren Lohn bis zum 2. Juli erhalten.

§ 104. Männliche Dienstboten behalten die ganze gewöhnliche Livree, wenn sie der verstorbenen Herrschaft schon ein halbes Jahr oder länger gedient haben.

Vgl. §§ 37—39 GesO.

§ 105. Sind sie noch nicht so lange in ihren Diensten gewesen, so müssen sie Rock, Weste und Hut zurücklassen.

§ 106. War der Bediente nur monatsweise gemietet, so erhält er Lohn und Kostgeld, wenn die Herrschaft vor dem fünfzehnten Monatstage stirbt, nur auf den laufenden, sonst aber auch auf den folgenden Monat.

b) durch Konkurs der Herrschaft. (§§ 107—109.)

§ 107. Entsteht Konkurs über das Vermögen der Herrschaft, so finden die Vorschriften der §§ 101 bis 106 Anwendung.

Dieser Paragraph, ebenso der folgende 108, ist für bereits angetretene Dienstverhältnisse ersetzt durch § 22 der KonkursO. v. 17. V. 1898, welcher lautet:

Ein in dem Haushalte, Wirtschaftsbetriebe oder Erwerbsgeschäfte des Gemeinschuldners angetretenes [1]) Dienstverhältnis kann von jedem Teile gekündigt [2]) werden. Die Kündigungsfrist ist, falls nicht eine kürzere Frist bedungen war, die gesetzliche. [3]) [4])

Kündigt der Verwalter, so ist der andere Teil berechtigt, Ersatz des ihm durch die Aufhebung des Dienstverhältnisses entstehenden Schadens zu verlangen.

1. Ein noch nicht angetretenes Dienstverhältnis ist gemäß § 25 KonkO. nach dem bürgerlichen Rechte, also nach §§ 101, 102, 107, 108 GesO. zu beurteilen (vgl. Rehbein, E. 4 722 A. 3 am Ende, sowie Gerhard A. 1 zu § 102 und Jacobi A. 1 zu § 108). Demnach sind beide Teile zunächst an den Vertrag gebunden und der Verwalter ist verpflichtet, Lohn usw. für die in den §§ 101, 102 angegebene Zeit aus der Masse zu zahlen, auch wenn er das Gesinde nicht gebrauchen kann.

2. Wer bei eingetretenem Konkurse kündigen will, muß auch beim nächsten Kündigungstermin von diesem Rechte Gebrauch machen.

3. Die gesetzlichen Kündigungszeiten und Kündigungsfristen sind in den §§ 42, 43, 112, 115 der GesO. aufgeführt.

4. Soweit der Vertrag nach der Konkurseröffnung erfüllt werden muß, ist der Dienstbote Massegläubiger (§ 59 Nr. 2 KonkO.), hat also vorweg auf Berücksichtigung Anspruch.

§ 108. Der Tag des eröffneten Konkurses wird in dieser Beziehung dem Todestage gleich geachtet.

§ 109. Wegen des alsdann rückständigen Gesindelohns bleibt es bei den Vorschriften der Konkursordnung.[1]) [2])

1. Nach der KonkO. (§ 61 Nr. 1) werden von den Konkursforderungen in erster Linie berichtigt: die für das letzte Jahr vor Eröffnung des Verfahrens oder dem Ableben des Gemeinschuldners rückständigen Forderungen an Lohn, Kostgeld oder anderen Dienst-

bezügen der Personen, welche sich dem Gemeinschuldner für dessen Haushalt, Wirtschaftsbetrieb oder Erwerbsgeschäft zur Leistung von Diensten verdungen hatten.

2. Im Falle der Zwangsversteigerung eines land- oder forstwirtschaftlichen Grundstückes tritt der Ersteher nicht ohne weiteres in das Gesindeverhältnis ein. Das Gesinde hat bei Zwangsversteigerungen und Zwangsverwaltungen gemäß § 10 Abs. 1 Nr. 2 des G. v. 24. III. 1897 (sofern es zur Bewirtschaftung des Grundstücks oder zum Betriebe eines mit dem Grundstücke verbundenen land- oder forstwirtschaftlichen Nebengewerbes gehalten wird und das Grundstück ein zur Landwirtschaft oder Forstwirtschaft bestimmtes Gut ist) ein Vorrecht für die laufenden Beträge und die Rückstände aus dem letzten Jahre an Lohn, Kostgeld und anderen Bezügen des Gesindes.

c) nach vorhergegangener Aufkündigung. (§§ 110—116.)

§ 110. Außer diesen Fällen kann der Mietsvertrag während der Dienstzeit einseitig nicht aufgehoben werden.

Auflösung des Dienstvertrages im beiderseitigen Einverständnis ist jederzeit möglich. Der Lohn usw. regelt sich in diesem Falle nach der Zeit der geleisteten Dienste.

§ 111. Welcher Teil denselben nach Ablauf der Dienstzeit nicht fortsetzen will, muß innerhalb der gehörigen Frist aufkündigen.[1–5])

1. Durch die §§ 110, 111 und 114 ist bestimmt, daß ein Gesindevertrag, wenn er auch für eine bestimmte Zeit abgeschlossen ist, doch nicht mit Ablauf dieser Zeit aufhört, sondern als stillschweigend verlängert gilt, wenn nicht vorher gekündigt ist (OTr. v. 18. X. 1847, Präj. **1921**, E. **15** 61, Rehbein, E. **4** 731 und 4. X. 1876, **78** 175). Diese den allgemeinen Regeln über Verträge widersprechende Bestimmung hat ihren Grund in der familienrechtlichen Natur des Gesindeverhältnisses. Die stillschweigende Verlängerung des § 114 kommt indessen dann nicht zur Anwendung, wenn ausdrücklich vereinbart war, daß mit Ablauf der Dienstzeit der Vertrag auch ohne Kündigung sein Ende erreichen solle, oder wenn auch ohnedies eine stillschweigende Verlängerung der Dienstzeit mit dem Inhalte des Vertrags in offensichtlichem Widerspruch steht, wie dies z. B. bei dem Saisongesinde in den Badeorten der Fall ist (KG. v. 26. II. 1894, U. 74/94, zit. bei Groschuff A. 1 zu § 112). Ist ein Dienstbote lediglich „zur Probe" gemietet, so kann hierin weder ein ausdrücklicher noch ein stillschweigender Ausschluß der Kündigung, sondern nur ein Motiv für die kurze Dauer der zunächst in Aussicht genommenen Vertragszeit erblickt werden. Erfolgt daher bei einem derartig auf Probe gemieteten Gesinde keine Kündigung zur gesetzlichen Zeit, so gilt der Mietsvertrag nach

§ 114 GesO. als stillschweigend verlängert, und der Dienstbote, der den Dienst nach Ablauf der ursprünglichen Probezeit ohne Einwilligung der Dienstherrschaft verläßt, kann aus § 1 des G. v. 24. IV. 1854 (s. S. 80) bestraft werden (KG. v. 26. II. 1894, Jahrb. 15 347). Wegen der Ammen vgl. A. 2 zu § 131.

2. In einzelnen Gegenden ist es üblich, daß die Herrschaft am Kündigungstermine das Gesinde befragt, ob es weiterdienen wolle, und daß, wenn diese Frage an das Gesinde nicht gerichtet ist, letzteres nicht weiter gemietet ist; auch wird bei jeder derartigen Verlängerung des Mietsvertrages ein neues Mietsgeld gegeben. Das sind mit dem Gesetze in Widerspruch stehende Unsitten, denen man nach Kräften entgegentreten sollte. Will die Herrschaft den Vertrag mit dem Gesinde nicht auf die beschränkte Dauer des § 115 GesO. verlängern, sondern auf die ursprüngliche vertragsmäßige längere, oder aber auf eine kürzere Dauer, so muß sie mit dem Gesinde einen neuen Vertrag schließen (vgl. Zürn S. 41).

3. Ueber die Art und Weise, sowie die Form, in welcher die Kündigung erfolgen soll, schreibt das Gesetz nichts vor. Da die Kündigung aber nichts anderes ist, als die Willenserklärung, den Vertrag nicht ferner fortsetzen zu wollen, so muß es genügen, wenn dieser Wille in irgendeiner Weise erkennbar wird. Es müssen also alle Handlungen, die auf die Willensmeinung, den Dienst nicht fortsetzen zu wollen, einen sichereren Schluß zulassen, als Willenserklärungen gelten. Solche Handlungen liegen z. B. in einem wiederholten Entlaufen aus dem Dienste, in einer hartnäckigen tatsächlichen Weigerung zur Rückkehr in den Dienst, in dem Fordern des Entlassungsscheins, in der Mitteilung einer anderweiten Vermietung, aber nicht in der Rückgabe des Mietsgeldes (§ 46) (KG. v. 22. VI. 1905, Gesetz und Recht **1906** 254). Auch darin, daß sich das Gesinde mit Wissen der Herrschaft anderweitig vermietet, kann eine Kündigung liegen (OVG. v. 6. II. 1892, Selbstv. **1892** 265, vgl. dagegen Zürn S. 23). Abfällige Aeußerungen des Dienstherrn über die Leistungen des Gesindes stellen keine Kündigung dar (OVG. v. 11. X. 1907, Gesetz und Recht **1908** 254). Selbstverständlich ist auch die Kündigung durch einen Bevollmächtigten möglich. Nach § 174 BGB. ist aber eine von diesem vorgenommene Kündigung unwirksam, wenn er eine Vollmachtsurkunde nicht vorlegt und der andere die Annahme der Kündigung aus diesem Grunde unverzüglich ablehnt (vgl. A. 2 zu § 2). Ein minderjähriger Dienstbote, dem die Ermächtigung zur Vermietung vom gesetzlichen Vertreter erteilt ist, kann selbständig kündigen und die Kündigung entgegennehmen (§ 113 BGB. S. 29).

4. Die Vereinbarung ungleichartiger Kündigungsfristen für Herrschaft und Gesinde verstößt nicht gegen die guten Sitten, ist also zulässig (RG. v. 22. III. 1904, JW. 233).

5. Die Frage über die Dauer eines abgeschlossenen Gesindedienstvertrages gehört zu den privatrechtlichen Streitigkeiten, mit denen die Polizei nichts zu tun hat (OVG. v. 29. X. 1887, E. **15** 435).

§ 112. Die Aufkündigungsfrist wird bei städtischem Gesinde auf sechs Wochen und bei Landgesinde auf drei Monate vor dem Ablauf der Dienstzeit angenommen, insofern ein Anderes bei der Vermietung nicht ausdrücklich verabredet ist.[1–3])

(Sollten indes andere Kündigungsfristen bei dem ländlichen Gesinde bisher noch üblich gewesen sein, so mag es dabei für die nächsten 5 Jahre (§ 48) noch sein Bewenden behalten.)[4])

1. Die Kündigung muß eine bestimmte Zeit vor Ablauf der Dienstzeit erfolgen. Wenn also z. B. der Dienstbote zunächst für ½ Jahr v. 12. II. ab (also bis zum 11. VIII.) gemietet ist, dann muß bei städtischem Gesinde am 30. VI., bei Landgesinde am 10. V. gekündigt werden. Eine frühere Kündigung ist zulässig, da § 111 nur von einer Kündigung „innerhalb der Frist" spricht. Die Ansicht, daß die Kündigung nur zu den Kalenderquartalschlüssen oder bei monatsweise gemietetem Gesinde zum Monatsschlusse erfolgen könne, ist unrichtig; es hat sich auch im Polizeibezirk Berlin kein derartiger Ortsgebrauch ausgebildet. Die Berechnung der Frist bestimmt jetzt § 187 Abs. 2 BGB. Wegen der Kündigung des großjährig werdenden Gesindes s. § 40. Fällt der letzte Tag, an dem die Kündigung zu erklären ist, auf einen Sonntag, so kann nach § 193 BGB. die Kündigung auch noch am nächsten Werktag erfolgen.

2. Ueber den Unterschied zwischen städtischem und Landgesinde s. A. 1 zu § 41. Wegen der Kündigung der Schäfer s. A. 3 zu § 43.

3. Im Polizeibezirk Berlin ist es, wie das Polizeipräsidium mehrfach den Gerichten bestätigt hat, Ortsgebrauch, daß der mit 14tägiger Kündigung ohne sonstige Abrede abgeschlossene Gesindedienstvertrag auf die Dauer eines Monats Gültigkeit hat. Daß der Vertrag bei nicht erfolgter Kündigung stets nur auf 14 Tage verlängert sei, ist nicht Ortsgebrauch, dagegen wird häufig angenommen, daß das Gesinde gleich nach dem Dienstantritt kündigen und 14 Tage später abziehen könne. Die Ansicht, daß sich die Kündigungsfrist nach der Lohnzahlung richte, daß man also einem Gesinde, das monatlich seinen Lohn bekommt, ohne monatsweise gemietet zu sein, auch monatlich kündigen könne, ist unrichtig und findet auch in §§ 620, 621 BGB., die nach Art. 95 EG. auf das Gesinderecht keine Anwendung finden, keine Stütze. Es hat sich auch in Groß-Berlin kein dieser Auffassung entsprechender Ortsgebrauch gebildet (Bescheid des Polizeipräs. in Charlottenburg v. 23. XI. 1911). Das KG. hat in einer E. v. 12. XI. 1902 (BlfR. **1903** 20) angenommen, daß, wenn die monatliche Lohnzahlung ausdrücklich vereinbart sei, die Vermutung dafür spreche, daß auch eine monatliche Kündigungsfrist gelte. Diese Entscheidung erscheint gegenüber dem Wortlaut des § 112, der eine ausdrückliche Vereinbarung der abweichenden Aufkündigungsfrist verlangt, bedenklich.

4. Dieser Satz hat als Uebergangsbestimmung selbstverständlich keine Gültigkeit mehr.

§ 113. Bei monatsweise gemieteten Dienstboten findet die Aufkündigung noch am Fünfzehnten eines jeden Monats statt.[1] [2])

1. Hier ist offenbar nur an den Fall gedacht, daß das Gesinde vom 1. eines jeden Monats ab auf einen Monat gemietet ist. Es ist aber jedenfalls gemeint, daß zwischen Kündigung und Abzug stets ein halber Monat liegen soll. Also auch wenn das monatsweise gemietete Gesinde den Dienst im Laufe eines Monats angetreten hat, muß die Kündigung stets einen halben Monat vor dem entsprechenden Datum des Monats erfolgen, wobei der halbe Monat zu 15 Tagen gerechnet und der Kündigungstag nicht mitgezählt wird. Es muß also dem monatsweise gemieteten und am 17. IV. eingetretenen Gesinde am 16. Tage vor dem 17. V., also am 1. V. zum Abzuge am 17. V. gekündigt werden. In Berlin wird bei monatsweise gemietetem Gesinde gewöhnlich 14tägige Kündigung vereinbart. Ein Ortsgebrauch, daß bei vereinbarter 14tägiger Kündigungsfrist die Kündigung eines z. B. am 19. geschlossenen Dienstvertrages immer nur zum Monatsersten zulässig sein soll, existiert in Berlin nicht, wie das Polizeipräsidium dem Amtsgericht I am 7. I. 1905 mitgeteilt hat (s. A. 1 zu § 112).

2. Für das auf eine Woche gemietete Gesinde enthält die GesO. keine bestimmte Kündigungsfrist. Man wird hier die Fristen des § 621 BGB. für anwendbar erachten müssen, so daß die Kündigung bei einem auf mehrere Tage gemieteten Gesinde am letzten Tage, bei einem auf Wochen gemieteten am ersten Werktage der letzten Woche stattfinden kann.

§ 114. Ist keine Aufkündigung erfolgt, so wird der Vertrag als stillschweigend verlängert angesehen.

Siehe wegen der Bedeutung der Festsetzung einer Mietszeit die A. 1 zu § 111.

§ 115. Bei städtischem Gesinde wird die Verlängerung auf ein Viertel- und bei Landgesinde auf ein ganzes Jahr gerechnet.[1]) [2])

1. Ueber den Unterschied von städtischem und Landgesinde s. A. 1 zu § 41.

2. Auch wenn bei städtischem Gesinde der Vertrag ursprünglich auf ein Jahr geschlossen war, gilt die Verlängerung doch immer nur auf 3 Monate. (KG. StrSen. v. 24. II. 1898, Selbstv. 424).

§ 116. Bei monatsweise [1]) gemietetem Gesinde versteht sich die Verlängerung immer nur auf Einen Monat.[2]) [3])

1. „Monatsweise" ist auch dasjenige Gesinde gemietet, dessen erste Dienstzeit auf zwei Monate festgesetzt war; auch in diesem Falle erfolgt die stillschweigende Verlängerung durch Nichtkündigung nur auf einen Monat. Vgl. aber A. 3 zu § 112.

2. Bei dem für einen noch kürzeren Zeitraum z. B. eine Woche gemieteten Gesinde kann der Mietvertrag sich immer nur um diesen kürzeren Zeitraum verlängern.

3. Nach den §§ 115, 116 ist der Rechtszustand folgender:

A. Wird ein Dienstbote — städtischer oder ländlicher — für die Zeit v. 1. V. bis 1. VI 1912 oder v. 1. V. bis 1. VII. 1912 gemietet, und am 15. V. bzw. 15. VI erfolgt keine Kündigung, so gilt der Vertrag nach § 116 als verlängert: im ersteren Falle bis zum 1. VII., im letzteren Falle bis zum 1. VIII. 1912.

B. Wird ein Dienstbote v. 1. V. 1912 ab ohne alle Zeitbestimmung gemietet, so gilt der Vertrag nach § 41:

a) bei städtischem Gesinde bis zum 1. VIII. 1912,
b) bei Landgesinde bis zum 1. V. 1913.

Erfolgt keine Kündigung bei a) 6 Wochen vor dem 1. VIII. 1912 und bei b) 3 Monate vor dem 1. V. 1913,
so gilt der Vertrag nach § 115:
im Falle a) bis 1. XI. 1912,
im Falle b) bis 1. V. 1914.

C. Wird ein Dienstbote v. 1. V. 1912 bis 1. XI. 1912, also auf 1/2 Jahr, gemietet und er gehört

a) zum städtischen Gesinde, es erfolgt aber 6 Wochen vor dem 1. XI. 1912 keine Kündigung, so läuft sein Vertrag nach § 115 bis 1. II. 1913, aber nicht etwa ein ferneres halbes Jahr (die erste Vertragsdauer), also nicht bis zum 1. V. 1913.

b) Gehört der Dienstbote zum Landgesinde, es erfolgt aber 3 Monate vor dem 1. XI. 1912 keine Kündigung, so gilt die Verlängerung nicht etwa wiederum auf ein halbes Jahr, sondern nach § 115 auf ein ganzes Jahr, also bis zum 1. XI. 1913.

d) ohne Aufkündigung. (§§ 117—142.)

aa) von seiten der Herrschaft. (§§ 117—135.)

§ 117. Ohne Aufkündigung[1]) kann die Herrschaft ein Gesinde sofort[2]) entlassen:[3-6])

1. Wenn dasselbe die Herrschaft oder deren Familie durch Tätlichkeiten, Schimpf- und Schmähworte oder ehrenrührige Nachreden beleidigt oder durch boshafte Verhetzungen Zwistigkeiten in der Familie anzurichten sucht.[7])

1. § 626 BGB. bestimmt, daß ein Dienstverhältnis von jedem Teile ohne Einhaltung einer Kündigungsfrist gekündigt werden

kann, wenn ein **wichtiger Grund** vorliegt. Daß dieser § **auf das GesRecht keine Anwendung finden** kann, daß vielmehr die GesO. die Fälle der sofortigen Kündigung in den §§ 117—142 genau hat erschöpfen wollen, ist schon oben in A. 10 zu § 617 BGB. S. 98 erörtert. Die GesO. wollte dem Gesindedienstverhältnis eine möglichst feste Basis geben; die Zugehörigkeit des Gesindes zur Familie sollte sich auch darin äußern, daß das Verhältnis nicht so leicht gelöst werden könnte, wie andere Dienstverträge. Von dem Grundsatze des § 110, daß der Auflösung stets eine Kündigung voraufgehen müsse, enthält der Abschnitt d genau bestimmte Ausnahmen.

2. Es ist selbstverständlich, daß die Herrschaft, wenn ein Grund zur **sofortigen** Entlassung vorliegt, auch dem Gesinde erst mit Ablauf des Monats oder Vierteljahrs kündigen kann. Eine derartige Kündigung wird oft ein Akt der Milde gegen den Dienstboten sein. In dem „sofort" liegt aber auch, daß die Herrschaft alsbald nach Kenntnis von dem Entlassungsgrunde die Entlassung oder Kündigung aussprechen muß. Behält sie nach dieser Kenntnis das Gesinde noch längere Zeit, so muß das Verhalten des Gesindes als verziehen gelten (vgl. auch Voß in der DJZ. **1906** 537).

3. Die Entlassung muß in einer Weise geschehen, die den Willen der Herrschaft, den Dienstboten dauernd aus dem Dienst zu entlassen, deutlich und unzweifelhaft erkennen läßt. Die bei Gelegenheit von Wortwechseln, im Aerger usw. oft gebrauchten Redensarten, wie: „Mach, daß du fortkommst", „Scher dich hinaus" usw. können unter Umständen als Entlassung aus dem Dienste nicht gelten. In einer Strafsache, in welcher ein Dienstbote wegen Hausfriedensbruchs angeklagt war, hat das RG. unter dem 22. XII. 1885 (EStrafs. **13** 189) die Feststellung gelten lassen, daß der Dienstherr bei seiner an den Dienstboten ergangenen Aufforderung, das Grundstück zu verlassen, die Lösung des Dienstverhältnisses nicht beabsichtigt, vielmehr die Entfernung des Gesindes nur verlangt habe, um einstweilen Ruhe zu haben. Einen Grund braucht die Herrschaft bei der Entlassung nicht anzugeben (ebenso OLG. Marienwerder v. 29. IV. 1904, Recht **1905** 44 Nr. 150; vgl. auch A. 5). Ueber die rechtlichen Folgen der ohne Grund geschehenen Entlassung treffen die §§ 150 ff. Anordnungen. Weigert sich der entlassene Dienstbote, den Dienst zu verlassen, so hat die Dienstherrschaft die Hilfe der Polizeibehörde in Anspruch zu nehmen, die nach dem Ministerialreskr. v. 11. IX. 1840 (MBlfiV. **1840** 362) dem Verlangen der Herrschaft, den Dienstboten zu entfernen, selbst dann stattgeben soll, wenn sie die Aufhebung des Dienstverhältnisses seitens der Herrschaft für unberechtigt hält. Dies erscheint um deswillen für nicht bedenklich, weil das Gesinde unter allen Umständen kein Recht auf Fortsetzung des Dienstes, sondern nur auf Entschädigung hat. Vgl. Zürn S. 108 und Nußbaum im VerwArch. **1900** 344, der ausführt (vgl. auch RG. **42** 255), daß der Dienstbote sich eines Hausfriedensbruchs schuldig mache, wenn er nach der Entlassung in den Räumen der Herrschaft verweile; den Dienstboten durch Exmission an der Fortsetzung seines straf-

baren Verhaltens zu hindern, sei die Polizei wohl befugt: ähnlich Fischer im Recht **1903** 335, dagegen Meyer ebenda S. **356** und Böhmert ebenda S. 479. Vgl. auch über die nach obigem zu bejahende Frage, ob der Dienstbote die Wohnung alsbald nach der Entlassung räumen muß, Hirschberg in JW. **1909** 184 (s. auch A. 3 zum G. v. 24. IV. 1854 hinter § 80 und A. 6 zu § 82).

4. Außer den in nachstehenden §§ 117—135 aufgeführten 19 Gründen zu sofortiger Entlassung sind noch durch spätere Gesetze folgende gestattet:

a) Wenn das Gesinde beim Dienstantritt die Vorlegung des Dienstbuches verweigert (§ 4 G. v. 29. IX. 1846; s. S. 17).

b) Wenn ein Hirt wegen Weidefrevels rechtskräftig verurteilt ist (§ 16 Feld- u. Forst-PolG. v. 1. IV. 1880; hier darf die Entlassung erst 14 Tage nach rechtskräftiger Verurteilung erfolgen).

Dazu treten noch die sich aus den §§ 9—11, 27 und 28 GesO. ergebenden Entlassungsgründe. Zweifelhaft ist (s. Zürn S. 112), ob die Herrschaft, wenn das Gesinde zum Militär eingezogen wird, den Vertrag aufheben kann. Aus kürzeren militärischen Uebungen kann die Herrschaft kein Recht zur Entlassung des Gesindes herleiten. Es ist dies indirekt zu schließen aus § 616 BGB. (s. oben S. 86), wonach die Herrschaft dem Gesinde, das für „eine verhältnismäßig nicht erhebliche Zeit" durch einen in seiner Person liegenden Grund ohne sein Verschulden an seinen Diensten verhindert wird, den Lohn nicht kürzen darf. Hierbei ist nach den Motiven (S. 463) besonders an die Wehrpflichtigen, die auf kurze Zeit zum Militärdienst eingezogen werden, gedacht. Wenn die Herrschaft ihnen nicht einmal den Lohn kürzen kann, wird man ihr noch weniger ein Recht auf Entlassung geben können. Diese Grundsätze sind wohl auf die gewöhnlichen Landwehr- und Reserveübungen anzuwenden. Bei längeren Dienstleistungen, also bei Mobilmachungen und beim Einziehen zur Ableistung der Dienstpflicht muß der Vertrag als von selbst aufgehoben gelten, ohne daß es einer Entlassung bedarf, da dem Gesinde die Erfüllung seines Vertrags durch einen Umstand, den es nicht zu vertreten hat, unmöglich wird (§ 323 BGB.). Wird dem Gesinde die Leistung des Dienstes durch eigenes Verschulden unmöglich, so muß es der Herrschaft den Schaden ersetzen (§ 325 Abs. 1 BGB.).

5. Die Herrschaft, die einen Dienstboten vor Ablauf der Dienstzeit entlassen hat und von ihm auf Entschädigung gerichtlich in Anspruch genommen wird, kann alle gesetzmäßigen Entlassungsgründe geltend machen, wenn sie diese auch dem Dienstboten gegenüber früher nicht angeführt hatte (OTr. v. 3. IV. 1871, StriethA. **81** 262 und v. 28. II. 1873, StriethA. **88** 215). Aber sie kann auf Grund eines früheren Entlassungsgrundes, von dem sie in angemessener Frist keinen Gebrauch gemacht hat, das Gesinde nicht mehr entlassen (RG. v. 13. III. 1893, Bolze **16** 378, s. auch A. 2). Die Herrschaft kann auch eine Feststellungsklage dahin, daß die geschehene Entlassung gerechtfertigt war, anstellen, da sie ein berechtigtes Interesse an der Feststellung dieser Tatsache hat (RG. v. 14. X. 1902, JW. **1902** 605).

6. Auch wenn die Dienstherrschaft selbst das Gesinde durch Mittelspersonen zu einer die Entlassung rechtfertigenden Handlung angestiftet hat, kann die Entlassung erfolgen. Die bewußte Schaffung einer Gelegenheit zur Bewährung der notwendigen Charaktereigenschaft des Bediensteten, wie sie sich auch ohne Wissen und Zutun der Dienstherrschaft täglich darbieten kann, ist keine hinterlistige Veranstaltung zum Nachteil des Bediensteten, sondern ein erlaubtes Mittel zum Schutze gegen unbekannte Fehler desselben (RG. v. 10. V. 1893, Bolze **16** Nr. 382 S. 228).

7. Der § 117 der GesO. hat nicht die Bedeutung, daß jede Beleidigung der Herrschaft durch das Gesinde einen Grund zur sofortigen Entlassung abgebe, vielmehr setzt er schon nach seinem Wortlaute Beleidigungen von einiger Erheblichkeit voraus. Ob Aeußerungen des Gesindes eine Beleidigung der Herrschaft durch Schimpf- und Schmähworte oder ehrenrührige Nachreden enthalten, ist in jedem einzelnen Falle unter Berücksichtigung der Veranlassung zu den Aeußerungen, der gebrauchten Worte und der dem Bildungsgrade des Gesindes entsprechenden Ausdrucksweise mit Bezug auf §§ 76—78 GesO. zu untersuchen (RG. v. 13. III. 1893, Gruchot Beitr. **37** 1067). Andererseits ist der Entlassungsgrund aber nicht auf direkt beleidigende Aeußerungen zu beschränken, sondern gilt auch von solchen Worten und Handlungen, durch welche die der Herrschaft schuldige Achtung in einer diese beleidigenden Weise verletzt wird; es können daher auch Prahlereien, wie die zu anderen getane Aeußerung, daß der Dienstbote die Herrschaft erstochen haben würde, wenn er von ihr gemißhandelt worden wäre, unter diese Gesetzesvorschrift gestellt werden (OTr. v. 16. VI. 1862, StriethA. **45** 289). Dasselbe gilt von solchen Schmähungen, die sich das Gesinde in bezug auf die Herrschaft in deren Abwesenheit Dritten gegenüber gestattet (OTr. v. 4. I. 1861, StriethA. **39** 328).

§ 118. 2. Wenn es sich beharrlichen[1]) Ungehorsam und Widerspenstigkeit[2]) gegen die Befehle[3]) der Herrschaft[4]) zu Schulden kommen läßt.

1. „Beharrlicher" Ungehorsam liegt vor, wenn derselbe Befehl von der Herrschaft mindestens einmal wiederholt und vom Dienstboten dennoch nicht befolgt ist, oder wenn innerhalb eines kurzen Zeitraumes in zwei verschiedenen Fällen der in jedem Falle auch nur einmal gegebene Befehl nicht befolgt wird (vgl. KG. v. 13. II. 1896, DJZ. 263). Zwischen den mehreren Fällen aber muß insoweit ein zeitlicher Zusammenhang bestehen, daß sie nicht als vereinzelte Vorkommnisse erscheinen, die einen Schluß auf Beharrlichkeit der bei jedem derselben zutage getretenen Gesinnung nicht gestatten (RG. v. 11. VI. 1891, Bolze **12** 228). Die Nichtbefolgung muß bewußt und absichtlich als Kundgebung des Willens, sich dem Befehle der Herrschaft zu widersetzen, nicht bloß aus Nachlässigkeit oder Mißverständnis erfolgt sein, um nach § 118 die sofortige Entlassung zu begründen. Das Wort „beharrlich" bezieht sich nur auf „Ungehorsam"; bei Widerspenstigkeit (s. A. 2) ist also

zur Anwendung des § 118 ein Fall genügend (vgl. OTr. v. 7. X. 1839, Präj. I 318, und v. 12. VI. 1871, StriethA. 82 201, und RG. v. 11. VI. 1891, Gruchot Beitr. 35 1077). Das hier für die etwaige Bestrafung des Gesindes maßgebende G. v. 24. IV. 1854 (s. S. 80) wendet statt „beharrlich" den Ausdruck „hartnäckig" an, der etwas weiter geht.

2. Ueber den Begriff der Widerspenstigkeit s. A. 4 zum G. v. 24. IV. 1854 hinter § 80. Ungehorsam und Widerspenstigkeit brauchen nicht zusammenzutreffen, trotzdem das Gesetz „und" sagt.

3. Der Ansicht (BlfR. 1891 28), daß es sich hierbei stets nur um Befehle, welche sich auf dienstliche Angelegenheiten beziehen, handle, ist bei dem familienrechtlichen Charakter des Gesindedienstverhältnisses nicht beizupflichten. Auch Koch (A. 69 zu § 118 GesO.) widerspricht einer derartig engen Auslegung.

4. Auch den Befehlen der Vertreter der Herrschaft hat das Gesinde zu gehorchen (RG. v. 27. XI. 1890, JW. 1891 37). Ungehorsam oder Widerspenstigkeit gegen die lediglich zur Aufsicht der Dienstboten bestellten Personen ist kein Entlassungsgrund.

§ 119. 3. Wenn es sich den zur Aufsicht über das gemeine Gesinde bestellten Hausoffizianten mit Tätlichkeiten oder groben Schimpf- und Schmähreden in ihrem Amte widersetzt.

Ueber den Begriff der Hausoffizianten s. Einleitung S. 6.

§ 120. 4. Wenn es die Kinder der Herrschaft zum Bösen verleitet oder verdächtigen Umgang mit ihnen pflegt.

Nach §§ 176, 177 des StGB. wird derjenige mit Zuchthaus bis zu 10 Jahren bestraft, welcher mit Personen unter 14 Jahren unzüchtige Handlungen vornimmt oder sie zur Verübung oder Duldung unzüchtiger Handlungen verleitet. Sind mildernde Umstände vorhanden, so tritt Gefängnisstrafe nicht unter 6 Monaten ein. Ist durch die Handlungen der Tod der verletzten Person verursacht, so tritt Zuchthausstrafe nicht unter 10 Jahren oder lebenslängliche Zuchthausstrafe ein.

§ 121. 5. Wenn es sich des Diebstahls [1—3]) oder der Veruntreuung [4]) gegen die Herrschaft [5]) schuldig macht.

1. Der einfache Diebstahl wird nach § 242 StGB. mit Gefängnis bis zu 5 Jahren, die einfache Unterschlagung nach § 246 StGB. mit Gefängnis bis zu 3 oder an anvertrauten Sachen bis zu 5 Jahren bestraft. Diebstahl und Unterschlagung des Gesindes gegen die Herrschaft an Sachen von unbedeutendem Wert wird nach § 247 StGB. nur auf Antrag der Herrschaft bestraft. Unter der

Herrschaft im Sinn des § 247 StGB. sind nur der Dienstherr und dessen Angehörige zu verstehen, nicht aber andere Hausgenossen, wie Mitgesinde (RG. v. 29. I. 1907, E. in Straff. **40** 1; a. M. Buddee im Recht **1906** 1161). Den Strafantrag kann der Dienstherr auch dann stellen, wenn die gestohlenen Sachen der Dienstherrin gehört haben (RG. v. 31. V. 1907, E. in Straff. **40** 187). Der Antrag kann bis zur Verkündigung des Urteils zurückgenommen werden. Auch die Entwendung von Nahrungs- und Genußmitteln von unbedeutendem Werte zum alsbaldigen Gebrauch (sog. Mundraub, § 370 Nr. 5 StGB.) ist im Sinne der früheren Strafgesetzgebung und damit auch der GesO. als Diebstahl anzusehen und berechtigt daher zur Entlassung des Gesindes (LG. I Berlin v. 22. III. 1902, BlsR. **1902** 118).

2. Ein Dienstbote, der wissentlich Diebstähle an Wirtschaftsgegenständen oder Vorräten duldet, ist nach einem E. d. RG. v. 18. XII. 1883 (Rechtspr. **4** 885) als Gehilfe zu bestrafen.

3. Die Herrschaft ist befugt, die Sachen der Dienstboten zu durchsuchen und zu diesem Zwecke die Schlösser durch einen Schlosser öffnen zu lassen, wenn sie begründeten Verdacht des Diebstahls hat und wenn die Hilfe der Staatsorgane zur Abwendung eines unwiederbringlichen Schadens zu spät kommen würde, d. h. wenn zu befürchten ist, daß die entwendeten Sachen beseitigt werden würden, bevor das Gericht oder die Polizei einschreiten kann (§ 229 BGB.). Liegen derartige Umstände nicht vor, so muß die Polizei zur Durchsuchung herbeigeholt werden. Das Aufbrechen der Schlösser könnte, falls nach Obigem keine Gefahr im Verzuge war, der Herrschaft auf Antrag des Dienstboten eine Untersuchung und Bestrafung wegen Sachbeschädigung zuziehen (§ 303 StGB.).

4. Unter „Veruntreuung" ist hier nach einer Entscheidung des OTr. v. 18. XII. 1876 (StriethA. **97** 99) nicht jede Untreue überhaupt, sondern nur die Unterschlagung der dem Gesinde seitens der Herrschaft anvertrauten Gelder oder Sachen zu verstehen. Diese Entscheidung ist sehr bedenklich. Man wird vielmehr den Begriff der Untreue aus der zu § 19 A. 1 angeführten E. des Straff. des KG. v. 19. XI. 1900 (Jahrb. **21** S C 46) zu entnehmen haben.

5. Ob auch ein Diebstahl gegen das Mitgesinde die Herrschaft zur sofortigen Entlassung berechtigt, könnte zweifelhaft sein, ist aber wohl zu bejahen, da das „gegen die Herrschaft" es nicht erforderlich scheinen läßt, daß die Sachen der Herrschaft eigentümlich gehören. Man wird es für genügend erachten müssen, wenn die gestohlenen Sachen sich in den Räumen der Herrschaft befinden. Diebstahl oder Unterschlagung, die vom Gesinde gegen fremde Personen verübt sind, berechtigen die Herrschaft nicht zur Entlassung (s. aber § 132 GesO.).

§ 122. 6. Wenn es sein Nebengesinde zu dergleichen Lastern verleitet.

Der Ausdruck „dergleichen“ bezieht sich wohl auf alle Fälle unter Nr. 1—5 (§§ 117—121) und nicht bloß auf die Fälle unter Nr. 5 (§ 121).

§ 123. 7. Wenn es auf der Herrschaft Namen ohne deren Vorwissen Geld oder Waren auf Borg nimmt.

Wer einem Dienstboten ohne weiteres Kredit gibt, tut dies auf seine Gefahr. Sollte der Dienstbote gegen bar einkaufen und hat das Geld erhalten, läßt sich aber Kredit geben (anschreiben), so wird die Herrschaft nicht zur Bezahlung verpflichtet, es sei denn, daß der Verkäufer mit gutem Grund annehmen durfte, daß Kredit verlangt war. Dies kann z. B. der Fall sein, wenn schon früher längere Zeit auf Kredit entnommen war (s. auch Joseph im Recht **1905** 497). Aber der Verkäufer darf nicht längere Zeit und erhebliche Beträge kreditieren, ohne sich zu vergewissern, ob die Ermächtigung vorhanden war, auf Borg zu nehmen (S. Rehbein BGB. **1** 268). Der Meinung (Recht **1905** 588), daß die Herrschaft stets hafte, wenn der Dienstbote Waren, zu denen er von der Herrschaft Geld empfangen hat, auf Kredit nimmt, dürfte keineswegs beizupflichten sein. Wegen des Kreditierens auf Rechnung der Dienstboten s. A. zu § 110 BGB. 28.

§ 124. 8. Wenn es die noch nicht verdiente Livree ganz oder zum Teil verkauft oder versetzt.

Wenn die Livree nach § 37 verdient ist, darf sie vom Dienstboten verkauft werden. Der vorher erfolgte Verkauf ist Unterschlagung (s. A. 1 zu § 37).

§ 125. 9. Wenn es wiederholentlich [1]) ohne Vorwissen und Erlaubnis der Herrschaft über Nacht [2]) aus dem Hause [3]) geblieben ist.

1. Also einmaliges Ausbleiben genügt nicht, jedenfalls aber zweimaliges.

2. Wenn auch nicht jede kurze Entfernung des Gesindes aus dem Hause während der Nacht unter den Begriff des Ausbleibens über Nacht gebracht werden kann, so bedarf es dazu jedenfalls nicht eines Entferntsein aus dem Hause die ganze Nacht hindurch (OTr. v. 19. V. 1862, StriethA. **44** 324). Es genügt vielmehr, wenn das Gesinde ungerechtfertigt in denjenigen Nachtstunden ausbleibt, in denen die Herrschaft das Zuhausebleiben des Gesindes nach der Sitte und der Hausordnung mit Bestimmtheit erwarten konnte (Dernburg BürgR. II § 314 A. 5).

3. Unter dem „Hause“ ist dasjenige Haus zu verstehen, welches dem Gesinde zum Aufenthalte während der Nacht angewiesen ist, gleichviel, ob die Herrschaft mit in demselben wohnt, oder ob dasselbe von dem Wohnhause der Herrschaft entfernt liegt (OTr. v. 24. IX. 1860, StriethA. **38** 247).

§ 126. 10. Wenn es mit Feuer [1]) und Licht gegen vorhergegangene Warnungen [2]) unvorsichtig umgeht.

1. Auch das Rauchen an Orten, wo es verboten ist, z. B. in Scheunen oder Ställen, ist als unvorsichtiges Umgehen mit Feuer anzusehen.

2. Ob als Warnung schon ein Anschlag anzusehen ist, ist zweifelhaft. Jedenfalls muß dem Gesinde nachgewiesen werden, daß es den Anschlag gekannt hat oder wenigstens hätte kennen müssen. Letzteres ist anzunehmen, wenn das Gesinde ausdrücklich auf den Anschlag hingewiesen ist.

§ 127. 11. Wenn auch ohne vorhergegangene Warnung aus dergleichen unvorsichtigem Betragen wirklich schon Feuer entstanden ist.

Ueber die Haftung der Herrschaft für den Schaden, den das Gesinde durch unvorsichtiges Umgehen mit Feuer verursacht, vgl. die Grundsätze der §§ 278, u. 831 BGB. (hinter § 98 103ff.).

§ 128. 12. Wenn das Gesinde sich durch lüderliche Aufführung ansteckende oder ekelhafte Krankheiten zugezogen hat.[1]) [2])

1. Das Wort Krankheit wird man nicht nur in medizinisch-technischem Sinne aufzufassen haben, sondern darunter jeden vom normalen Gesundheitszustand abweichenden körperlichen Zustand des Dienstboten verstehen müssen, der die Gesundheit oder das Wohlbefinden der Mitglieder der Hausgenossenschaft in erheblicher Weise zu gefährden geeignet ist, z. B. starke Behaftung mit Ungeziefer. Dies hat auch das Polizeipräsidium in Berlin angenommen (so auch Krückmann, DJZ. **1904** 388; anderer Meinung Zürn 110, der sich streng an das Wort „Krankheit" hält). § 128 greift auch dann Platz, wenn das Gesinde schon beim Diensteintritt mit einer Krankheit behaftet war.

2. Wenn sich ein kranker Dienstbote unter Verschweigung seiner Krankheit vermietet, indem er vorgibt gesund zu sein, so handelt er arglistig und haftet nach § 123 BGB. der Herrschaft für allen Schaden, der ihr durch Eingehung des Mietsvertrages entstanden ist.

§ 129. 13. Wenn das Gesinde ohne Erlaubnis der Herrschaft seines Vergnügens wegen ausläuft oder ohne Not über die erlaubte oder zu dem Geschäfte erforderliche Zeit ausbleibt oder sonst den Dienst mutwillig vernachlässigt und von allen diesen Fehlern auf wiederholte [1]) Verwarnung nicht absteht.[2])

1. Wiederholte Verwarnung ist eine mindestens zweimalige; also erst beim dritten Falle kommt § 129 zur Anwendung (vgl. auch § 74).

2. Da hierin zugleich ein hartnäckiger Ungehorsam gegen die Befehle der Herrschaft liegt, so kann der Dienstbote auch noch mit 15 Mk. Geldbuße oder drei Tagen Haft bestraft werden (G. v. 24. IV. 1854, s. oben S. 80).

§ 130. 14. Wenn der Dienstbote dem Trunk oder Spiel ergeben ist oder durch Zänkereien und Schlägereien mit seinem Nebengesinde den Hausfrieden stört und von solchem Betragen auf geschehene Vermahnung nicht abläßt.

Da hier eine wiederholte Vermahnung nicht gefordert ist, genügt eine einmalige fruchtlose Vermahnung. Der zweite derartige Fall berechtigt also zur Entlassung, wenn beim ersten eine Vermahnung erfolgt ist. Im ersten Fall der Betrunkenheit usw. darf die Entlassung keinesfalls erfolgen.

§ 131. 15. Wenn dem Dienstboten diejenige Geschicklichkeit gänzlich ermangelt, die er auf Befragen bei der Vermietung zu besitzen ausdrücklich angegeben hat.[1] [2]

1. Hier ist von dem gänzlichen Mangel der ausdrücklich bedungenen Geschicklichkeit, in § 143 Nr. 1 von dem Mangel derjenigen Geschicklichkeit die Rede, welche der Dienstbote zu den ihm nach dem Dienstvertrage obliegenden Geschäften haben muß. Hat der Dienstbote beim Mieten auf Befragen oder aus eigenem Antrieb nicht ausdrücklich versichert, eine bestimmte Geschicklichkeit zu besitzen, sondern hat die Herrschaft dies etwa nach seiner äußeren Erscheinung oder nach dem Stande der früheren Herrschaft oder aus anderen Umständen lediglich gefolgert, so ist eine Entlassung ohne Kündigung nicht statthaft.

2. Unter diesen § sind auch die Fälle zu rechnen, in denen eine anfangs vorhandene ausdrücklich angegebene Geschicklichkeit (Fähigkeit) verloren geht, also vor allem die häufig vorkommenden Fälle, in denen einer Amme die Milch ausgeht. Eine vorsichtige Herrschaft wird sich also beim Mieten einer Amme stets ausdrücklich versichern lassen, daß dieselbe auch die zur Ernährung des Kindes ausreichende Nahrung besitzt. Ist dies nicht ausdrücklich bedungen, so kann der Amme nur außer der Zeit aufgekündigt werden (vgl. § 143). A. M. Voß in der DJZ. **1906** 1312, der annimmt, daß der Verlust der Milch nicht eine gänzliche Ermangelung der Geschicklichkeit im Sinne des § 131 sei; die Amme dürfe also immer, abgesehen von selbstverschuldetem Verlust der Milch (§ 65), nur mit Kündigungsfrist aus § 143 entlassen werden. Das Polizeipräsidium in Charlottenburg nimmt an, daß in Groß-Berlin

bei Ammen eine tägliche Kündigungsfrist Ortsgebrauch sei. (Bescheid vom 15. I. 1912). Es ist aber kaum anzunehmen, daß sich ein derartiger Ortsgebrauch gegenüber der ausdrücklichen Bestimmung der §§ 112 ff. GesO. mit Rechtswirksamkeit hat bilden können. Uebrigens schreiben die Vorschr. v. 16. VIII. 1910 zum neuen Stellenvermittlergesetz (HMBl. 455) in Nr. 10 Abs. 3 vor, daß die Stellenvermittler nur solchen Ammen, die sich über ihren Gesundheitszustand durch ein höchstens acht Tage altes Zeugnis eines Arztes ausweisen können, eine Stellung vermitteln dürfen.

§ 132. 16. Wenn ein Dienstbote von der Obrigkeit auf längere Zeit als acht Tage gefänglich eingezogen wird.

Ob die Einziehung vom Gerichte (auch zur Untersuchungshaft) oder von der Polizei erfolgt, ist gleichgültig (vgl. auch § 81).

§ 133. 17. Wenn ein Gesinde weiblichen Geschlechts schwanger wird,[1]) in welchem Falle jedoch der Obrigkeit Anzeige[2]) geschehen und die wirkliche Entlassung nicht eher, als bis von dieser die gesetzmäßigen Anstalten zur Verhütung alles Unglücks getroffen worden, erfolgen muß.

1. Dasselbe gilt, wenn das Dienstmädchen schon beim Antritt des Dienstes schwanger war und dies verheimlichte. Kannte die Herrschaft diesen Zustand beim Mieten, so ist die spätere Entlassung ohne Kündigung ausgeschlossen. Hat die Herrschaft nach Antritt des Dienstes von der Schwangerschaft Kenntnis erlangt, so wird man nicht zu streng sein müssen mit der Forderung, daß sie das Dienstmädchen sofort (vgl. § 117 und A. dazu) habe entlassen müssen. Vielmehr wird zu erwägen sein, daß die Herrschaft das Interesse des Gesindes berücksichtigt, wenn sie es nicht sofort entläßt (vgl. Rehbein, E. 4 724). Will die Herrschaft das Gesinde nicht entlassen, so kann sie es bis nach der Niederkunft beurlauben; das Gesinde muß alsdann in angemessener Zeit nach der Entbindung in den Dienst zurückkehren (s. OVG. im Preuß. VerwBl. 1890 389). Lohn braucht die Herrschaft in diesem Falle für die Zeit, in der das Gesinde an der Dienstleistung verhindert war, nicht zu zahlen (§§ 323, 325 BGB.). Wenn das Gesinde wegen der Schwangerschaft den Dienst nicht mehr leisten kann, so wird man annehmen müssen, daß es nach § 142 GesO. den Dienst ohne Aufkündigung verlassen kann. Wegen des Wochengelds (§ 195 RVO) s. A. 5a zu § 82 S. 88.

2. Die Anzeige beruht auf Gründen des öffentlichen Interesses; ihre Unterlassung hat mit dem Rechte aus § 133, das Gesinde zu entlassen, nichts zu tun (OTr. v. 8. II. 1873, StriethA. 88 213).

§ 134. 18. Wenn die Herrschaft von dem Gesinde bei der Annahme durch Vorzeigung falscher Zeugnisse hintergangen worden.

§ 363 StGB. bestimmt, daß, wer, um Behörden oder Privatpersonen zum Zwecke seines besseren Fortkommens oder des besseren Fortkommens eines anderen zu täuschen, Dienstbücher oder Führungs- oder Fähigkeitszeugnisse falsch anfertigt oder verfälscht oder wissentlich von einer solchen falschen oder verfälschten Urkunde Gebrauch macht, mit Haft (bis zu 6 Wochen) oder Geldstrafe bis zu 150 Mk. bestraft wird. Gleiche Strafe trifft den, der zu demselben Zwecke von solchen für einen anderen ausgestellten echten Urkunden, als ob sie für ihn ausgestellt seien, Gebrauch macht, oder der solche für ihn ausgestellte Urkunden einem anderen zu dem gedachten Zwecke überläßt.

§ 135. 19. **Wenn das Gesinde in seinem nächst vorhergehenden Dienste sich eines solchen Betragens, weshalb dasselbe nach §§ 117—128 hätte entlassen werden können, schuldig gemacht und die vorige Herrschaft dieses in dem ausgestellten Zeugnisse verschwiegen, auch das Gesinde selbst es der neuen Herrschaft bei der Annahme nicht offenherzig bekannt hat.**

bb) von seiten des Gesindes. (§§ 136—142.)

§ 136. Das Gesinde kann den Dienst ohne vorhergehende Aufkündigung verlassen: [1] [2])

1. Auch hier sind die Fälle, in denen das Gesinde den Dienst ohne Aufkündigung verlassen kann, erschöpfend aufgeführt (s. A. 1 zu § 117); daß hier nur Beispiele gegeben seien für die Fälle, in denen das Verbleiben im Dienste dem Gesinde nicht zugemutet werden kann, ist nicht anzunehmen. Das Rücktrittsrecht nach den allgemeinen Regeln des BGB., z. B. wegen Betruges und wegen Geistesschwäche des einen Vertragschließenden, bleibt allerdings bestehen (Gerhard 156 A. 2). Was zu geschehen hat, wenn das Gesinde den Dienst ohne gesetzmäßige Ursache verläßt, bestimmen §§ 167 ff.

2. Hat sich eine Herrschaft der in den §§ 136—140 bezeichneten Handlungsweise im letzten Jahre gegen einen Dienstboten schuldig gemacht und der neu gemietete Dienstbote erfährt dies erst nach Abschluß des Mietsvertrages, aber vor dem Antritt des Dienstes, so kann er den Dienstantritt verweigern (§ 52).

1. Wenn es durch Mißhandlungen von der Herrschaft in Gefahr des Lebens oder der Gesundheit versetzt worden.

Die Mißhandlung muß von der Herrschaft selbst geschehen sein. Mißhandlungen seitens Angehöriger der Herrschaft (z. B. des Sohnes) ermächtigen das Gesinde nicht zum Verlassen des Dienstes (OVG. v. 20. X. 1896 **30** 435).

§ 137. 2. Wenn die Herrschaft dasselbe auch ohne solche Gefahr, jedoch mit ausschweifender und ungewöhnlicher Härte behandelt hat.[1] [2])

1. Aus der Verbindung der §§ 136 und 137 (ohne solche Gefahr) läßt sich erkennen, daß es sich bei § 137 nur um das körperliche Wohlbefinden des Gesindes handelt, das durch übermäßige Strenge der Herrschaft beeinträchtigt sein muß. Die Erhebung eines ehrverletzenden Vorwurfes (Diebstahls) rechtfertigt die Anwendung des § nicht (E. des KG. 1. Strafs. v. 9. IV. 1908, DJZ. Sp. 709).

2. Die tatsächliche Frage, ob das Gesinde mit ausschweifender oder ungewöhnlicher Härte behandelt worden ist, ist unabhängig von der Bestimmung des Art. 95 EGzBGB., wonach der Herrschaft ein Züchtigungsrecht nicht zusteht, zu entscheiden (KG. v. 12. II. 1903, Jahrb. **25** C 86). Das OLG. Stettin (Rechtspr. **7** 476) hat angenommen, daß das Gesinde, das ein paar Ohrfeigen bekommen hat, den Dienst nicht verlassen dürfe, selbst wenn es wegen leichter Mißhandlung Strafantrag stellen könne; es wäre eine besondere gesetzliche Bestimmung nötig gewesen, um dem Gesinde das Recht zu geben, wegen derartiger Mißhandlungen den Dienst zu verlassen. Das RG. hat aber in einer E. v. 24. III. 1905 (Recht **1905** 372 Nr. 1905) ausgeführt, daß nach der jetzigen Anschauung von der sozialen Stellung der Bediensteten eine würdige und rücksichtsvolle Behandlung der Untergebenen eine Vertragspflicht der Dienstherrschaft bilde. Wenn diese Entscheidung auch nicht in bezug auf Gesinde ergangen ist, so wird sie dennoch in Betracht gezogen werden müssen, sobald man im Einzelfalle feststellen will, was ausschweifende und ungewöhnliche Härte im Sinne des § 137 GesO. ist. Unter Umständen kann die Nichtbefolgung der Vorschriften des § 618 BGB. als ausschweifende und ungewöhnliche Härte angesehen werden (vgl. A. 4 zu § 618 BGB., S. 100).

§ 138. 3. Wenn die Herrschaft dasselbe zu Handlungen, welche wider die Gesetze[1]) **oder wider die guten Sitten**[2]) **laufen, hat verleiten wollen.**[3]) [4])

1. Die verbreitete Ansicht, daß für die Ausführung gesetzwidriger Befehle (z. B. zu Erntearbeiten am Sonntag) nur die Herrschaft strafrechtlich verantwortlich sei, ist unrichtig; vielmehr ist auch der Dienstbote strafbar; er ist deshalb, wenn ihm von der Herrschaft Handlungen befohlen werden, deren Vornahme nur mit polizeilicher Genehmigung gestattet ist, nicht nur berechtigt, sondern auch verpflichtet, sich vor Ausführung der befohlenen Arbeiten über die Genehmigung derselben Gewißheit zu verschaffen (KG. v. 4. II. 1889, ArchfStr. **37** 461).

2. Das OVG. hat den allgemeinen Grundsatz aufgestellt, daß die Vorschrift des § 138 nicht erst Anwendung findet, wenn eine Verleitung zu unsittlichen Handlungen vorliegt, daß vielmehr der Tatbestand erfüllt ist, wenn die Handlung sich mit den Anforderungen der guten Sitten nicht vereinigen läßt. Diesen Anforde-

rungen entspricht es z. B. nicht, wenn ein 17jähriges Mädchen genötigt wird, das Bett mit dem 12jährigen Bruder zu teilen (E. v. 25. V. 1906, **48** 421).

3. Zum Begriff des Verleitens gehört, daß die Herrschaft sich der Gesetzwidrigkeit der befohlenen Handlung bewußt gewesen sein muß.

4. Wenn das Gesinde sich aber hat verleiten l a s s e n, so kann es aus seiner Teilnahme an der unsittlichen Handlung keinen Grund hernehmen, sofort den Dienst zu verlassen (a. M. Nußbaum A. 3 zu § 138). Doch wird man dem gesetzlichen Vertreter unmündigen Gesindes das Recht nicht absprechen können, sein Mündel usw. aus dem Dienst zu nehmen.

§ 139.[1]) **4. Wenn dieselbe das Gesinde vor dergleichen unerlaubten Zumutungen gegen Personen, die zur Familie gehören oder sonst im Hause aus- und eingehen, nicht hat schützen wollen.**[2])

1. § 139 bezieht sich nur auf § 138, nicht auch auf §§ 136, 137, wie schon aus dem Worte „Zumutungen" hervorgeht (OVG. v. 20. X. 1896, **30** 437).

2. Auf das W o l l e n ist kein besonderes Gewicht zu legen. Hat die Herrschaft das Gesinde nicht schützen k ö n n e n, so ist sie ebenso zu behandeln, wie wenn sie es nicht gewollt hat, weil der Schutz des Gesindes ihre Pflicht ist und immer ein Verschulden anzunehmen sein wird, wenn sie ihm den Schutz gegen dergleichen Zumutungen nicht hat gewähren können (Rehbein, E. **4** 728, dagegen Zürn S. 122).

§ 140. 5. Wenn die Herrschaft dem Gesinde das Kostgeld gänzlich vorenthält oder ihm selbst die notdürftige Kost verweigert.[1—3])

1. Der Dienstbote braucht nicht zuvörderst den Schutz der Polizei anzurufen, kann vielmehr den Dienst sofort verlassen, selbstverständlich mit der Verpflichtung, den gesetzmäßigen Grund der Auflösung des Dienstverhältnisses im Bestreitungsfalle nachzuweisen (KG. v. 25. II. 1889, Jahrb. **9** 224).

2. In derselben Entscheidung wird ausgeführt, daß das Gesinde zum sofortigen Verlassen des Dienstes nur dann berechtigt ist, wenn ihm die Verabreichung der notdürftigen Kost von der Dienstherrschaft selbst oder im Auftrage und mit Genehmigung derselben verweigert ist. Es ist dabei für nicht genügend erachtet, daß sich der Dienstbote bei der Wirtschaftsmamsell wiederholt über die mangelhafte Beköstigung beschwert hatte.

3. Zur notdürftigen Kost gehört es, daß die Speisen ihrer Beschaffenheit nach zur Ernährung geeignet sind (OVG. v. 19. III. 1909, Polizei **6** 176 und v. 7. X. 1910, Selbstv. **1911** 44). Eine Verweigerung der notdürftigen Kost liegt nicht schon dann vor, wenn der Dienstbote mit der ihm gewährten Beköstigung nach Art

und Maß unzufrieden ist. Vielmehr kann von einer Verweigerung erst dann die Rede sein, wenn die Herrschaft auf Beschwerde des Dienstboten die Mängel nicht beseitigt hat. Der Dienstbote, der seinen Austritt aus dem Dienst unter Berufung auf § 140 rechtfertigen will, muß also nachweisen, wann und wie er sich beschwert hat und daß den Beschwerden nicht abgeholfen ist (OVG. v. 29. XI. 1901, PrVerwBl. **23** 659).

§ 141. 6. Wenn die Herrschaft auf eine Zeit, welche die laufende Dienstzeit übersteigt, und in eine Entfernung, die mehr als 6 Meilen beträgt, eine Reise vornimmt oder überhaupt in diese Entfernung, ihren bisher gewöhnlichen Wohnsitz verlegt und es nicht übernehmen will, den Dienstboten zum Ablaufe der Dienstzeit kostenfrei zurückzusenden. Hat die Herrschaft mehrere gleich gewöhnliche Wohnsitze, so wird die Entfernung von 6 Meilen nach demjenigen berechnet, den sie zuletzt wirklich bewohnt hat.

Das Gesinde muß, wenn es mit der Herrschaft an einen anderen Ort übersiedelt, die kostenfreie Rückbeförderung zur Bedingung der Uebersiedelung machen. Hat es geschwiegen und ist mit übergesiedelt, so kann es später nicht die Erstattung der Rückreisekosten verlangen, wenn der Vertrag aufgehoben wird.

§ 142. 7. Wenn der Dienstbote durch schwere Krankheit zur Fortsetzung des Dienstes unvermögend wird.[1] [2]

1. Nicht zu übersehen ist hierbei, daß dies ein Grund für den Dienstboten ist, den Dienst zu verlassen, nicht aber für die Herrschaft, den Dienstboten zu entlassen (s. A. 6 zu § 617 BGB., S. 97). Auch wenn die Herrschaft sich bereit erklärt, auf eigene Kosten den Dienstboten heilen und pflegen zu lassen, so ist dieser dennoch berechtigt, von dem Aufhebungsgrunde Gebrauch zu machen. Die Vorschrift des § 152, daß er in diesem Falle, wie in allen anderen Fällen der sofortigen Aufhebung des Vertrags (§§ 136 ff.), Lohn und Kost auf den noch übrigen Teil der Dienstzeit fordern kann, enthält eine augenscheinlich schwere Benachteiligung der Herrschaft. Anzuempfehlen ist der Herrschaft jedenfalls, das Gesinde, das wegen Krankheit den Dienst nicht fortsetzen zu können erklärt, durch den Arzt daraufhin untersuchen zu lassen, ob das Gesinde tatsächlich nicht mehr dienstfähig ist. Den Anspruch auf Kur und Verpflegung aus §§ 86 ff. GesO. verliert das Gesinde jedenfalls, wenn es wegen schwerer Krankheit den Dienst aufgibt.

2. Auch wenn der Dienstbote zwar noch leichte Arbeiten verrichten kann, aber nicht mehr so schwere, wie sie der Dienst, zu dem er angenommen ist, beansprucht, so ist er, selbst wenn diese schweren

Dienste nur einen Teil seiner Tätigkeit ausmachen, nach § 142 berechtigt, den Dienst zu verlassen (KG. v. 4. XII. 1899, Jahrb. 19 347). Dagegen wird ein zu leichten Diensten gemieteter Dienstbote dadurch, daß er die Kräfte, schwere Arbeiten zu verrichten, einbüßt, nicht unvermögend zur Fortsetzung des lediglich in leichten Arbeiten bestehenden Dienstes (OVG. v. 5. X. 1906, DJZ. 1907, 603).

e) Unter der Zeit, jedoch nach vorhergegangener Aufkündigung. (§§ 143—149.)

aa) von seiten der Herrschaft. (§§ 143, 144.)

§ 143. Vor Ablauf der Dienstzeit, aber doch nach vorhergegangener Aufkündigung [1]) kann die Herrschaft einen Dienstboten entlassen: [2]) [3])

1. Wenn demselben die nötige Geschicklichkeit zu den nach seiner Bestimmung ihm obliegenden Geschäften ermangelt. [4])

1. Ueber die Kündigungsfrist vgl. §§ 112, 113, sowie § 148.

2. Das Gesinde ist verpflichtet, seinen Widerspruch gegen die Kündigung sofort zu erklären, wenn es sich dieselbe nicht gefallen lassen will; es darf nicht etwa stillschweigen und später mit Entschädigungsansprüchen kommen. Wird der Kündigung widersprochen, so kann die Herrschaft im Rechtswege die Berechtigung der Kündigung feststellen lassen. Will das Gesinde, das der Kündigung widerspricht, Ansprüche aus der vorzeitigen Entlassung herleiten, so hat es nach der Entlassung gemäß § 160 zu verfahren.

3. Ein berechtigtes Interesse der Herrschaft an der alsbaldigen Feststellung, daß ihr ein gerechtfertigter Kündigungsgrund zur Seite stehe, ist in der Regel zu verneinen (RG. v. 14. X 1902, JW. 605).

4. Ueber den Unterschied zwischen § 131 und § 143 vgl. A. 2 zu § 131.

§ 144. 2. Wenn nach geschlossenem Mietsvertrage die Vermögensumstände der Herrschaft dergestalt in Abnahme geraten, daß sie sich entweder ganz ohne Gesinde behelfen oder doch dessen Zahl einschränken muß.

Also z. B. wenn ein Beamter seinen Dienst verliert oder aufgibt, wenn ein Rentner bedeutenden Kapitalsverlust erleidet, wenn das Grundstück der Dienstherrschaft zwangsweise versteigert wird u. dgl. Wegen des Konkurses der Herrschaft s. § 22 KonkO. hinter § 107 GesO. Veränderungen in den Besitzverhältnissen, Verkauf des Gutes usw. haben sonst grundsätzlich keinen Einfluß auf die Gesindedienstverträge (OVG. v. 20. X. 1905, PrVerwBl.

28 27). Den Nachweis der im § 144 bezeichneten Vermögensabnahme hat die Dienstherrschaft zu führen.

bb) von seiten des Gesindes. (§§ 145—149.)

§ 145. **Dienstboten können vor Ablauf der Dienstzeit, jedoch nach vorhergegangener Aufkündigung, den Dienst verlassen:**[1])

1. Wenn die Herrschaft den bedungenen Lohn in den festgesetzten Terminen nicht richtig bezahlt.[2])

1. Die Herrschaft muß gegebenenfalls der Kündigung rechtzeitig widersprechen und darf ihre Erklärung nicht bis zum Abzuge aussetzen. Hat sie widersprochen, so findet § 167 Anwendung.

2. Kleine Verzögerungen werden nicht in Betracht kommen (Zürn S. 125; a. M. Gerhard). Es reicht einmalige Nichtzahlung aus; nach Bezahlung des Rückstandes kann von der Kündigung nicht mehr Gebrauch gemacht werden. Wenn ein Dienstbote mehrere Jahre keinen Lohn erhalten und dabei von seinem Kündigungsrechte keinen Gebrauch gemacht hat, gewinnt er trotzdem ein neues Kündigungsrecht dadurch, daß der rückständige Lohn wieder unbezahlt bleibt (OVG. v. 6. I. 1905, PrVerwBl. **1905** 938).

§ 146. **2. Wenn die Herrschaft das Gesinde einer öffentlichen Beschimpfung eigenmächtig aussetzt.**

Hier ist mit „eigenmächtig" die böse Absicht der Herrschaft gemeint, d. h. die Absicht, den Dienstboten zu beschimpfen oder beschimpfen zu lassen, ohne einen anderen erlaubten Zweck damit zu verbinden. Dahin gehört z. B. grob-fahrlässige Strafanzeige, Strafverfolgung oder gar Festnahme (Rehbein, E. 4 731).

§ 147. **3. Wenn der Dienstbote durch Heirat oder auf andere Art zur Anstellung einer eigenen Wirtschaft vorteilhafte Gelegenheit erhält, die er durch Ausdauerung der Mietszeit versäumen müßte.**

Vergleiche § 54 wegen des weiblichen Gesindes, welches vor Antritt des Dienstes Gelegenheit zum Heiraten erhält. § 147 kommt auch dem männlichen Gesinde zugute.

§ 148. **In allen Fällen, wo der Mietsvertrag innerhalb der Dienstzeit, jedoch nur nach vorhergegangener Aufkündigung, aufgehoben werden kann, muß dennoch das laufende Vierteljahr, und bei monatsweise gemieteten Gesinde der laufende Monat ausgehalten werden.**[1]) [2])

1. Nur auf die Fälle der §§ 143—147 bezieht sich der § 148. Außer diesen Fällen kann der Mietsvertrag „innerhalb der Dienstzeit nach vorhergegangener Aufkündigung" nur noch in den Fällen der §§ 101—109 aufgehoben werden; daß sich jedoch auf diese Fälle der § 148 nicht bezieht, geht aus § 102 deutlich hervor.

2. Die Frist und der Zeitpunkt der Kündigung sind hier nicht besonders bezeichnet. Man muß, da es sich hier um den Eintritt von Umständen handelt, an die bei dem Vertragsabschluß nicht gedacht ist, annehmen, daß verabredete kürzere oder längere Kündigungsfristen nicht berücksichtigt werden können (Rehbein, E. 4 728). Es sollen vielmehr stets die gesetzlichen Kündigungsfristen des § 112 gelten (a. M. Jacobi). Der Zeitpunkt für die Kündigung ist die Wahrnehmung (§§ 143, 146) oder der Eintritt (§§ 144, 145, 147) des die Kündigung begründenden Umstandes. Wenn also ein Dienstbote für die Zeit vom 1. IV. 1913 bis 1. IV. 1914 gemietet ist und der im § 144 bezeichnete Vermögensverfall tritt am 15. IV. 1913 ein, dann kann an diesem Tage

a) dem städtischen Gesinde nur derart gekündigt werden, daß es am 2. VII. 1913, aber nicht derart, daß es schon 6 Wochen nach dem 15. IV. 1913 abzieht;

b) dem Landgesinde zum Abzuge am 2. X. 1913 gekündigt werden.

c) War das Gesinde monatsweise gemietet, so kann ihm, da hier die Kündigungsfrist 15 Tage beträgt (s. A. zu § 113), im oben angenommenen Falle am 15. IV. 1913 zum Abzuge am 1. V. 1913 gekündigt werden.

§ 149. Wenn die Eltern des Dienstboten wegen einer erst nach der Vermietung vorgefallenen Veränderung ihrer Umstände ihn in ihrer Wirtschaft nicht entbehren können oder der Dienstbote in eigenen Angelegenheiten eine weite Reise zu unternehmen genötigt wird, so kann er zwar ebenfalls seine Entlassung fordern, er muß aber alsdann einen anderen tauglichen Dienstboten statt seiner stellen und sich mit demselben wegen Lohn, Kost und Livree ohne Schaden der Herrschaft abfinden.

Es bedarf in diesem Falle weder einer Kündigung, noch des Verbleibens im Dienste bis zum Ende des laufenden Vierteljahres oder Monats (§ 148). Ein willkürlicher Austritt des Dienstboten ohne Beschaffung eines Stellvertreters ist aber ausgeschlossen, und es findet, falls der Dienstbote trotzdem austritt, der § 167 Anwendung. Will die Herrschaft sich auf eine Stellvertretung nicht einlassen, so tut sie dies auf ihre Gefahr, ebenso wie das Gesinde, das ohne zureichenden Grund unter Berufung auf § 149 abgeht.

9. Rechtliche Folgen der vorzeitigen Aufhebung. (§§ 150—170.)

a) Was alsdann wegen Lohn, Kost und Livree Rechtens ist. (§§ 150—159.)

§ 150. In allen Fällen, wo die Herrschaft einen Dienstboten während der Dienstzeit mit oder ohne Aufkündigung zu entlassen berechtigt ist (§§ 117—135, 143, 144), kann der Dienstbote Lohn und Kost oder Kostgeld nur nach Verhältnis der Zeit fordern, wo er wirklich gedient hat.

Die Herrschaft kann sich bei berechtigter Entlassung das Mietsgeld am Lohn abziehen (§ 26), ebenso die im Laufe des Dienstjahres gegebenen Weihnachts- und Neujahrsgeschenke (§ 36), ferner kann sie etwaige Schadensersatzforderungen in den Grenzen des § 68 zur Aufrechnung bringen.

§ 151. Ein Gleiches gilt von denjenigen Fällen, wo der Dienstbote zwar vor Ablauf der Dienstzeit, aber doch nach vorhergängiger Aufkündigung den Dienst verlassen kann. (§§ 145—147.)

§ 152. In Fällen, wo der Dienstbote sofort und ohne Aufkündigung den Dienst zu verlassen berechtigt ist[1]) (§§ 136—142), muß ihm Lohn und Kost auf das laufende Vierteljahr, und wenn er monatsweise gemietet worden, auf den laufenden Monat vergütet werden.[2]) [3])

1. Und auch von diesem Rechte alsbald Gebrauch macht, ohne erst etwa abzuwarten, ob die Herrschaft kündigt.

2. Diesen weitgehenden Anspruch sowie den aus § 153 hat das Gesinde auch dann, wenn es innerhalb des Vierteljahrs oder Monats wieder einen neuen Dienst findet (Rehbein, E. 4 729, ebenso Gerhard u. Jacobi, a. M. Zürn 125, der aus dem Worte „Vergütung" folgert, daß das Gesinde schadlos gehalten werden, nicht aber sich bereichern soll). Seinen Anspruch kann das Gesinde geltend machen, ohne an die in § 160 vorgeschriebene polizeiliche Vermittlung gebunden zu sein.

3. Fast überall haben sich für die Höhe des Kostgeldes bestimmte Sätze herausgebildet, die als gerichtskundig gelten dürfen, so daß sich die Einholung einer besonderen Auskunft der Polizei darüber (nach § 33) erübrigt. Ueber die ortsübliche Höhe des Kostgeldes usw. in Berlin vgl. A. 3 zu § 33.

§ 153. Hat die Ursache zum gesetzmäßigen Austritte erst nach Ablauf der Aufkündigungsfrist sich ereignet, so muß die Herrschaft diese Vergütung auch für das folgende Vierteljahr oder für den folgenden Monat leisten.

§ 154. In der Regel behält der Dienstbote die als einen Teil des Lohnes anzusehende Livree vollständig, wenn er aus den §§ 136—142 bestimmten Ursachen den Dienst verläßt.

Vgl. § 37.

§ 155. Geschieht der Austritt nur aus den in §§ 143 und 144 enthaltenen Gründen, und hat der Bediente noch kein halbes Jahr gedient, so muß er Rock und Hut zurücklassen.

Hier ist die Weste aus Versehen der Redaktoren fortgelassen (Gesetz-Rev. Pens. XV. S. 58).

§ 156. In den Fällen, wo das Gesinde nach §§ 117 bis 135, 143 und 144 von der Herrschaft entlassen wird, kann letztere der Regel nach die ganze Livree zurückbehalten.

§ 157. Doch gebühren dem Bedienten die kleinen Montierungsstücke, wenn er schon ein halbes Jahr gedient hat und nur aus den §§ 143, 144 angeführten Gründen entlassen wird.

Kleine Montierungsstücke sind die zur gewöhnlichen Livree (also ausschl. Mäntel, Pelze u. dgl., § 39) gehörigen Kleidungsstücke außer Rock und Hut, also besonders Beinkleid und Gamaschen. S. darüber Koch A. 76 zu § 157.

§ 158. Wenn das Gesinde aus den §§ 145 und 146 angeführten Gründen nach vorhergegangener Aufkündigung seinen Abschied nimmt, so finden die Vorschriften §§ 154 und 155 Anwendung.

§ 159. Erfolgt aber der Austritt nur aus der § 147 bestimmten Ursache, so muß der Dienstbote mit den kleinen Montierungsstücken sich begnügen.

Wegen der kleinen Montierungsstücke s. A. zu § 157.

b) Rechtliche Folgen einer ohne Grund geschehenen Entlassung. (§§ 160—166.)

§ 160. Eine Herrschaft, die aus anderen als gesetzmäßigen Ursachen das Gesinde vor Ablauf der Dienst-

zeit entläßt,[1] [2]) muß von der Obrigkeit [3]) dasselbe wieder anzunehmen und den Dienstvertrag fortzusetzen angehalten werden.[4]) [5])

1. Erst wenn der Dienstbote entlassen ist, nicht schon dann, wenn die Herrschaft eine Ursache zur Entlassung des Dienstboten zu haben glaubt und ihm dies mitteilt, kann die Polizeibehörde vom Dienstboten angerufen werden (vgl. A. 2 zu § 143, OVG. v. 26. X. 1889, E. 18 420).

2. Wenn ein Dienstbote vor Ablauf der Dienstzeit von der Herrschaft entlassen ist und glaubt, die letztere habe keinen gesetzlichen Grund dazu, so kann er nicht etwa auch seinerseits den Vertrag aufheben und ohne weiteres eine Entschädigung fordern, sondern er muß bereit sein, wieder in den Dienst zurückzugehen. Er hat daher die Ortspolizei, die von Amts wegen ohne Antrag einzuschreiten nicht befugt ist, zu ersuchen, die Herrschaft zu dieser Wiederaufnahme zu veranlassen. Die Polizei hat hierbei ihre Tätigkeit lediglich vom Gesichtspunkte des öffentlichen Rechts aus zu betrachten und durch ihr Eingreifen einer Störung der öffentlichen Ordnung vorzubeugen oder sie zu beseitigen (OVG. v. 29. X. 1887, E. 15 435). Ein Bescheid des Min. des Innern v. 6. VI. 1888 (MBliV. 124) führt aus, daß aus dem Berufe der Polizeibehörden, das Gesinde (natürlich auch die Herrschaft) zum Antritt und zur Fortsetzung des Dienstverhältnisses anzuhalten, auch die Zuständigkeit folge, über die Rechtsbeständigkeit des Dienstverhältnisses, vorbehaltlich des ordentlichen Rechtsweges, zu „befinden" (vgl. auch A. 3 zu § 10, A. zu § 47 u. A. 4 zu § 51). Um das tatsächliche Verhältnis aufzuklären, hat die Polizei mit den Parteien jedenfalls zu verhandeln; sie wird dabei zunächst nach Möglichkeit vermitteln und kann den Standpunkt andeuten, den sie einnehmen würde, wenn die Frage, ob ein polizeiliches Einschreiten angezeigt sei, an sie herantreten sollte. Findet keine Einigung statt, so sind zwei Fälle zu unterscheiden. Ist nämlich die Polizei

a) der Ansicht, daß die Entlassung gerechtfertigt war, so muß sie den damit unzufriedenen Dienstboten unter Ausstellung eines Attestes über die beantragte Vermittlung auf den Rechtsweg verweisen, in welchem der Kläger mit seiner nur auf Entschädigung zu richtenden Klage obsiegen kann, da die Entscheidung der Polizei nicht präjudizierlich ist (Dernburg Bürg. R. II § 315 A. 7).

b) Findet die Polizei, daß die Entlassung unberechtigt war, so teilt sie dies den Parteien mit und fordert die Herrschaft auf, das Gesinde wieder anzunehmen. Erklärt sich die Herrschaft hierzu bereit, so hat das Gesinde nach § 164 wieder in den Dienst zu treten; anderenfalls kann es nur noch aus § 165 Rechte geltend machen. Tritt es wieder ein, so gilt die Entlassung als zurückgenommen und die Herrschaft hat dann natürlich auch Lohn und Kost von der Entlassung bis zur Wiederaufnahme zu zahlen (Strieth A. 79 166), ohne sich nachträglich auf ihre Berechtigung zur Entlassung oder darauf berufen zu können, daß der Dienstbote unentgeltlich Unterkommen gefunden hat (Rehbein, E. 4 726). Ein Zwangsmittel, den Dienstboten wieder aufzunehmen, hat die Polizei gegenüber der Herrschaft nicht (vgl. MinReskr. v. 19. IX. 1883, Kamptz Jahrb. 42 110 und Bornhak, Selbstv. 1886 106, vgl. auch OVG. v. 26. X. 1889, 18 418 und RG. v. 24. X. 1898, 42 254). Der Dienstbote hat nur im Falle der durch die Polizei festzustellenden und zu bescheinigenden beharrlichen Weigerung der Herrschaft das Klagerecht auf Entschädigung nach § 161. Falls die Polizei sich für nicht zuständig erklärt, z. B. weil sie das Bestehen eines Dienstverhältnisses nicht anerkennt, oder wenn sie die Sache gar nicht zu einem Einschreiten ihrerseits für angetan erachtet, so hat sie den Dienstboten auf den Rechtsweg zu verweisen (vgl. RG. v. 11. VI. 1891, Gruchot, 35 1076). Weigert sich die Polizei, den Sühneversuch vorzunehmen, oder das Attest nach stattgehabter Sühne auszustellen, so ist über diese Weigerung Beschwerde zu führen (vgl. A. 3 zu § 10). Die Klage im Verwaltungsstreitverfahren ist nicht zulässig (OVG. v. 8. XI. 1900, Rechtsgrundf. 2 781). Vor dem Gericht wiederholt der Dienstbote seinen Antrag auf Wiederaufnahme nicht, klagt vielmehr unter Ueberreichung der polizeilichen Bescheinigung oder Beibringung eines sonstigen Nachweises, daß er die Polizei angerufen hat (s. A. 1 zu § 161), sofort auf Entschädigung (PlBeschl. d. OTr. v. 11. XII. 1846, 14 81 und RG. v. 29. X. 1898, E. 42 253, vgl. auch Gruchot 35 1075 und Rehbein-Reincke A. 33 zu § 161 GesO.). In dem Rechtsstreit vor dem ordentlichen Richter erfolgt dann erst die maßgebende Entscheidung über den Grund der Entlassung, für die die Herrschaft auch das vorbringen kann, was sie bis dahin nicht geltend gemacht hat. Hat eine Anrufung der Polizei nicht stattgefunden, so muß das Gericht die Klage als unzulässig abweisen.

3. Der Dienstbote muß die Ortspolizeibehörde anrufen und kann sich nicht darauf berufen, daß die Behörde Kenntnis von der Entlassung gehabt habe; denn das Gesetz verpflichtet die Obrigkeit nicht zum Einschreiten von Amts wegen (s. StriethA. 51 314). Der Dienstbote genügt seiner Pflicht, wenn er sich seinerseits an die Polizeibehörde seines Dienstorts (s. A. 2 zu § 51) mit dem Antrage auf Vermittlung wendet. Die Anrufung einer unzuständigen Behörde aus Unkenntnis der zuständigen genügt nicht (KG. v. 9. VII. 1902, 8. U. 1052/02). Wird ihm von der Polizei ein Attest ausgestellt, ohne daß tatsächlich eine Sühne versucht ist, so braucht er dieses nicht zurückzuweisen, kann vielmehr auf Grund desselben den Rechtsweg beschreiten (vgl. LG. I Berlin v. 14. X 1890, BlfR. 1891 28). Die Anrufung darf nicht erst nach Ablauf der Dienstzeit erfolgen, denn nach dieser Zeit hat die Herrschaft unbedingt keine Verpflichtung mehr, den Dienstboten wieder aufzunehmen, also liegt dann gar kein Anlaß mehr für einen polizeilichen Sühneversuch behufs Fortsetzung des Dienstverhältnisses vor. Von dem Anruf während der Dienstzeit sagt das Reichsger., es könne aus den §§ 160—162 GesO. nicht gefolgert werden, daß die Vermittlung unmittelbar (in continenti) nach der Entlassung vorgenommen werden müsse, vielmehr sei die Frage der Rechtsgültigkeit

nach billigem Ermessen zu beurteilen und der Entschädigungsanspruch dann noch zulässig, wenn das Gesinde seine Wiederaufnahme in einer den Umständen nach angemessenen, in die laufende Zeit der Kontraktsdauer fallenden Zeit beantragt (E. v. 10. V. 1881, Gruchot Beiträge 26 1047). Damit ist die schon von Koch lebhaft bekämpfte Ansicht des OTr. (E. v. 27. I. 1867, StriethA. 71 39), daß das Gesinde die obrigkeitliche Hilfe noch während der ganzen Dauer der Dienstzeit, also bis zum letzten Tage, in Anspruch nehmen könne, wohl endgültig beseitigt. Jedenfalls ist die absichtliche Zögerung des Gesindes, bis die Herrschaft einen anderen Dienstboten angenommen hat, als Dolus anzusehen (Förster-Eccius IV § 237 A. 51, ebenso auch Rehbein, E. 4 725). Die in Berlin früher auf Grund eines Beschlusses des Stadtgerichts von 1845 geübte Praxis, daß, wenn kein besonderer Zögerungsgrund, z. B. Krankheit, vorliegt, das Gesinde binnen drei Tagen sich, bei Verlust seines Anspruches, an die Polizei wenden müsse, ist in neuerer Zeit nicht mehr streng innegehalten, geht auch wohl etwas zu weit. Es muß dem Gesinde, wie oben bemerkt, eine angemessene Frist zugebilligt werden, wobei die konkreten Umstände, z. B. die Art der Entlassung, die Frage, ob das Gesinde den Dienstort hat verlassen müssen usw., zu berücksichtigen sind (vgl. Rehbein, E. 4 726). Das RG. hat in der oben angeführten E. v. 9. VII. 1902 eine Zögerung um 4 Wochen selbst bei mehrjähriger Vertragsdauer nicht für zulässig erachtet. Das OLG. Posen hat dagegen in einer E. v. 7. III. 1899 (Jur. Monschr. f. Posen 1899 69) angenommen, daß eine polizeiliche Vermittlung, die nicht länger als 6 Wochen nach der Entlassung, aber noch im ersten Drittel der Vertragsdauer erfolgt sei, unter Umständen noch gültig sei; wenn Saumseligkeit des Gesindes ein Grund für die Ausschließung hätte sein sollen, so hätte das Gesetz dies ausdrücklich aussprechen müssen. Dieser Entscheidung wird man nicht beipflichten können.

4. Die Polizei hat keine Befugnis, sich einzumischen, wenn ein Dienstherr ein Zurückbehaltungsrecht an den Sachen des Dienstboten ausübt (s. A. 1 zu § 69).

5. Wenn ein Dienstbote bei seiner widerrechtlich erfolgenden Entlassung vorbehaltlos über seine Dienstbezüge quittiert, so ist in dieser Quittungsleistung nicht ein Erlaß oder Verzicht auf die Ansprüche für die fernere vertragsmäßige Dienstzeit zu erblicken (RG. v. 10. V. 1881, Gruchot 26 1048 ff.).

§ 161. Weigert sie sich dessen beharrlich,[1]) so muß sie dem Dienstboten Lohn[2]) und Livree auf die noch rückständige[3]) Dienstzeit entrichten.[4])

1. Wenn die Klage bei Gericht angestellt wird, so muß der Kläger den Nachweis führen, daß er die Vermittlung der Polizei gemäß § 160 nachgesucht habe. Dieser Nachweis kann zwar auch auf jede andere Weise geführt werden, wird aber regelmäßig durch Vorlegung eines Attestes der Ortspolizeibehörde erbracht werden, in dem bescheinigt ist,

a) daß der Dienstbote sich bereit erklärt hat, den Dienst wieder anzutreten;
b) daß die zur Fortsetzung des Dienstvertrages polizeilich aufgeforderte Dienstherrschaft sich dessen beharrlich geweigert hat;
c) daß der polizeiliche Sühneversuch ohne Erfolg geblieben ist.

Es hat also die Polizei darüber zu befinden, ob die Weigerung beharrlich war. Wird dies im Laufe des Prozesses von einer Partei bestritten, so muß darüber der Richter befinden. Daß eine Beharrlichkeit erst dann vorliege, wenn die Polizei mindestens zweimal, zu verschiedenen Zeiten, die Aufforderung an die Herrschaft gerichtet, ist nicht richtig. Hat vielmehr die Polizeibehörde eine eingehende Verhandlung mit beiden Teilen geführt und die Herrschaft bleibt bei ihrer Weigerung, so ist auch aus dieser nur einmaligen Verhandlung eine Beharrlichkeit der Weigerung sehr wohl festzustellen (OTr. v. 20. II. 1865, StriethA. 57 225, und RG. v. 10. V. 1881, Gruchot 26 1048). Der Begriff der Beharrlichkeit ist hier also etwas verschieden von dem in § 118 gebrauchten.

2. Neben dem Lohne, der erst bei Eintritt der Fälligkeit gefordert werden kann, auch Kost und Wohnung (vgl. § 162).

3. Unter rückständiger Dienstzeit ist hier diejenige zu verstehen, für die nach dem vorzeitig und unberechtigt seitens der Herrschaft aufgelösten Dienstvertrage das Gesinde noch im Dienste stand. Für diese Zeit kann Lohn, Kostgeld usw. erst nach polizeilichem Sühneversuch eingeklagt werden; der für frühere Zeit etwa rückständige Lohn kann dagegen ohne eine voraufgegangene polizeiliche Sühne gerichtlich gefordert werden.

4. Der Anspruch verjährt in 2 Jahren vom Schlusse des Jahres ab, in dem er entstanden ist (§§ 196 Nr. 8, 201 BGB.).

§ 162. Auch für die Kost muß die Herrschaft bis dahin sorgen.

Es ist zweifellos, daß die Herrschaft außer der Entschädigung für die Kost auch eine Entschädigung für die Wohnung, die sich das Gesinde anderweit beschafft, gewähren muß. In Berlin ist dafür ein Betrag von 30 Pfg. täglich ortsüblich (s. A. 2 zu § 33).

§ 163. Kann aber das Gesinde noch vor Ablauf der Dienstzeit ein anderweitiges Unterkommen erhalten,[1]) so erstreckt sich die Vergütungsverbindlichkeit der Herrschaft nur bis zu diesem Zeitpunkte, und weiter hinaus nur insofern, als das Gesinde sich in dem neuen Dienste[2]) mit einem geringeren Lohn hat begnügen müssen.[3–5])

1. Wenn nach § 163 der Dienstbote eine andere sich ihm darbietende Stelle annehmen und sich um Erlangung einer solchen Stelle bemühen muß, so setzt doch die Anwendung dieser Vorschrift

voraus, daß die neue Stelle der früheren entsprechend ist; sonst braucht sie der Entlassene nicht anzunehmen (OTr. v. 15. VI. 1858, StriethA. **30** 109). Eine Köchin ist also nicht genötigt eine Stellung als Hausmädchen oder als Kammerjungfer anzunehmen, ein Diener nicht eine Stellung als Kutscher.

2. Jeder Verdienst, den das bisherige Gesinde durch Verwendung seiner Arbeitskraft erzielt, also auch außerhalb des Gesindedienstes, muß der Herrschaft zugute kommen. Daß die GesO. nur von „Unterkommen", „Dienst" und „Lohn" spricht, hat seinen Grund in den zur Zeit ihrer Entstehung maßgebenden wirtschaftlichen Verhältnissen. Damals kam es viel seltener als jetzt vor, daß ein Dienstbote einen anderweiten Erwerb nicht durch einen neuen Dienst, sondern durch freie Arbeit fand (ebenso Jacobi A. 2 zu § 163, vgl. auch § 615 BGB; a. M. Gerhard A. 3 zu § 163 GesO.).

3. Zur Begründung der Entschädigungsklage ist der Nachweis, folglich auch die Behauptung, daß das ohne gesetzlichen Grund entlassene Gesinde vor Ablauf der Dienstzeit trotz seiner Bemühungen eine andere Stelle nicht gefunden habe oder nicht habe finden können, nicht erforderlich, vielmehr liegt der Herrschaft der Beweis des Gegenteils ob (OTr. v. 22. II. 1859, StriethA. **32** 305, vgl. auch RG. v. 3. XII. 1894, JW. **1895** 21 Nr. 64).

4. Das OTr. sagt im Erk. v. 21. I. 1860 (E. **49** 228), daß unter dem im § 163 GesO. gedachten „anderweiten Unterkommen" nicht nur ein Unterkommen bei einer anderen als der bisherigen Herrschaft zu verstehen sei; vielmehr müsse der entlassene Dienstbote noch das nachträgliche Anerbieten der Herrschaft, ihn wieder in den Dienst aufnehmen zu wollen, bei Verlust seines Entschädigungsanspruches annehmen. Diese Entscheidung ist nicht gerechtfertigt, da das Recht des Dienstboten auf Entschädigung durch die erste Weigerung der Herrschaft klagbar geworden ist und nicht mehr einseitig durch eine neue Erklärung der Herrschaft beseitigt werden kann (vgl. Koch A. zu § 163 GesO., Förster-Eccius **4** 237 A. 51 und Rehbein, E. **4** 725 u. 727).

5. Wegen der Kosten der Zurückführung vgl. A. 8 zu § 51 GesO.

§ 164. Ist die Herrschaft das entlassene Gesinde wieder anzunehmen bereit,[1]) das Gesinde hingegen weigert sich, den Dienst wieder anzutreten, so kann letzteres in der Regel gar keine Vergütung [2]) fordern.

1. Es handelt sich hier nur um die Bereitwilligkeit während des polizeilichen Verfahrens. Nach Klageerhebung braucht das Gesinde nicht wieder einzutreten (s. A. 4 zu § 163).

2. Gar keine Vergütung, d. h. keine mehr seit der Entlassung (vgl. Zürn S. 117).

§ 165. Weist aber das Gesinde einen solchen Grund seiner Weigerung nach, weswegen es seinesorts den Dienst

zu verlassen berechtigt sein würde, so gebührt demselben die §§ 152 ff. bestimmte Vergütung.

Weist das Gesinde aber einen solchen Weigerungsgrund nach, aus dem es nur nach vorgängiger Kündigung den Dienst verlassen könnte (also die Fälle der §§ 145—149), so kann bei Weigerung des Dienstboten zur Rückkehr von keiner Entschädigung die Rede sein; in solchem Falle gebührt ihm nur der wirklich abgediente Lohn usw. Es fehlen also im Vordersatze des § 165 hinter „Dienst" die Worte „sofort und ohne Aufkündigung (§§ 136—142)".

§ 166. Kann das Gesinde den vorigen Dienst wegen eines inzwischen erhaltenen anderweitigen Unterkommens nicht wieder antreten, so findet die Vorschrift § 163 Anwendung.

c) Verlassung des Dienstes. (§§ 167—170.)

§ 167. Gesinde, welches vor Ablauf der Dienstzeit ohne gesetzmäßige Ursache den Dienst verläßt,[1]) muß durch Zwangsmittel[2]) zu dessen Fortsetzung angehalten werden.[3—5])

1. Die Herrschaft kann, wenn das Gesinde unberechtigt den Dienst verläßt, sich den Abzug gefallen lassen, einen anderen Dienstboten nehmen (§ 168) und die ihr etwa dadurch entstandenen Mehrkosten gegen das Gesinde selbständig oder durch Aufrechnung gegen etwa rückständigen Lohn geltend machen, falls sich herausstellt, daß das vorzeitige Verlassen des Dienstes unberechtigt war, was die Herrschaft nie zu beweisen hat. Die Herrschaft kann aber auch nach § 167 die polizeiliche Hilfe in Anspruch nehmen, um die Fortsetzung des Dienstes zu erzwingen. Endlich aber kann sie auch im Rechtswege auf Rückkehr klagen. Läßt sie das Gesinde gehen, ohne in angemessener Zeit einen dieser Wege einzuschlagen, so muß angenommen werden, daß sie mit dem Fortgange einverstanden gewesen sei. In diesem Falle kann die Herrschaft sich nicht weigern, dem Gesinde den Lohn bis zum Abgange auszuzahlen.

2. Ueber die Anwendung von Zwangsmitteln vgl. die A. 4 zu § 51 GesO. Wie dort schon bemerkt, hat die Polizei nicht über den Anspruch selbst, hier also die Rückkehrpflicht, zu entscheiden; sie hat sich also darauf zu beschränken, anzuordnen, daß das Gesinde in den Dienst zurückzukehren habe und diese Rückkehr durch Zwangsmittel durchzusetzen, nicht dagegen ist sie befugt, in das dem Zivilrichter vorbehaltene Gebiet überzugreifen und eine Anordnung über die Fortsetzung des Dienstes bis zum Ablauf der Dienstzeit zu treffen (vgl. OVG. v. 20. X. 1887, E. **15** 435, v. 8. XI. 1890, Rechtsgrunds. 2 781, v. 20. X. 1896, E. **30** 433, v. 17. I. 1905, Selbstv. 708 und vom 24. I. 1908, Selbstv. **1909** 78, sowie Bescheid des Min. d. Innern v. 6. VI. 1888, MBlfiV.

124). Im Falle des wiederholten Fortlaufens nach erfolgter Zurückführung ist die Polizeibehörde verpflichtet, falls nicht inzwischen eine gesetzmäßige Ursache zum Verlassen des Dienstes eingetreten ist, den Dienstboten wiederum der Herrschaft zuzuführen und ihn wegen jedes einzelnen Fortlaufens aus dem G. v. 24. IV. 1854 zu bestrafen (KG. v. 12. XII. 1889, Jahrb. **10** 225, wo ein Gegensatz zu § 51 GesO. festgestellt wird).

3. Unabhängig von den Geld- und Haftstrafen, die als Zwangsmittel nach A. 1 festgesetzt werden können, kann auch eine Bestrafung des Gesindes wegen ungesetzmäßigen Verlassens des Dienstes aus dem G. v. 24. IV. 1854 (A. zu § 80) erfolgen (vgl. auch OVG. v. 6. XII. 1876, E. **1** 394).

4. Die Herrschaft selbst hat kein Selbsthilferecht gegenüber dem Dienstboten; sie darf also nicht dessen Sachen zurückbehalten, um ihn zur Fortsetzung des Dienstes zu zwingen (s. A. 1 zu § 69). Der Dienstbote, der sich eigenmächtig wieder in den Besitz der zurückbehaltenen Sachen setzt, macht sich nicht aus § 289 StGB. strafbar (RG. v. 9. XII. 1892, E. in Strafs. **23** 357). Auch ein Zurückbehaltungsrecht an dem verdienten Lohne hat die Herrschaft nicht. Wegen der durch die Inanspruchnahme der Polizei entstehenden Kosten s. A. 8 zu § 51.

§ 168. Will aber die Herrschaft ein solches Gesinde nicht wieder annehmen, so ist sie berechtigt, ein anderes an seine Stelle zu mieten und der ausgetretene Dienstbote ist (nicht allein) [1]) schuldig, die dadurch verursachten mehreren Kosten zu erstatten,[2]) [3]) (sondern verfällt überdies in eine Strafe, die nach Maßgabe des Grades der Verschuldung auf 6—30 Mark oder bei Unvermögen auf verhältnismäßige Haft festzusetzen ist.)

1. Die eingeklammerten Stellen des § 168 sind durch § 1 des G. v. 24. IV. 1854 (hinter § 80) beseitigt, nach dem das Gesinde, das ohne gesetzmäßige Ursache den Dienst verläßt, auf Antrag der Herrschaft unbeschadet deren Rechts zu seiner Entlassung oder Beibehaltung bestraft werden soll (KG. v. 9. XI. 1903, Jahrb. **26** C 81; vgl. auch OTr. v. 8. XII. 1865, StriethA. **62** 68). Die Motive des Gesetzes sagen allerdings, daß § 168 GesO. in Kraft bleiben solle, aber dies ist im Gesetze nicht zum Ausdruck gekommen.

2. Ein polizeiliches Vorverfahren ist für den Fall des § 168 nicht vorgeschrieben.

3. Der Lohn für die Zeit, in der das Gesinde Dienst geleistet hat, gebührt dem Gesinde, doch kann die Herrschaft ihre Entschädigungsansprüche gegen diesen Lohn aufrechnen (s. Art. 14 § 1 AGzBGB. bei § 68 GesO.).

§ 169. Das abziehende Gesinde ist schuldig, alles, was ihm zum Gebrauche in seinen Geschäften oder sonst zu seiner Aufbewahrung anvertraut worden, der Herrschaft richtig zurückzuliefern.

§ 170. Den daran durch seine Schuld entstandenen Schaden muß es der Herrschaft ersetzen. (§§ 65—69.)

10. Abschied. (§§ 171—176.)

§ 171. Bei dem Abzuge [1]) ist die Herrschaft [2]) dem Gesinde einen schriftlichen Abschied [3]) und ein der Wahrheit gemäßes Zeugnis [4]) über seine geleisteten Dienste [5]) zu erteilten schuldig. [6—8])

1. Natürlich nur, wenn der Abzug im Einverständnis mit der Herrschaft vor sich geht, also nicht im Falle des § 167, dagegen im Falle des § 168. Ist die Erteilung des Zeugnisses beim Abzug unterblieben, so kann auch später die Erteilung gefordert werden.

2. Unter Herrschaft ist sowohl der Dienstherr als die Dienstherrin zu verstehen (KG. v. 2. V. 1892, ArchfStr. **40** 209). Nach dem BGB. (§ 1357) ist die Ehefrau jedenfalls zur Ausstellung des Zeugnisses berechtigt (s. A. 1 zu § 2 und Möllmann, Dienstzeugnis 22).

3. Ein besonderer schriftlicher Abschied ist jetzt nicht mehr erforderlich, vielmehr ist die Entlassung und das Zeugnis in das Dienstbuch einzutragen (s. § 5 der Ver. v. 29. IX. 1846, oben bei § 5 GesO.). Ein Gesinde, das sich weigert, das Abschiedszeugnis eintragen zu lassen und das Dienstbuch zu diesem Zwecke der Herrschaft vorzulegen, kann durch die polizeilichen Zwangsmittel des § 132 LVG. zur Herausgabe des Buches angehalten werden (OVG. v. 10. II. 1905, DJZ. 866).

4. Die Herrschaft hat das Zeugnis auszustellen, ohne erst eine Aufforderung der Dienstboten abzuwarten. Weigert sich die Herrschaft, dem Gesinde überhaupt ein Abgangszeugnis auszustellen, so kann das Gesinde sich entweder an die Polizei wenden, die nach § 5 der Ver. v. 29. IX. 1846 die Herrschaft durch eine anzudrohende Strafe von 3—15 Mk. zur Erteilung des Zeugnisses anzuhalten hat, oder es kann auch sofort bei dem Gericht auf Ausstellung eines Zeugnisses klagen (vgl. OTr. v. 14. I. 1878, StriethA. **98** 233 und RG. v. 2. III. 1891, Gruchot **35** 683). Wird die Herrschaft zur Ausstellung eines Zeugnisses verurteilt, kommt aber diesem Richterspruche nicht nach, so kann das Gesinde gemäß § 888 ZPO. die Herrschaft zur Ausstellung des Attestes durch Geldstrafen, die das Gericht festsetzen muß, anhalten lassen. Das Zeugnis muß aber auch wahrheitsgemäß sein. Die Herrschaft muß das Zeugnis hinsichtlich seiner Wahrheit gegen sich selbst gelten lassen. Ein Dienstbote, der wegen schlechter Führung usw. entlassen worden ist, kann, um seine Entlassung als ungerechtfertigt zu beweisen, sich

auf das ihm ausgestellte gute Zeugnis der Herrschaft berufen (AG. I Berlin v. 25. III. 1901, BlfR. **1901** 65). Ist das Zeugnis nach Ansicht des Gesindes nicht wahrheitsgemäß, so kann das Gesinde nach § 172 auf polizeiliche Untersuchung antragen. Das weitere Verfahren bestimmt sich dann nach den §§ 173 und 174. Zu einer nachträglichen Aenderung oder Ergänzung des dem Dienstboten ausgehändigten Zeugnisses ist die Herrschaft nicht berechtigt, auch wenn der Inhalt des Zeugnisses der Wahrheit nicht entspricht. Denn der Dienstbote erlangt durch die Aushändigung des Zeugnisses an ihn ein Recht auf dessen Besitz und Benutzung. Die Polizei ist verpflichtet, in einem solchen Falle auf Anrufen des Dienstboten einzuschreiten (OVG. v. 1. XII. 1899, DJZ. **1900** 279).

5. Das Zeugnis muß sich über die geleisteten Dienste bestimmt auslassen. Ein Zeugnis, das etwa sagt „hat den Dienst heimlich verlassen" oder das sich lediglich über die Entlassungsgründe verhält, genügt nicht. Das Gesinde hat aber nach OVG. v. 19. IX. 1892 (E. **24** 410) kein Recht, die Ausstellung des Zeugnisses in einer bestimmten von ihm vorgeschlagenen Form zu verlangen. Doch hat es einen Anspruch an die Herrschaft auf den Ersatz des Schadens, der ihm durch die Nichterteilung des Attestes oder durch die Erteilung des unrichtigen Attestes entstanden ist, z. B. wenn es keine neue Stellung hat finden können (vgl. auch RG. v. 2. III. 1891, Gruchot, Beitr. **35** 683 und v. 16. III. 1891, Bolze **12** 225).

6. Der Dienstherr, der von dem Rechte, das widerrechtlich den Dienst verlassende Gesinde gemäß § 167 im Dienste festzuhalten, keinen Gebrauch macht, ist nicht berechtigt, ihm das nach § 171 der GesO. zu erteilende Zeugnis vorzuenthalten (OTr. v. 8. XII. 1865, StriethA. **62** 70).

7. Für die Folgen falscher Atteste haftet die Herrschaft im Falle der Ausstellung wider besseres Wissen (s. §§ 174, 175).

8. Die Polizei ist nicht befugt, die Herrschaft von der Verpflichtung zur Ausstellung des Zeugnisses zu entbinden (OTr. v. 14. VI. 1878, StriethA. **98** 233).

§ 172. Werden dem Gesinde in diesem Abschiede Beschuldigungen [1]) zur Last gelegt, die sein weiteres Fortkommen hindern würden, so kann es auf polizeiliche Untersuchung antragen.[2—4])

1. Die §§ 172, 173 treten ergänzend zum § 5 der Ver. v. 29. IX. 1849 (A. 1 zu § 5), nach dem die Polizei einzuschreiten hat, wenn die Herrschaft dem Gesinde kein vollständiges Zeugnis erteilt. Die §§ 172, 173 schreiben ein Einschreiten der Polizei vor, wenn das Zeugnis Beschuldigungen enthält, die nach Ansicht des Gesindes wahrheitswidrig sind und sein Fortkommen hindern würden. Die Beschuldigungen (§ 173 spricht von üblen Nachreden) können entweder in dem Vorwurf bestimmter strafbarer oder sittlich verwerflicher Handlungen (das Gesinde habe gestohlen, betrogen, gelogen usw.) oder in der Bezichtigung allgemein un=

sittlichen Verhaltens (der Dienstbote sei unehrlich, lügenhaft, faul usw.) bestehen. Auch ein ausgesprochener Verdacht wird als Beschuldigung gelten müssen. Dagegen sind allgemein abfällige Urteile (der Dienstbote sei ungeschickt, seine Leistungen seien ungenügend, er sei für den betr. Haushalt nicht zu gebrauchen, sein Betragen lasse zuweilen zu wünschen übrig) keine Beschuldigungen oder üble Nachreden, sondern Urteile, die von der verschiedenen Auffassung und den verschiedenen Anforderungen der Dienstherren abhängig sind und sich der Nachprüfung durch einen Dritten entziehen. Ebenso ist eine objektive Darstellung des Sachverhalts, der den Grund zum Dienstaustritt gegeben hat, wenn in ihm eine Beschuldigung nicht ausgesprochen wird, für zulässig zu erachten (OVG. v. 10. III. 1911, Polizei 7 507). Bornhak vertritt in der Selbstverw. **1907** 490 die Ansicht, daß jedes ungünstige Zeugnis, möge es Urteil oder Behauptung von Tatsachen sein, das das Fortkommen des Dienstboten zu beeinträchtigen geeignet ist, eine Beschuldigung enthalte und daher das Gesinde zu dem Antrage auf polizeiliche Untersuchung berechtige. Eine derartige Auslegung des Wortes Beschuldigung geht zu weit und entspricht wohl nicht der Absicht des Gesetzgebers.

2. Die Polizei darf diese Untersuchung nicht deshalb ablehnen, weil darüber ein gerichtliches Verfahren eingeleitet ist; denn dem Dienstboten ist für sein weiteres Fortkommen eine sofortige Untersuchung notwendig, und er darf nicht zur Untätigkeit bis zur vielleicht erst nach längerer Zeit erfolgenden gerichtlichen Entscheidung gezwungen werden (Reskr. v. 25. VI. 1835, von Kamptz Ann. **19** 457). Im Falle des § 172 ist die Polizei zur Entscheidung berufen (Verf. des Min. des Innern v. 21. XI. 1862, MBliV. 330). Auch das LG. Glatz hat in einer E. v. 11. XII. 1900 (Zeitschr. der Anwaltsk. Breslau **1901** 5) den Rechtsweg für ausgeschlossen erachtet (so auch Möllmann, Dienstzeugnis 89). In allen Fällen aber, in denen Streit über die Atteste außerhalb der Fälle des § 172 entsteht, sind die Gerichte zuständig, ohne daß vorher die Polizeibehörde anzurufen ist, so in allen Schadensersatzansprüchen wegen unrichtigen Zeugnisses (s. A. 5 zu § 171).

3. Gegen die abweisende polizeiliche Verfügung ist das Verwaltungsstreitverfahren zulässig (OVG. v. 19. XI. 1892, E. **24** 410).

4. Ein Recht auf abschriftliche Mitteilung der polizeilichen Ermittlungen hat das Gesinde nicht (OVG. v. 19. IX. 1892, E. **24** 410).

§ 173. Wird dabei die Beschuldigung ungegründet befunden,[1]) so muß die Polizeiobrigkeit dem Gesinde den Abschied auf Kosten der Herrschaft ausfertigen lassen[2-4]) (und letzterer ferner üble Nachreden bei namhafter Geldstrafe untersagen.)[5])[6])

1. Es herrscht Meinungsverschiedenheit darüber, wer den Beweis zu führen hat. Da jedoch die Polizei, die von Amts wegen vorgeht, an keine bestimmten Beweisregeln gebunden ist (Groschuff

287, A. 1 zu § 173), wird in vielen Fällen die Beweislast nicht zu streng genommen zu werden brauchen, was für die Dienstherrschaften sehr wünschenswert ist. Erschwert man die Lage der Herrschaft, so wird die im Interesse nicht nur der Herrschaften sondern auch des tüchtigen Gesindes bedauerliche Neigung, Atteste auszustellen, die sich über die Eigenschaften des Gesindes nicht freimütig äußern, immer mehr um sich greifen. In dem Prozesse, den das Gesinde auf Schadensersatz wegen des unrichtigen Zeugnisses anstellt, muß das Gesinde die Unrichtigkeit des Zeugnisses beweisen, da es seinen Klageanspruch darauf stützt. Das Ergebnis der polizeilichen Untersuchung greift hier der Entscheidung des Richters nicht vor.

2. Wird das Zeugnis für unrichtig befunden, so muß auf Kosten der Herrschaft ein neues Gesindebuch gekauft und in dieses von der Herrschaft auf Anhalten der Polizei ein richtiges Zeugnis eingeschrieben werden oder die Polizei kann — was für das Gesinde noch vorteilhafter ist — das Ergebnis der Untersuchung neben das unrichtige Zeugnis der Herrschaft setzen. Das Zeugnis der Herrschaft selbst zu ändern, ist die Polizei nicht berechtigt (OVG. v. 30. VI. 1907, Ges. u. Recht **1908** 115). Ist nach der Untersuchung die Richtigkeit des Attestes zweifelhaft, so kann die Polizei attestieren, daß die Beschuldigung nicht erwiesen sei (Reskript v. 12. I. 1828, v. Kamptz Ann. **12** 138).

3. Im Polizeibezirk Berlin wird, auch wenn die polizeilichen Ermittlungen die Unrichtigkeit des Attests nicht ergeben haben, nicht mehr, wie früher, das Ergebnis der Untersuchung in Spalte 7 des Gesindebuchs vermerkt, vielmehr lediglich die Abänderung des Attests abgelehnt mit dem Anheimstellen den Rechtsweg zu beschreiten. Dieses Verfahren empfiehlt sich deshalb, weil man Bedenken haben kann, die Ergebnisse einer doch immerhin summarischen Untersuchung so zu verwerten, daß sie eine Bestätigung der Angaben der Herrschaft enthalten.

4. Gegen die polizeiliche Entscheidung kann die Herrschaft und das Gesinde nach §§ 127—131 LVG. v. 30. VII. 1883 die Verwaltungsklage anstrengen (OVG. v. 1. XII. 1899, Selbstv. **1901** 28 und v. 3. IX. 1904, DJZ. **1905** 270).

5. Die Befugnis der Polizei, der Herrschaft üble Nachreden bei Geldstrafe zu untersagen, ist durch § 186 StGB. beseitigt.

6. Das Gesinde kann auch gegen die Herrschaft die Privatklage wegen Beleidigung anstrengen (OTr. v. 8. I. 1862 im ArchfStr. **10** 187).

§ 174. Hat hingegen die Herrschaft einem Gesinde, welches sich grober Laster und Veruntreuungen schuldig gemacht hat, das Gegenteil wider besseres Wissen bezeugt, so muß sie für allen, einem Dritten daraus entstehenden Schaden haften.

Art. 95 d. EGzBGB. bestimmt ausdrücklich, daß die Vorschriften über die Schadensersatzpflicht desjenigen, der dem Gefinde ein unrichtiges Dienstzeugnis erteilt, vom BGB. unberührt bleiben. Die §§ 174—176 haben also auch in Zukunft Gültigkeit. Hierin hat auch Art. 14 § 1 Abs. 2 des AGzBGB., indem er die Vorschriften der Gesindeordnung, nach denen der Dienstberechtigte für den von dem Gesinde einem Dritten widerrechtlich zugefügten Schaden in weiterem Umfange als nach dem BGB. haftet, außer Kraft setzt, nichts ändern können.

§ 175. Die folgende Herrschaft kann sich also an sie wegen des derselben durch solche Laster oder Veruntreuungen des Dienstboten verursachten Nachteils halten.[1] [2])

1. Die Bestimmung der §§ 174 und 175 ist sehr weitgehend. Hat z. B. der Dienstbote bei der früheren Herrschaft einen Diebstahl oder eine Unterschlagung begangen, die Herrschaft aber im Entlassungszeugnis dessen Ehrlichkeit attestiert, und begeht dann der Dienstbote bei der neuen Herrschaft einen Diebstahl oder eine Unterschlagung, so kann die erste Herrschaft wegen des Schadens, den der Dienstbote durch seinen Diebstahl angerichtet hat, von der zweiten Herrschaft belangt werden. Allerdings wird man kleine Mundiebstähle und gelegentliches Naschen, wenn sie nur vereinzelt vorkommen und nicht eine eingewurzelte Neigung oder einen Hang zur Nichtachtung fremden Eigentums erkennen lassen, als „grobe Laster“ und „Veruntreuungen“ im Sinne des § 174 wohl nicht ansehen können, und es würde nicht im Interesse der Humanität liegen, wenn man einem jungen Dienstboten, der einmal der Versuchung nicht hat widerstehen können, ein paar Lebensmittel sich anzueignen, diese Tat gleich in das Dienstbuch einschreiben wollte. Andererseits aber verfahren viele Herrschaften zu sorglos und zu nachsichtig bei Ausstellung der Zeugnisse und sind sich ihrer Verantwortlichkeit oft nicht bewußt.

2. Ueber das Verschweigen von Fehlern usw. im Zeugnis als Grund der sofortigen Entlassung vgl. § 135 GesO.

§ 176. Auch soll eine solche Herrschaft mit einer Geldstrafe[1]) von 3 bis 15 Mark zum Besten der Armenkasse des Orts belegt werden.[2])

1. Diese Strafe setzt die Ortspolizeibehörde auf Grund des G. v. 23. IV. 1883 fest (s. A. 2 zu § 118). An die Stelle der Geldstrafe tritt im Unvermögensfalle Haft von 1—3 Tagen. Der Antrag auf gerichtliche Entscheidung gemäß § 454 StPO. gegen die Strafverfügung der Polizei ist zulässig.

2. Die Vorschrift, die dem Landesstrafrecht angehört, ist durch das Reichsstrafgesetzbuch nicht aufgehoben worden (§ 2 EGzStGB.).

Sachregister.

Die Zahlen weisen auf die Seiten hin.

A.

B.

C.

D.

E.

F.

G.

J.

K.

L.

M.

N.

O.

P.

Q.

R.

S.

T.

U.

V.

W.

Z.

G. Pätz'sche Buchdruckerei Lippert & Co. G. m. b. H., Naumburg a. d. Saale.

G. Pätz'sche Buchdr. Lippert & Co. G. m. b. H., Naumburg a. d. S.